성장 이후의 삶

POST-GROWTH LIVING

성장 이후의 삶

케이트 소퍼 지음 | 안종희 옮김

POST-
GROWTH
LIVING

지속가능한 삶과 환경을 위한
'대안적 소비'에 관하여

한문화

여는 글

이 책의 주요 관심사는 풍요 사회의 소비 형태와 그 변화 가능성, 그리고 그러한 변화가 더 평등하고 지속 가능한 세계 질서 건설에 이바지할 수 있는 영향력이다. 내가 말하고 싶은 것은 환경 위기가 기술적 수단만으로는 해결될 수 없으며, 부유한 사회들이 생활, 노동, 소비의 방식을 대폭 바꿀 필요가 있다는 것이다. 생태계를 회복하려면 녹색기술과 재생 에너지 사용, 환경 복원, 산림녹화 등의 조치가 꼭 필요한 수단일 것이다. 하지만 번영에 대한 혁명적인 사고 전환과 성장 중심의 소비주의를 포기하는 일 또한 함께 이루어져야 한다.

전부는 아니겠지만 많은 환경론자들이 이에 동의할 텐데, 이들과 다른 내 주장의 독특한 점은 대안적 쾌락주의이다. 이를테면 나는 삶을 희생하고 쾌락을 포기하는 방향으로 소비 형태를 바꿀 필요가 있다는 관점에 반대한다. 지금 우리의 생활방식은 환경을 엄청나게 파괴하는 것은 물론 여러 측면에서 못마땅하고 금욕적이며 노동과 돈벌이에 지나치게 청교도적으로 집착한다. 그러느라 더 많은 여유 시간을 누리며 자신을 위해 더 많은 것을 하고, 더 천천히 여행하고, 더 적게 물건을 소비함으로써 얻을 수 있는 즐거움을 잃고 있다. 나는 소비 형태가 변하면 이런 생활방식을 넘어서 발전할 기회가 주어진다고 믿는다. 소비를 줄이자는 말은 그다지 바람직하지 않고 권위주의적으로 들린다. 하지만 시장 자체가 이미 권위주의적인 힘이 되었다. 사람들에게 상업적으로 거래되지 않는 것은 모두 포기하거나 하찮은 것으로 취급하도록 강요한다. 또한 정말 필요하지도 않은 물건을 공급하기 위해 장시간의 매우 지루한 노동을 하게 만들고, '좋은 삶'에 대한 개념을 독점하고, 아이들마저 소비하는 삶을 살도록 준비시킨다.

간단히 말하면, 지나치게 노동 중심적이고 과도한 스트레스를 유발하며 시간에 쫓기고 물질에 매인 오늘날의 풍요가 행복을 더해 준다는 전제에 대해 우리는 이의를 제기해야 한다. 더군다나 이런 소비방식은 자연계에 엄청난 악영향을 미친다. 선진국들은 노동자와 소비자의 생활이 지금처럼 끝도 없이 돌아가게 만드는 기술적인 임시 해결책을 찾는 대신(이런 방식은 조만간에 심각한 위험을 초래할 가능성이 있다),[1] 번영과 행복에 관한 현재의 사고방식을 깨고 매우 절실하고 대안적인 진보 모델을 만드는 일에 집중하는 것이 더 나을 것이다.

비교적 최근까지 일반 대중은 인간이 초래한 지구온난화에 관한 학계의 경고에 크게 주의를 기울이지 않았다. 하지만 이 책을 쓰고 있던 2018년 10월과 2019년 5월 사이에 상황이 극적으로 바뀌었다. 그 몇 달 동안 기후변화와 생물 멸종의 위험이 유례가 없을 정도로 대중적인 주목을 받았다. 영국을 비롯한 몇몇 부유한 국가들이 마침내 이런 문제들을 인정하는 것 같았다. 나는 이런 상황을 예상하지 못했다. 그동안 생태계 위기의 전개 과정을 기록하고 이론화하고 보고서를 발표하고, 해결책을 주장해온 많은 학자, 연구자, 언론인, 비정부기구와 진보적 국제 네트워크 소속 활동가들과 마찬가지로, 나 역시 이런 문제와 캠페인 활동이 주류 언론과 정치인의 관심을 크게 끌지 못하는 상황에 익숙했기 때문이다. 주목과 관심이 폭발적으로 확대된 것은 분명히 환영할 만한 일이다. 하지만 나는 그런 관심이 순식간에 사라질까 두렵다. 이런 관심이 기후변화에 관한 파리협약에서 합의한 배출가스 감축 목표인 지구 기온 상승을 1.5℃ 이하로 유지하는 데 필요한 정책 변화로 이어질지도 여전히 회의적이다(이 글을 쓰는 동안 유엔 세계기상기구는 금세기 말에 지구 온도가 3℃ 이상 상승할 것으로 예측했다).[2] 게다가 이미 가장 심각한 재난을 겪고 있는 세계 곳곳의 기후변화에 관한 보고가 여전히 놀라울 정도로 불충분한 것은 아닌지 의심스럽다. 내 의심이 틀렸기를 바란다. 지금까지 우리는 마다가스카르, 에티오피아, 아이티를 심각하게 유린한 기후변화로 인한 식량 위기보다, 뉴욕 라구아디아 국제 공항의 홍수로 항공 여행을 중단했고 그곳에 차단벽과 배수로를 설치하는 데 2천8백만 달러를 지출했다는 보도를 들을 가능성이 더 컸다.[3]

무엇보다도 나는 기후변화에 관한 최근 대중매체의 높은 관심이 이른바 '번영의 정치'에 더 많은 관심을 갖도록 자극하지 않는지 의심스럽다. 지금 우리는 영국에서의 모든 노동과 부의 생산 목적에 관해, 그리고 그런 시스템이 영속시키는 경쟁적이고 탐욕스러운 사회가 만족스러운 생활방식을 제공하는지에 관해 정치 논쟁이 본격화되기를 기다린다. 소비주의적 생활방식은 최근 생태적 영향, 특히 이런 생활방식이 발생시키는 탄소 배출가스, 대기오염, 플라스틱과 관련해 비판의 대상이 되었다. 또한 주변 국가들에 대한 노동과 자연자원 착취 때문에 정당한 윤리적 논의와 정책적 반대의 대상이 되었다.[4] 하지만 대안적 쾌락주의 관점(물질적 풍요에 내포된 부정적 요소들과 그것들이 부정하거나 없애버리는 즐거움을 숙고하는 관점)에서 소비주의를 문제 삼는 일은 매우 드물다.

대안적 쾌락주의에 관한 이전의 글에서 나는 설령 소비주의 생활방식이 성공적으로 확산하는 데 환경적 또는 도덕적 장애물이 없다 해도, 그리고 앞으로 모든 사람이 영원히 이런 생활방식을 취한다 해도 인간의 행복과 복지는 향상되지 않을 것이라고 주장했다. 오늘날 지구 환경에 관한 국제식물보호협약(IPPPC)과 유엔의 최근 보고서에 비추어 볼 때, 모든 논쟁에서 경제 성장을 재검토하고 소비를 환경적 제약 조건에 맞게 긴급히 바꿔야 할 필요성을 강조해야 한다. 하지만 만일 내가 소비 문제를 검토하기 위해 지금까지보다 환경 문제와 그에 따른 도덕 문제를 더 강조한다면, 내가 여태껏 관심을 기울여왔고, 이 책에서 강조하는 대안적 쾌락주의 관점에서 소비를 재고찰함으로써 얻을 수 있는 다양한 형태의 만족스러운 결과와 부합되지 않는다. 그와 반대로, 우리의 생활방식을 바꾸는 일이 더 긴급할수록 대안적 쾌락주의에 입각한 비판은 더 중요해진다. 대안적 쾌락주의는 우리에게 긴요한 새로운 정치적 상상력을 창출하는 데 필수불가결하다.

이 책의 주요 목적은 소비주의 이후(궁극적으로는 성장 이후)의 생활방식이 제공할 수 있는 즐거움을 특별히 강조함으로써 그런 생활방식을 받아들일 수 있도록 환경적, 윤리적 근거를 강화하는 것이다.

내 논증은 풍요로운 생활방식에 관한 기존의 우려와 불만에 주목한다. 아울러 우리가 이미 경험한 상반된 감정에 근거하여 다른 삶에 대한 암묵적인 열망을 드러내고자 한다. 나는 지나친 소비주의를 비난하기보다는 소비자의 각성을 지적한다. 또한 시간에 쫓기는 삶과 환경오염 문제와 함께, 소비자들의 스트레스와 건강 문제, 그리고 일과 소비가 중심이 된 생활방식 탓에 축소되거나 대체된 즐거움을 개탄하는 모습을 살펴본다. 더 단순하고 지속 가능한 소비 방식으로 변화하는 데 이타적 동기가 중요하다는 필요성을 인정하면서도, 내 주장은 그런 변화를 일으키고 싶은 보다 이기적인 동기를 중심으로 전개된다. 보다 책임 있는 생활방식을 선택할 때 기대할 수 있는 것에 호소하는 것이, 기후변화에 대한 공포를 불러일으키는 것보다 더 효과적이라고 생각하기 때문이다. 또한 이것은 사람들의 경험과 반응 속에서 성찰되지 않은 필요(또는 결핍)에 관한 도덕적 주장을 피하고자 하는 내 바람에 따른 것이다. 이제 고전이 된 《성장의 한계(The Limits to Growth)》의 저자들이 "사람들은 정체성, 지역사회, 도전, 인정, 사랑, 즐거움이 필요하다"고 주장한 것은 아마 옳을 것이다.

이런 필요를 물질적으로 채우려고 노력하는 것은 절대 충족될 수 없는 실제적인 문제에 대해 거짓 해결책을 제시함으로써, 결코 채워질 수 없는 욕망에 빠뜨리는 것이다. 그 결과 발생하는 심리적 공허는 물질적 성장 욕구 이면에 있는 중요한 힘 중의 하나다. 비물질적 필요를 인정하며 분명히 표현하고, 그 필요를 채울 수 있는 비물질적인 방법을 발견하는 사회는 물질과 에너지 배출량이 훨씬 더 적으며 인간의 만족도도 훨씬 더 높을 것이다.[5]

하지만 '정말' 필요한 것을 지적인 차원에서 주장하는 것과, 사람들의 실제 경험을 언급함으로써 그런 주장을 정당화하는 것은 다르다. 또한 사회 집단이 이런 필요를 인정하고 그에 따라 살아가도록 도와주는 변화의 수단을 제시하는 것은 또 다른 문제다. 나는 이 과제의 어려움을 알기 때문에 소비자의 필요에 선호체계가 존재한다는 명확한 증거가 없는 상황에서 그런 선호체계를 도입하거나 거기에 기대고 싶지 않다. 그래서 대안적 만족체계가 무의식으로 필요하다고 상정하고 그것을 경험하는 소비자에 관한 공허한 이론을 주장하는 대신, 현재 소비방식의 문제점을 지적한 다음 대안적 만족체계를 설명하고자 한다.

더 나아가, 나는 풍요로운 사회가 돈과 속도 중심의 진보 개념에 기초한 사회적·환경적 착취를 중단하고, 창조적이고 단조롭지 않은 삶을 가능하게 하는 덜 파괴적인 생활방식을 탐색해야 한다고 단호하게 주장한다.

이것은 새로운 형태의 소유권과 소비재 공급 수단에 관한 통제권에 대해 열린 태도를 갖는 것을 의미한다. 아울러 소비물품을 자급하고, 스스로 수리하며, 소유하고 있는 것으로 견디는 태도, 더 환경친화적인 통행 방법, 그리고 신제품이나 유행을 따르는 소비

방식으로 물질적 필요를 채우지 않는 생활방식에 열린 태도를 갖는다는 뜻이다. 어떤 사람들에게 이것은 일을 덜 하는 것이며, 그 결과 자유 시간을 더 많이 갖는 것을 의미한다. 어떤 사람들에게는 다른 방식과 리듬으로 일을 하는 것일 수도 있다. 이것은 우리가 에너지, 의료, 교통, 농업, 건설과 같은 다른 핵심 분야의 서비스를 공급하기 위해 최신의 스마트 녹색기술을 활용하면서도 하루를 조금 더 일찍 시작하고 더 느리게 사는 생활방식을 되살린다는 뜻일 수 있다. 이런 과정에서 광고가 독점적으로 규정하는 즐거움에 대한 상상력과 좋은 삶에 관한 정의는, 오염을 유발하고 낭비가 심한 소비상품의 매력을 상당 부분 잃게 만드는 녹색 미학에 그 자리를 양보하게 될 것이다.

나는 이런 변화가 곧 일어날 것이라고는 생각하지 않는다. 하지만 최악의 환경 남용을 바로잡고, 고삐 풀린 지구온난화를 통제하고, 착취와 불평등(각 국가와 세계적 차원 모두에서)을 제대로 해결하려면 더 부유한 사회는 덜 팽창적이고 더 재생 가능한 물질적 생활방식을 받아들여야 할 것이다. 이것은 부유한 국가들이 기본적으로 필요한 물질(식품, 가전제품, 가구, 의류, 장난감, 스포츠 및 여가 용품 등)을 공급하는 데 합의가 있어야 한다는 뜻이다. 즉 소비재 물품을 덜 혁신하거나 계속 바꾸지 않는 것이다. 하지만 이에 대한 대가로 그들은 더 많은 여가시간과 문화와 오락을 즐길 수 있을 것이다. 재생 가능한 물질문화는 화려한 상품을 더 적게 공급하겠지만 상품의 내구성은 더 증가되고 구조적인 노후화는 감소시켜 폐기물을 줄이는 혜택을 누릴 것이다.

내가 주장하는 이런 발전은 반휴머니즘적 정신, 노동자가 필요 없는 수준의 자동화에 대한 신뢰, 소비에 관한 상당히 전형적인 시각, 그리고 현재 좌파 진영에서 영향력을 발휘하는 자본과 노동 이후 미래 사회의 비전인 최첨단 기술 유토피아와도 다르다.[6] 나는 자유로운 시간이 더 늘어나고 이 시간을 덜 관습적인 방식으로 활용하며, 아울러 성취감을 더 많이 느낄 수 있는 노동방식이 가능한 미래를 주창한다.

이런 맥락에서 이 책은 자본주의적 '진보'에 의해 완전히 사라진, 보다 환경친화적인 실천과 즐거움을 기억하고 인정함으로써, 실행 가능하고 즐거운 미래를 만드는 데 도움이 될 수 있는 과거의 자원에 주목하기를 거부하는 연대중심주의(chronocentrism, 특정 시기가 과거나 미래의 어떤 시기보다 더 낫고 더 중요하다는 견해-옮긴이)에 저항해야 한다고 생각한다. 비성찰적인 복고나 서글픈 현실 도피를 주장하려는 것이 아니다. 나는 근대 이전 사회의 귀족적, 가부장적 관계에서 벗어나 이전 생활방식의 성취 지향적이고 지속 가능한 부분을 변화된 형태로 다시 회복하려고 노력하는 문화정치를 권유한다. 그 목적은 과학기술에 무비판적으로 매달리지도 않고 지나치게 '자연으로 회귀'하는 관점을 추구하지도 않으며, 새로운 노동방식과 여가방식 그리고 이것이 제공하는 감각적이고 영적인 즐거움에 기초한 생태 친화적인 정치의 가능성을 열자는 것이다.

물론 이런 변화는 신자유주의 이데올로기 옹호자들과는 대척점에 있다. 사실 이런 변화는 우리가 지금 알고 있는 자본주의와의 단절을 포함하며, 최소한 고도로 규제된 자본주의 형태를 요구한다.

또한 현재의 성장과 성장 중심의 진보와 번영 개념에 대한 집착을 재고해보라는 뜻이기도 하다. 이런 집착은 매우 고착되어 있다. 최근 대중매체 연구에 따르면, 경제 관련 기사 다섯 개 중 네 개가 경제 성장에 따른 이익이 무엇인지 구체적으로 밝히지도 않은 채 경제 성장에 대해 긍정적인 언어를 사용한다.[7] 이런 시각은 풍요로운 사회에서 특히 왜곡되어 있다. 한 평론가가 말했듯이 성장이 곧 진보라고 생각한다.

> 이런 생각 때문에 어떤 사람들은 백 년이 지나면 지구에 인간이 거주할 수 있을 것인가라는 문제를, 전 세계 더 많은 사람들의 건강, 교육, 구매력이 어느 정도 개선될 것인가라는 문제보다 부차적인 것으로 생각하는 것 같다. 달리 말하면, 이런 관점에서 보면 부모들보다 조금 더 오래 살고, 더 오래 학교생활을 하고, 약간 더 많은 것을 소비할 수 있다면, 우리가 인류의 멸종으로 이어질 변화를 초래한다 해도 그것이 그다지 중요하지 않은 것 같다.[8]

진보를 끝없는 경제 성장, 소비문화의 확장, 완전 고용과 같은 것으로 생각하는 사람들은 이 책에 제시된 관점들이 상상에 지나지 않는다고 생각하고 내 권고를 유토피아라고 일축할 것이다. 하지만 여러 녹색 정당의 대표자들과 좌파 진영에 속하는 많은 사람들은 주류 정치인과 그들을 지지하는 대중매체야말로 궁극적으로 실현 불가능한 어젠다를 추구하는 사람들이라고 주장할 것이다. 이 책은 그들에게 더 호소력 있게 다가갈 것이다. 하지만 이 책은 정치적 입장에 상관없이 진보의 본질에 대한 오랜 확실성과 가정이 깨지고 있다고 느끼기 시작하고, 우리 시대에 더 적합한 번영의 정치로 교체되어야 한다고 생각하는 모든 사람에게 논쟁거리와 정보를 제공할 것이다.

이 책은 또한 마르크스주의 좌파들이 소비의 정치적 중요성을 경시하는 측면을 재검토하고, 최근 들어 자본주의 이후의 생활방식을 상상하길 꺼리는 그들의 일반적인 풍토를 극복하라고 촉구하기 위해 썼다. 이런 맥락에서 나는 좌파 정당과 사회운동 세력의 주장이나 전망과 연결되고, 동시에 재화와 서비스와 전문 지식을 공유, 재활용, 교환하는 네트워크를 이용해 주류인 시장 공급을 우회하려는 다양한 계획들과도 관련되며, 행복에 관한 새로운 정치적 상상력 또는 개념을 유도하는 자극제로 '대안적 쾌락주의'를 제시한다. 아울러 생태계 위기로 인한 요구가 정당의 기존 프로그램에 단순히 추가되어서는 안 되며, 정치적 이익을 위한 싸움거리로 전락해서도 안 된다고 주장한다. 얀 물리에 부탕Yann Moulier Boutang은 이렇게 말한다.

친환경 요구를 독립적으로 제기하는 것, 즉 상황 조절 변수로 축소될 수 없다는 사실은 선거에서 이익을 얻기 위한 방법이 아니다. 이런 요구는 윤리적, 정치적으로 꼭 필요하며, 사회 변혁을 바라는 모든 좌파 정당의 정체성의 기초가 된다. 지금의 현상은 … 급진주의자와 개혁주의자가 모두 통합하여 즉각적이고 중요한 녹색 변화를 정치의 추진력으로 만들라는 새로운 명령이다.

… 즉각적인 사회 변화가 필요한 이유는 모든 사람이 독자적으로 스스로 참여하지 않으면 가장 작은 녹색 변화 프로그램조차도 이행할 수 없기 때문이다. 우리가 이것을 불가능하다고 판단한다면 남아 있는 유일한 선택지는 … '계몽적' 권위주의 체계가 될 것이다. … 급진적 민주주의와 함께 사회 변혁을 위한 대안을 즉시 제시하지 않으면 시민의 참여는 불가능하다.[9]

이 책에 제시한 생각은 여러 해에 걸쳐 발전했고, 역시 상당한 변화와 진보의 대상인 정치적, 문화적 상황에 비추어 관점과 강조점이 많이 바뀌었다. 하지만 사회 변화에 대한 요구가 긴급하고, 그 변화를 실현하는 데 필수적인 시민의 참여에 조금이나마 기여하고 싶은 마음에 실제로 원고를 쓰기 시작하고서는 상당히 빨리 끝낼 수 있었다.

1장

생각을 전환하라

POST-GROWTH LIVING

연구자들과 그들의 연구 결과를 보도하는 언론인들은, 지구가 지금과 같은 속도로 계속 뜨거워진다면 사상 유례가 없는 재난이 닥칠 것이라는 냉혹한 경고를 연일 발표하고 있다. 데이비드 월러스 웰즈David Wallace-Wells는 베스트셀러 《2050 거주 불능 지구(The Uninhabitable World)》에서 최근 사례를 언급하면서 우리에게 사회 혼란과 경제적 붕괴를 초래할 재난의 종류를 화재, 홍수, 기아, 전염병, 오존 스모그, 해양오염으로 분류한다. 그는 지구 기온이 2℃ 상승할 경우(최상의 시나리오다) 벌어질 상황에 대해 이렇게 말한다.

대륙 빙하가 녹으면 4억 명 이상의 사람들이 물 부족으로 고통을 당할 것이며, 적도 지역의 주요 도시들은 거주할 수 없게 되고, 심지어 북반구에서도 폭염으로 매년 수천 명이 사망할 것이다. … 3℃가 오르면 유럽 남부는 계속 가뭄이 들고, 중앙아메리카의 평균 가뭄 일수는 19개월, 캐리비안 지역은 21개월 더 길어질 것이다. 아프리카 북부의 경우 이 수치가 60개월로 늘어날 것이다. 매년 산불로 잿더미가 되는 면적은, 지중해는 지금의 두 배, 미국은 여섯 배 이상이 될 것이다. 4℃가 오르면 남미 지역에서만 뎅

기열 환자가 8백만 명 이상 발생할 것이다. … 어떤 지역에서는 여섯 가지 기후 재앙이 동시에 발생하고, 전 지구적으로 피해액이 600조 달러 이상이 될 것이다. 이것은 오늘날 전 세계 부의 두 배 수준이다.[1]

지구온난화의 위험은 자연환경 및 인간과 자연환경의 관계를 다룬 많은 글들의 압도적인 관심사가 되었다. 하지만 자연에 대해 비종말론적 관점에서 쓴 글도 상당히 늘었다. 이 글들은 시골 지역과 야생 자연의 아름다움과 중요성을 높이 평가하고 인간과 동물의 밀접한 관계를 깨닫고 재정립할 것을 요구한다. 이 두 종류의 글들은 매우 중요하고 다양한 경고와 감동적인 증언을 계속 제공한다. 또한 이런 문제에 대한 사람들의 일반적 인식을 재고하는 데 크게 공헌했으며, 정부에서 정책을 입안하는 필수적 기준이 되게 하는 데 기여했다. 하지만 이 두 종류의 글은 환경 위기의 중요한 책임이 있는 일상적인 소비 행위를 진지하고 지속적으로 언급하지는 않는다.[2]

　재앙을 경고하는 많은 글들은 대부분 현재의 소비와 생활방식이 지속될 것이며, 이런 방식을 중단하는 것은 바람직하지 않고 우리에게 나쁜 영향을 줄 것이라고 상정한다. 예를 들어 윌러스 웰즈는 기껏해야 우리가 "자신의 손으로 퇴행시킨 세계, 인간의 가능성에 대한 전망이 극적으로 어두워지는 세계"에 살 수밖에 없을 것이라고 말한다.[3] 이런 사고방식에 따르면, 인위적인 지구공학, 탄소 포집, 배출가스가 없는 에너지를 제공하는 혁명적인 방식과 같은 과학기술이 재앙을 피하는 유일하고도 현실적인 방법일 수밖에 없다.

하지만 비록 이런 기술이 우리의 지속적인 생존을 보장한다 해도 우리는 삶의 기쁨을 상당 부분 잃을 것이다.[4] E. O. 윌슨Wilson이 제시한 '절반의 지구(half-earth)' 복원 프로젝트나 취리히 연방공대가 제안한 '2천 와트 사회(Two-Thousand Watt Society)'처럼 보다 자연적인 지구공학 계획은 더 많은 쾌락을 누리는 길을 만들어낼 가능성에 주목하기보다는 우리에게 내핍 생활과 희생을 권고한다.[5] 다른 사례의 경우, 소비에 대해 직접적인 지침을 제공할 때 너무 관대하거나('에너지를 더 효율적으로 사용하라', '음식물 쓰레기를 줄여라'), 그 범위가 너무 제한적이다('재활용하라', '플라스틱 빨대를 줄여라'). 이 중 어느 것도 인간의 필요와 쾌락에 관한 풍요로운 소비주의에 대해 제대로 된 대안을 제시하지 못한다.

자연의 아름다움과 가치를 우리에게 상기시킴으로써 동물과 식물, 목가적 풍경, 습지, 황야의 진가를 더 잘 깨닫도록 도와줄 수 있다. 하지만 그런 인식은 자연환경을 위협하는 방식으로 계속 소비하는 사람들의 행동과 함께 이루어진다. 생태관광객들의 항공기 이용, 여러 지역의 회의에 참석하는 생태비평가들의 세계 관광 여행, 또는 관광 명소와 자연보전지역으로 가는 엄청난 자동차 행렬을 생각해보라. 지구온난화와 곧 닥칠 환경 재앙에 지속적으로 주목함으로써 자연을 지키는 우리의 행동을 촉발하기보다 오히려 기관들의 회의, 북극 환경 피해 조사, 학술 세미나 등이 따라붙으며 생태학적 절망을 조장한다.

어쨌든 내 관점(이 책의 전체적인 방향성)은 지금까지의 녹색 사상과 글들이 지나치게 자연의 고갈에 초점을 맞추었기 때문에 이제부터는 자연 파괴와 그것이 소비주의적 생활방식에 미치는 영향에 덜 집중하고, 대신 인간의 정치 문화와 그 재구성에 더욱 초점을 맞추어야 한다는 것이다. 이제는 풍요 사회에 사는 생산자와 소비자로서의 인간 활동에 비판적인 시각을 집중해야 한다. 또한 우리가 생태적 지속 가능성에 대해 진지하다면 반드시 수용해야 할 아주 다른 형태의 소비와 공동체의 삶에 대한 더 매력적인 비전을 발전시켜야 한다. 내 주요 목표는 자본주의적 성장 경제와 그에 따른 소비 문화의 이른바 자연적인 발전에 이의를 제기하고, 이런 발전이 인간 행복에 반드시 필요하다는 인식을 깨며, 이런 발전 없이도 인간은 더욱 번영할 것이라고 주장하는 것이다.

진정한 진보의 조건

안드레아스 말름Andreas Malm, 알프 혼버그Alf Hornborg, 제이슨 무어Jason Moore와 같은 사상가들은 최근 이런 과제에 기여했다. 그들은 산업의 역사와, 특히 생산방식으로써 자본주의의 예외적 특성들과, 이것들이 인류 전체의 삶을 바꾸는 지구온난화를 촉발하는 데에 주목하게 했다.[6] 그들은 다양한 관점을 제시하면서 자본주의에 대한 카를 마르크스의 주장 중 가장 중요한 주제인 자본주의의 특수성에 대한 내용을 재차 강조했다. 마르크스에 따르면, 모든 생산 형태는 인간과 자연의 상호작용이 포함되며, 이런 의미에서 모든 생산 시대에는 일정한 공통적인 특징이 존재한다. 하지만 "생산 시대의 발전을 결정하는 요소, 이를테면 특정 시대의 특수한 요소들은 일반적인 생산 요소와 구분해야 한다." 자본(이익 실현을 위한 노동력에 대한 투자)은 '생산수단'과 '축적된 노동력'이 자본으로 바뀌는 '독특한 특성만 제외한다면' '자연에 대한 일반적이고 영구적인 관계'로 볼 수 있다.[7] 그러나 지난 한 세기 반 동안 그 어느 때보다 지금이 자본주의 경제가 자연스럽게 발전한 결과라는 입장이 우리의 담론에 강하게 스며들어 있다. 구소련의 몰락 이후, 신자유주의 지지자들이 세계화된 자본주의를 가장 좋은 것, 인간 본성이 선천적으로 선택하도록 정해놓은 옵션(이 입장은 신경과학을 인간 행동에 잘못 적용한 결과 더 쉽게 추정할 수 있게 되었다)이라고 거리낌 없이 말하는 지금은 그 생각이 훨씬 더 강할 것이다.[8]

신자유주의 옹호자들은 자본주의적 축적(특정 역사의 결과물)과 관련된 생산의 역학관계를 인간의 일반적인 생산활동으로 본다. 하지만 마르크스도 알았듯이, 물질적 부의 생산은 삶의 중요한 목적으로 간주할 필요도 없고, 간주해서도 안 된다. 루이스 안두에자Luis Andueza는 이렇게 쓴다.

> 마르크스는 자본주의에서 사람들과 그들의 사회적 관계가 상품을 생산하기 위한 수단으로 간주된다는 것을 자본주의 시스템 전체의 문제점으로 보았으며, 이러한 상품 형태로 인한 사회관계의 혼란과 단절은 그가 물신숭배를 비판한 핵심 내용이었다. 경제 형태의 역동적인 인간적 측면보다 명백한 자율성과 우위성을 더 중시함으로써 자본주의 문명은 혼란 상태가 된다.[9]

이와 같은 자본주의의 우위성이 자연스러운 특성으로 수용되면서 지금 지구가 직면한 생태적 재난을 인간의 경제 활동에 따른 거의 불가피한 부산물로 암묵적으로 인정하고 특정 생산방식에 따른 특별한 영향은 무시된다.

인류세(Anthropocene, 인간이 중대한 요인으로 작용해 자연환경의 변화가 일어나고 있음을 지칭하는 지질시대-옮긴이) 개념이 확산할 때 이와 비슷한 회피와 은폐가 발생한다. 이 개념을 사용하는 사람들은 화석연료 경제가 자본주의의 우위성을 수용하면서 발달했다는 점을 인정하지 않거나, 다른 생산방식이 자연환경에 피해를 덜 입혔거나, 입혔을 수 있다는 점을 인정하지 않는다. 그들은 환경 논쟁의 긴 역사와 수십 년 전부터 제기된 생태적 재난에 대한 경고에 대체로 침묵한다.

이제 지질시대를 만드는 힘으로 추정하는 '인류(Anthropos)'라는 단어는 사용하기 곤란할 정도로 너무 포괄적인 용어가 되었다. 이 용어는 다양한 국가, 계층, 개인의 더욱 엄청나게 다양한 생태적 발자국에 대해 아무것도 말해주지 않는다. 크리스토프 보뇌유 Christophe Bonneuil와 장-바티스트 프레소즈 Jean-Baptiste Fressoz는 이 문제에 관한 역사 연구에서 이렇게 언급한다. "이제 모든 책이 자본주의, 전쟁 또는 미국, 심지어 단 한 개의 거대 기업조차 거론하지 않고도 생태 위기, 자연의 정치학, 인류세, 가이아의 상황에 관해 논의할 수 있다 …."10

그들은 '인류세의 웅장한 이야기'를 조심하라고 경고한다. 인류세 이야기는 인간과 지구 시스템의 상호작용을 거창하게 강조하지만 전체 인류 중 소수에게만 위안을 주며, 과거와 현재의 시민사회의 환경 관련 지식과 활동을 간과하고 기후과학 전문가들의 기술적 관리를 선호한다.[11] 그들의 관점은 다음과 같다.

> (환경운동가들이) 제기한 반대의 다양한 형태와 일반적인 특징, 지금까지의 환경에 대한 집중적인 성찰을 고려할 때, 중요한 역사적 문제는 아마도 새로운 '환경 인식'의 등장을 설명하는 것이 아니라, 환경운동가들의 투쟁과 경고를 산업주의자와 '진보적인' 엘리트들이 소홀히 취급해 대부분 잊었고…그 결과 매우 최근에야 우리가 인류세에 살고 있다고 주장하게 된 경위를 이해하는 것이다.[12]

제이슨 무어도 이와 비슷한 비판을 제기했다. 그는 인류를 집단적 행위자로 보는 것은 자본, 계급, 식민주의를 간과하는 결핍 개념, 신맬서스주의(인구증가 억제를 위해 산아제한 또는 수태조절의 필요성을 주장하는 입장-편집자)적 인구론, 역사적 변화에 대한 기술적 해결 방법을 인정하는 잘못을 범하는 것이라고 주장한다. 무어는 인류세 이데올로기가 조장한 환원론적 이야기를 받아들이는 대신 자본세(Capitalocence, 지금의 지구 생태 위기를 초래한 것은 인류가 아니라 자본주의라는 특정 생산방식임을 지칭하는 지질시대-옮긴이)를 더 많이 언급한다.[13]

무어처럼 용어를 직접적으로 대체할 준비가 덜 된 알프 혼버그는 사회주의(적어도 구소련 시기) 역시 화석연료 경제를 열광적으로 촉진했다고 지적한다. 하지만 그는 지금 시대를 인류세로 명명하는 것은 자본주의의 불평등을 간과하고 기후변화가 인류가 발전해온 방식에 따른 필연적인 결과라고 제안할 위험이 있다고 강조한다. 그는 이렇게 쓴다. "자본주의를 지향할 가능성이 인간종에 내재되어 있다 해도 그것은 인간 생물학의 필연적인 산물이 아니며, 우리가 모두 공동 책임을 져야 할 것도 아니다."[14] 또한 인류세의 교착 상태로 인해 우리는 근대 사상체계가 우리가 속한 생물-비생물 세계를 매우 빈약하게 반영한 것임을 받아들일 수밖에 없다고 주장한다. 그의 이런 시각은 자본주의 시대의 막을 연 과학기술의 비자연성(non-naturality)과, 지구 경제에 나타난 생물-무생물 자원의 엄청난 불균형적 이동(신식민지 주변부에서 신제국주의 중심부로의 이동-옮긴이)이라는 불의를 감추는 데, 돈과 함께 과학기술이 중심적인 역할을 한 것에 대한 강력한 비평을 통해 전개된다.[15] 혼버그는 근대적이고 지구적인 과학기술이 "자연에 내재된 가능성을 단순히 정치중립적으로 표출한 것"이 아니라고 주장한다.[16]

기술 '진보'는 단순히 창의력 지수가 아니라 사회적 전유專有 전략으로 보아야 한다. 이런 구조 안에서 환경 고갈로 가장 큰 피해를 당하는 것은 항상 신제국주의 중심부가 아니라 신식민주의 주변부에 사는 사람들이다. 진정한 진보는 "산업혁명 이후 경제 성장과 기술 진보가 노동 부담과 환경 부담을 다른 사람과 다른 환경에 전가하는 매우 효율적인 전략으로 이용되었다는 점을 인식하는 것이다. 경제 성장과 기술 진보를 이렇게 성공적으로 전가하기 위한 전략으로 보면 이것 역시 노예제도나 제국주의와 같은 범주에 속한다."[17] 보다 심층적으로 분석해보면 지속적인 불평등 교환으로 인한 생태적 '부채'를 화폐적 관점에서 이해할 수 있다는 생각은 버리게 될 것이다. 이를테면 "돈으로는 물리적인 의미에서 생태적 피해를 회복할 수 없다. 환경 피해에 대한 금전적 보상은 동시대의 불만을 줄일 수 있다. 하지만 '정확한' 보상금을 산정할 수 있다거나, 보상금이 어느 정도 상황을 바로잡을 것이며 … 예를 들어 영국이 생태계에 진 부채는 영국이 서부 아프리카 노예들의 후손에게 진 부채만큼 크다고 생각한다면 착각이다."[18]

이런 내용과 밀접한 관계가 있는 주장은 자본주의의 우위에 관한 기술결정론적 설명에 대해 안드레아스 말름이 제시한 반직관적 비판이다(영국은 1825년 전 세계에 배출된 이산화탄소의 80퍼센트, 25년 뒤 60퍼센트를 각각 배출해 선두를 차지했다).[19] 말름은 이른바 인류세의 프로메테우스 신화(이산화탄소 배출은 불의 발견에 따른 불가피한 결과라고 보는 마크 라이너스Mark Lynas와 몇몇 사람들의 관점)[20]에 반대하면서, (마르크스와 똑같이) 어떤 것에 대한 필요조건은 반드시 그것의 원인은 아니라고 주장한다. 불을 다루는 능력은 화석연료 경제의 필요조건일 뿐 화석연료 경제의 원인은 다른 곳에 있다. 가장 명백한 원인은 생산수단을 소유하고 수력을 증기력으로 대체하기로 한 자본가들의 결정이었다. 말름의 주장에 따르면, 증기력의 비용이 더 비쌌음에도 자본가들이 선택한 이유는 증기력이 자본주의적 생산관계, 특히 자본가의 사유재산 선호, 개별 소유자와 경영자의 독립성에 더 적합했기 때문이다. 이런 사정 때문에 자본가들은 거대 면직물 사업자간의 협력이 필요한 생산방식을 거부했다. 아울러 도시화의 확대를 요구하고 또 그것을 활용했던 증기엔진은 비숙련 노동자와 더 강한 규율과 더 강한 통제에 더 적합했다.

말름은 또한 강력한 반대에도 불구하고 화석연료 경제를 적극적으로 추구했음을 보여준다. 19세기 영국 노동자들은 증기엔진을 이용한 노동 과정을 반대했다. 대영제국의 통치를 받던 인도 노동자들은 강제로 석탄 채굴에 동원되었다. 오늘날 노동자들은 화석연료의 채굴과 이용에 강제로 동원되는 것에 계속 저항하고 있다. 예를 들어 에콰도르, 볼리비아, 그 외 남미 국가의 노동자들은 새로운 화석연료 채굴 압력에 강력하게 저항한다. 이들 지역의 저항은 종종 처음에는 유럽인들, 나중에는 미국(지금은 점차 중국)의 식민주의와 신제국주의에 대한 저항의 역사와 관련이 깊은 토착민의 정치운동에 기초한다. 이 지역들은 전 지구적, 인종차별적 화석연료 경제를 구축하고 가장 잔혹한 수단(살인, 군사화, 토지 탈취, 이주, 생태계 파괴)을 통해 반대 세력을 가차 없이 억압하는 식민주의화의 최전선이었다. 이런 과정이 빈곤을 유발하고 지역 주민들은 광산업을 위한 값싼 노동력으로 전락할 수밖에 없었다.[21]

이익과 권력을 향한 탐욕 탓에 화석연료 경제에서 보다 친환경적인 대안이 배제되었다는 사실은 논쟁의 여지가 없다. 이 과정에서 생명이 파괴되었고 환경은 손상되었으며 지구의 기후가 바뀌었다. 석유 대기업 엑슨Exxon과 쉘Shell은 1980년대 초 기업 소속 연구원들로부터 화석연료의 탄소 배출이 금세기 중반에 재난을 초래하는 지구온난화를 유발할 것이라는 내용을 보고받았다. 하지만 그들은 소비자와 정부에 그런 증거를 숨겼다.[22] 그 이후로도 거의 변화가 없었다. 북아메리카는 현재 전 세계에서 다양하게 개발 중인 302개 석유 파이프라인(이 파이프라인에서 생산되는 석유가 미국에서만 2040년까지 5억 5천 9백만 톤의 탄소를 배출할 것이다) 중 51퍼센트에 자금을 제공한다.[23] 파리협약 이후 일어난 변화를 정리한 2018년 유엔 보고서의 저자는 화석연료 산업이 값싼 재생 에너지와 벌인 거대한 싸움에 대해 지적한다. "기성 경제체제는 잘 조직되어 있고, 정부에 막대한 압력을 행사해 세금을 이용해 기존 체제에 보조금을 지급하게 했다."[24] G20 국가들은 2007년 750억 달러에서 2016년 1,470억 달러로 화석연료에 대한 보조금을 늘려 기업들이 값싼 재생 에너지와 경쟁할 수 있게 했다.[25] 소비자들 역시 내연기관을 계속 선호하고 화석연료에 대한 세금을 올리려는 움직임에 저항함으로써 이런 상황에 기여했다.

나는 왜 포스트휴머니즘의 권고에 반대하는가

경제의 형태와 범주는 역사적인 것이며 자본주의가 여러 잠재적 생산방식 중 하나일 뿐이라고 주장하는 것은, 독립적 존재이고 모든 인간 활동의 영구적인 토대로 간주되는 자연(비인간 자연을 말한다-옮긴이)과 다양한 인간 활동의 정치적, 문화적 조건과 관련된 사회적 자원을 분석적 차원에서 구별해야 한다고 말하는 것과 같다. 이런 이해에 기초할 때 우리는 (아무리 야심차다 해도) 모든 인간 행동의 조건이자 제약으로 작용하는 항구적인 물리적 힘과 인과적 힘으로 자연을 바라보게 된다.

반대 주장이 있긴 하지만, 이런 의미에서 자연의 독립적인 존재론적 실재성은 논쟁의 여지가 없다. 내가 《자연이란 무엇인가? 문화, 정치학, 그리고 비인간(What is Nature? Culture, Politics and the Non-Human)》에서 주장했듯이, 자연의 실재성에 대한 인식과 사회적, 문화적으로 만들어진 것과의 구별은, 감각으로 인지할 수 있는 자연환경에 관한 생태주의적 담론과(물리적이든 심리적이든 상관없이) 인간의 유전공학적 또는 문화적 '구성' 또는 설정에 관한 탈근대주의적 담론의 일관성을 유지하는 데 반드시 필요하다.[26] 또한 이것은 말름과 혼버그가 주장하듯이, 불의와 환경 피해의 진정한 원천을 오도하는 지구 경제의 물신숭배적 개념을 피하는 데 반드시 필요하다. 우리는 과학기술이 '자연적인 것'이며 경제학은 순수하게 '사회적인 것'이라는 일반적인 가정에 이의를 제기해야 한다. 하지만 그렇게 하려면 먼저 자연적인 것과 사회적인 것을 분석적 차원에서 구분해야 한다. 또한 현대 문화이론의 비합리적이고 신애니미즘적 경향(neo animist, 자연 만물에 정령 또는 영혼이 깃들어 있다고 보는 관점-옮긴이)에 반대해야 한다.

반대 주장이 있긴 하지만, 최근 많은 포스트휴머니즘 사상이 주장하는 것처럼 자연이 문화 속으로 흡수되고 문화가 자연 속으로 흡수된다고 보는 관점 역시 환경에 관한 논증에 유익하지 않은 관점이기 때문에 반대해야 한다. 포스트휴머니즘에 따르면, 생태적 이슈에 공감적으로 반응하려면 자연-문화의 이분법, 그리고 이것이 뒷받침하는 인간 중심적 태도를 없앨 필요가 있다. 모든 존재의 관계성과 연속성을 강조하는 일은 사람과 다른 동물들 간의 오도되거나 오만한 인본주의적 구별을 줄이거나 없애라고 요구한다. '신유물론' 형태의 포스트휴머니즘 역시 무생물을 인간 못지않게 포괄적이고 효과적인 작용 기제로 간주하라고 요구한다.[27]

이런 유형의 존재론적 불안정과 윤리적 변화에 대한 철학적 뒷받침은 후기구조주의(초기 구조주의의 인간 경시에 대한 반작용으로 등장한 철학사상으로 종교와 역사의 역할을 중시함-편집자) 이론과 특히 질 들뢰즈Gilles Deleuze와 펠릭스 가타리Felix Guattari 및 그들의 추종자들의 주장에서 비롯한 반근본주의적 변화에서 나왔다.[28] 인간의 작용과 비인간 존재 및 물질 대상의 작용 간의 상당한 차이를 인정하길 거부하는 브루노 라투르Buruno Latour의 행위자-연결망 이론(actor-network theory) 역시 매우 큰 영향을 미쳤다.[29] 신경과학이 사회이론과 문화이론에 미친 영향 역시 일정한 역할을 해서, (점점 더 많은 사람들이 수용하는 듯한) 인간은 곧 두뇌라는 사고방식을 확산시켰다. 이를테면 정신과 두뇌는 하나이며 동일하다는 것이다.[30]

레이먼드 탈리스Raymond Tallis에 따르면 신경과학은 인간의 인지 경험을 다른 동물에 비유하는 현상, 즉 '디즈니공원화' 과정(Disneyfication, 어떤 지역이 지나친 관광객 유치 노력 탓에 지역의 정체성을 잃게 되는 것-옮긴이) 또는 양면 공격 작전에 원인을 제공해왔다. 이 현상은 인간을 동물의 관점에서, 동물을 인간의 관점에서 묘사한다. 인간 행동의 본질, 목적, 동기에 대한 인식을 부인함으로써 인간을 폄하하는 것은 동물의 특성과 행동을 의인화하여 동물을 긍정적으로 표현함으로써 보완된다.[31] 신경과학적 주장에서 종종 나타나는 비교는 인간과 유인원이 보이는 행동의 유사성에 주의를 기울이고 만들어내는 정신 상태의 유사성을 암시한다.[32]

도나 해러웨이Donna Haraway와 추종자들의 글은 환경 사상에 의미심장한 영향을 미쳤다. 그녀는 '사이보그' 존재론을 옹호하면서 인간과 다른 동물이라는 개념적 구도는 물론, 유기체와 비유기체의 개념적 구도도 없애라고 주장했다. 이런 개념적 구분을 제거하는 것은 인간 해방과 생태적인 진보로 찬사받고 있다. 이를테면 모든 존재의 동등성, 연결성, 관계성을 인정하는 반인간중심적 발전으로 평가된다. 마이클 하트Michael Hardt와 안토니오 네그리Antonio Negri는 이런 접근법을 인정하면서 정치적 진보의 일차적인 조건은 다음 내용을 인정하는 것이라고 주장했다.

> 인간 본성은 자연 전체와 결코 분리되어 있지 않으며, 인간과 동물, 인간과 기계, 여성과 남성 사이에는 어떤 고정되고 필연적인 경계도 존재하지 않는다. … (그리고) 자연 자체는 새로운 돌연변이, 혼합과 이종교배의 가능성이 열려 있는 인위적인 영역이다.[33]

마찬가지로, 닉 스르니체크Nick Srnicek와 알렉스 윌리엄스Alex Williams는 최근 기술 중심적 노동 이후(post-work) 미래에 대한 '가속주의(accelerationist)' 주장에서 '사이보그의 증가, 인공생명, 합성생물학, 기술적으로 매개된 생식'이 포스트휴머니즘적 '합성적 자유'에 기여한다는 점을 역설한다. 아울러 그들은 실현해야 할 인간의 진정한 본질은 존재하지 않는다고 주장하고, 이런 모든 논의를 제한적이고 '지역적인' 휴머니즘과 연결한다. (이러한 반실재론적 입장이, 그들이 자본주의가 인간에게 미친 엄청난 재난을 격렬하게 비판한 내용이나, 자본주의 이후의 미래에 실현해야 한다고 제시한 대조적인 과제와 얼마나 부합되는지는 아직 불분명하다).[34]

이와 같은 다양한 유형의 주장들 사이에는 뚜렷한 차이점이 존재하기 때문에 이들을 일반적인 포스트휴머니즘의 우산 아래 하나로 묶는 것은 오해를 일으킬 가능성이 있다(그래서 해러웨이도 이런 관점을 거부했다). 하지만 이런 주장들은 몇 가지 공통된 주제를 제시한다. 이를테면 자연과 문화의 통합, 인간 중심적 주제의 탈중심화, 인간-동물 이원론이 비인간 동물의 대우에 관한 윤리적 지침에 방해가 된다는 관점, 인간의 예외성에 대한 불인정이다. 그리고 규범적 측면에서 말하자면, 현재 인간과 다른 종들이 직면한 사상 유례가 없는 대규모의 생태 위기는 '이분법적' 그리고 '인간 중심적' 사고의 오류로 촉진되었다는 점에 일반적으로 동의한다.

하지만 포스트휴머니즘 이론은 오로지 인간이 그리고 인간을 위해 만든 것이며, 논증을 기초로 사고와 행동을 조정하는 인간의 특별한 능력을 통해 응답을 모색한다. 따라서 이 이론은 이론적 일관성과 윤리적 호소력을 인간의 독특한 능력에 대한 암묵적인 확신, 그리고 의도성과 자각하는 힘의 확장에 의존한다. 그러므로 휴머니즘에 대한 포스트휴머니즘의 비판은 자기 전복적이며, 이런 점은 비유기체 존재에 대한 사이보그적 사고와 논증과 관련하여 특히 명확하게 드러난다. 정신-기계라는 개념적 분리를 없애려는 사람들조차도 그런 주장을 펼칠 때 고도의 인공지능이 정신(그리고 영혼)과 비슷한 특성을 소유한다는 입장에 기초해 있다. 하지만 이런 능력 또는 특성 자체가 인간의 인식 능력과 성찰 능력에 대한 유감스러운 '인간 중심적' 평가를 낳는다면, 즉 정신과 영혼을 더 중요하게 평가한다면, 왜 우리가 포스트휴머니즘을 특별히 주목해야 할까? 또한 사이보그가 유기체-비유기체의 차이를 없앤다고 주장하면서, 동시에 비인간에 대한 보다 동정적인 대우를 가능하게 한다는 이유에서 인간-동물의 구별을 반대하는 것 사이에는 약간의 긴장이 존재한다. 기업적 농업의 잔혹성에 항의하는 것은 분명히 유기체를 데카르트식 기계와 동일한 것처럼 취급하고 그들의 고통에 무감각한 것에 항의하는 것이다.[35]

들뢰즈의 영향을 받은 생태적 접근방식에도 문제점이 있다. 이 접근법은 모든 생명체를 리좀적(rhizomic, 들뢰즈와 가타리가 주장한 비유적 개념으로, 수직적으로 성장하는 수목과 달리 지피식물의 가지가 어디에서든 흙에 닿아서 뿌리로 변하여 수평적으로 확장해가는 현상을 일컫는 표현-옮긴이) 우주 안에서 하나로 통합하는 힘들의 작용에 주목한다. 존재의 관계성을 인식하는 것은 결국 어떤 윤리학이나 정치학과도 부합한다. 이 이론은 고도의 추상적 수준에서 전개되기 때문에 이 이론이 공언한 목적에 부합하는 경제적, 정치적 제도에 지침을 거의 제공하지 못하는 경향이 있다. 그렇지만 이 이론은 현실에 대한 기본적인 서술적 설명으로 쉽게 되돌아간다. 이를테면 포괄적이지만 다소 학문적인 실천계획 수립, 메시아주의에 집착하는 주관성, 그리고 궁극적으로 현실회피적인 정치학이 된다.[36]

예를 들어 로지 브라이도티Rosi Braidotti는 최근 "지속 가능성은 공간과 시간상에서 계속 존속하려는 욕구를 표현한다. 스피노자−들뢰즈의 정치적 관점에서 보면, 이와 같은 지속 가능한 존속 사상은 잠재적 미래의 건설과 연결되며, (…결국) 이것은 존속이라는 사회적 지평, 이를테면 희망과 지속 가능성을 만들려는 집단적 노력이 필요하다. … 그리고 희망은 우리에게 부정적인 것을 처리하고 일상생활의 관성으로부터 우리를 해방할 힘을 제공한다"고 썼다.[37] 이것은 의도는 좋지만 이런 창조적 잠재력 또는 희망을 어디에서, 언제, 어떻게, 누가 끌어낼 것인지에 대해서는 거의 말하지 않는다.

포스트휴머니즘이 인간의 예외주의(인간이 자연계에서 여타 생물과 다른 특별한 위치를 갖고 있다는 관점−옮긴이)를 없애려고 시도한다면 그것은 자신의 주장을 무효로 돌리는 것이다. 이 사상의 영향력 아래 제시되는 담론 중 유일하게 설득력 있는 부분은 포스트휴머니즘이 인간에 대해 의문을 제기하는 가운데서도 여전히 그대로 존속하는 휴머니즘을 인정하고 언급하는 내용이다. 우리가 모두 자연 속에서 상호 연결되어 있고, 이전에 우리가 생각했던 것보다 다른 동물들과 더 많은 것을 공유한다고 지적하는 것은 좋다. 혹자는 동물에 대한 우리의 도덕적 반응과 응답을 좌우하는 것은 어떤 배려가 동물에게 합당한지에 대한 객관적이고 공정한 계산이 아니라, 도덕성과 우리가 동물과 공유하는 연약함에 대한 인식, 그리고 그에 따른 동정심이라는 주장에 동의할 것이다.[38] 하지만 우리가 인간과 다른 생물들 간의 차이를 옹호해야 하는 정확한 이유는 이런 입장의 철학적인 일관성을 유지하고, 아울러 우리의 도덕적 반응을 가능하게 하는 인간의 상상력과 공감력의 특별한 역할에 호소하기 위해서다. 코라 다이아몬드Cora Diamond는 이렇게 썼다.

> … 고통을 예방하기 위해 사람들에게 인간과 동물의 구별을 없애고 '다른 동물'에 대해 말하거나 생각하는 것처럼 해보라고 호소하면, 우리가 마땅히 무엇을 해야 할지 말해줄 근거를 잃게 된다. 동물은 어떤 일에 대해 도덕적 의무를 갖고 있지 않기 때문이다. 다른 인간이 내게 도덕적 기대를 하려면 나에겐 동물이 갖지 못한 것이 필요하다. 채식을 해야 소의 눈을 제대로 마주 볼 수 있다고 생각하는 것처럼, 우리는 상상을 통해 동물들에게 어떤 의미를 부여하는 식으로 행동한다. 이런 행동에는 잘못이 없다. 하지만 이런 반응을 유지하려고 애쓰면서 그 기초를 파괴하는 것은 잘못이다.[39]

우리는 인간-동물 관계에 대해 인간 중심적 접근방식을 철저하게 피해야 한다. 하지만 동시에 다른 동물에게 도덕적 배려를 확대하는 위치에 있는 존재는 오직 인간뿐이라는 사실도 인정해야 한다. 아울러 포스트휴머니스트들이 동물을 인간과 동등하게 대우해야 한다고 주장할 때조차도 그런 요청이 인간에게만 있는 도덕적 분별력에 호소하는 것임을 인식해야 한다. 우리는 인간이 타인에게 책임감을 느끼는 것과 달리, 동물은 인간에게 책임감을 느끼지 않는다는 사실을 알고 있다. 여기서 나는 일부 반려동물들, 특히 개가 때로 주인이나 보호자에게 관심과 우려를 나타낸다는 점을 부정하지 않는다. 내가 하고 싶은 말은, 동물이 인간을 포함한 다른 동물에게 보편적인 방식으로 우려를 나타내지 않는다는 것이다. 또한 동물들은 인간에 대해 말로나 글, 그림으로 표상을 만들지 않으며, 그들과 인간의 관계에 대해 철학적 논증도 하지 않는다는 뜻이다. 따라서 동물들은 인간이 어떤 존재인지를 상상할 수 없다고 말할 수밖에 없다.

다른 동물이 인간과 매우 비슷할 정도로 동등하다는 주장을 주저하게 만드는(마땅히 주저해야 하는) 감수성 때문에 우리는 자신과 다른 생물들 사이의 동등한 상호주의를 상상할 수 없다는 점을 인정해야 한다. 동물은 권리를 인식하거나 존중해야 한다는 의무감을 느낄 수 없다. 동물들은 대부분 다른 종의 복지에 무관심한 듯 보인다. 이것은 여러모로 다행스러운 일이다. 동물들은 그들이 매일 잡아 산 채로 뜯어먹는 다른 생명체들의 고통이 없다면 대부분 굶어 죽을 것이다. 이와 반대로, 인간의 예외성은 다른 동물들을 거만하게 무시하는 행위 못지않게 그들에게 극단적인 공감을 보이는 행동에서 쉽게 확인할 수 있다. 우리는 인간과 비인간 동물 사이에 놓인 이 심연을 먼저 존중하면서 이것을 어떻게 할지 숙고해야 한다.

이런 주장을 통해 나는 인간이 스스로 적합하다고 생각하는 방식으로 자연 세계를 마음대로 이용할 권리가 있다는 (성서와 계몽주의적 글에서 나타나는) 단순한 관점을 지지할 생각은 전혀 없다. 인간만이 가진 특성과 힘이 존재한다는 점을 주장하려는 것뿐이다. 이런 점은 인간과 다른 생명체 사이에 명확한 경계를 긋게 한다. 동일한 경계선이 인간과 무생물 사이에도 더 명확하게 적용된다. 우리는 물질적 대상이 인간에게 중요한 영향을 미칠 수 있으며, 또한 스스로 결과를 만들어낼 수 있다는 라투르와 신유물론자의 주장에 동의할 수 있다. 하지만 이것은 인간의 행동 능력과는 매우 다르다.

나는 최근에 유행하는 주체-객체, 자연-문화, 그리고 인간-동물의 차이를 부인함으로써 자신을 자연의 친구로 생각하는 사람들의 견해에 반대한다. 또한 인간의 경제적, 사회적 행위의 (종종 어두운) 예외성보다는 인간과 자연의 연속성에 대한 구속적인(redemptive) 깨달음의 중요성을 주장하는 사람들의 입장에도 반대한다. 사실 인간이 가진 의식과 힘이 인간 외 자연의 그것과 동등하다면 생태계 붕괴에 대한 특별한 책임을 인간에게 물을 수 없고, 생태정치적 회복 전략을 인간에게 기대할 수 없을 것이다. 역설적으로 들릴지 모르지만, 인간이 자연에서 특별한 지위를 갖고 있지 않다는 신념은 생태적 대의를 진전시키기보다 혼란스럽게 만들 수 있다. 혼버그가 주장하듯이, 주체-객체의 구별을 해소하려는 노력에 숨어 있는 가장 큰 문제는 다음과 같다.

가장 큰 문제는 결국 비생물 존재에게 물신주의적 특성을 가진 힘을 부여하는 것이 아니라 인간 주체로부터 책임과 의무를 없애는 것이다. 인간 주체의 의무를 부인하는 것(인간을 비인간과 동등한 존재로 봄으로써 이루어진다)은 라투르와 그 추종자들의 포스트휴머니즘 입장에 은연중에 내포된 인간의 책임을 포기하는 것과 흡사하다. 인간에게만 있는 책임감(강, 화산 또는 개에게 확대할 수 없다)은 포스트휴머니즘의 극복하기 힘든 딜레마로 남아 있다.[40]

필요와 욕구 측면에서 인간과 다른 동물을 동등하게 보는 것(인간의 소비에 대한 환원주의적 자연화) 역시 지속 가능한 미래를 이루는데 꼭 필요한 대안적 소비 방식을 숙고하는 토대로 삼기에 적절하지 않다. 비인간 동물은 서로 모방할 수 있고 그들 중 일부는 확실히 서열 관계를 준수한다. 그러나 그들은 과시나 상징적인 목적 때문에 소비하지는 않는다. 또한 욕구를 충족하려고 할 때 기만당할 수 있지만(예를 들면, 먹을 수 없는 먹이를 오인하여 잡는 경우-옮긴이) 허황된 즐거움을 추구하지 않으며, 불만족 자체를 하나의 즐거움으로 삼는 일에 관심을 보이지도 않는다.

이와 반대로 인간의 소비는 이중적이며 삶에 과도하게 영향을 미치는 특성이 있다. 또한 육체적 생존과 재생산의 욕구와 초월적인 영적 욕구(지금은 상당히 편향되고 혼란스러운 상태다)와 관련된 소비가 발달했다. 게다가 인간 소비의 물질적 대상은(야생 동물의 물질적 대상과 달리) 좀처럼 안정적이지 않고 끝없이 바뀌고 있다. 소비문화 측면에서 우리가 소비하는 대상은 어느 때보다 더 다양하며 많고 화려하다.

나는 자연적으로 정해진, 객관적으로 알 수 있는 욕구 만족 체계를 '회복'하기만 하면 소비주의의 부정적 결과가 바로잡힐 것이라는 견해에 동의하지 않는다. 또한 자본주의 소비문화가 인간 소비의 이런 특징을 감당할 수 있는 유일한 형태인 것처럼 생각하는 입장에도 동의하지 않는다. 달리 말하면 자본주의 소비문화를 자연적인 발전으로 보는 사람들의 견해에 반대한다.

변화되어야 할 낡은 개념들

나는 서두에서 마르크스주의 접근방식이, 자본주의가 산업 역사와 환경 악화를 유발한 특별한 역할과 자본주의의 재앙적 헤게모니를 계속 확보하기 위한 다양한 이데올로기적 변화를 폭로하는 데 매우 중요하다고 말했다. 그러나 마르크스주의가 단순히 문제점에 대한 역사적 성찰에만 머물지 않으려면 문제를 해결하는 방법에 대한 지침(자본주의적 질서를 무엇으로 대체할 수 있고 또 대체해야 하는지, 아울러 그것을 촉진하는 데 유용한 힘들에 관한 지침)을 제시해야 한다. 이런 주장을 하면서 나는 현재 상황이 매우 암울하며, 변혁 가능성에 대해 비관적인 느낌밖에 들지 않는다는 것을 인정한다. 이런 의미에서 현대 마르크스주의 비평가들 중 다수가 자본주의 이후의 질서 또는 과도기의 정치와 행동 주체에 관해 자세히 언급하기를 꺼리는 것은 이해할 만하다. 하지만 데이비드 하비David Harvey가 제안했듯이, 우리가 자본주의 이후 사회에 대한 대안이 없다는 말을 너무 오랫동안 들었다는 바로 그 사실 때문에 대안을 상상하는 것은 중요하다.[41] 자본주의 이후를 생각할 통찰을 제공할 수 없는 마르크스주의는 물신주의에 굴복하고, 그 결과 현실에 기초하지 않은 비판적인 이상을 옹호하는 이상주의에 무릎을 꿇게 된다. 노동계급이 사회주의를 반대해야 하는 상황에 직면하는 것을 주저하면, 고전적 마르크스주의가 노동계급에 부여한 혁명의 역할을 이제 누가 감당할지에 대한 극히 중요한 질문을 회피하게 된다.

나는 오늘날 마르크스주의가 자본주의를 유지하는 데 소비(대도시 노동계급의 소비를 포함하여)가 차지하는 역할과 자본주의가 기후 변화에 미치는 영향을 계속 외면할 수 없다고 생각한다. 19세기 노동자들의 빈곤 상황과 현대 산업국가의 노동자들이 대량생산을 통해 창출된 상품을 훨씬 더 많이 이용하는 상황(지금은 자동차, 항공 여행, 백색 가전, 주택 개선, 패션 상품 등을 거의 보편적으로 이용한다) 사이에는 분명히 현격한 차이가 존재한다. 이런 유형의 소비는 심지어 개발도상국에서도 '좋은 삶'에 대한 바람직하지 않은 모델을 조장했다. 하지만 이런 내용을 제대로 인식하지 못한 상황에서 (제이슨 무어가 최근 저서 《생명 그물 속의 자본주의(Capitalism in the Web of Life)》에서 명백하게 보여주었듯이) 자본 자체가 책임감이 있고 자율적으로 움직인다는 주장을 마치 자본주의의 실체인 것처럼 너무 자주 제시한다.

우리는 자본주의의 '오만, 욕구, 선택 등'에 대해 듣는다. 아울러 보통 사람들의 일상생활, 곧 소비자로서의 역할이나 선거를 통해 자본주의를 지지하는 역할에 대해서는 상대적으로 주의를 기울이지 않는다. 그 결과 노동자가 자본주의의 생존과 재생산에 가장 큰 역할을 수행한다는 인상이 형성된다. 무어는 오늘날 위태로운 것은 계급투쟁뿐만 아니라 "삶과 노동을 바라보는 경쟁적인 관점들간의 투쟁"이라고 말한다. 하지만 그는 그런 주장을 어떻게 발전시킬지에 대해서는 거의 말하지 않고, 대안적 관점도 제시하지 않는다.[42]

다시 말하지만(보뇌유와 프레소즈의 말을 언급하자면) 90개의 기업이 1850년부터 지금까지 발생한 누적 이산화탄소와 메탄올 가스의 63퍼센트를 배출한 것이 사실일지 모르지만, 이 배출가스가 이 기간에 화석연료, 주택과 빌딩 건축에 사용된 콘크리트 그리고 수없이 많은 소비재의 생산 과정에서 비롯했다는 점에 반드시 주목할 필요가 있다.[43] 또한 안드레아스 말름이 말하듯이, 우리는 중국의 배출가스에 대해 중국 노동자들을 비난할 것이 아니라[44] 오히려 그들이 생산한 값싼 상품을 기꺼이 소비하는 전 세계의 모든 사회계층을 비난하는 것이 옳다. 우리는 또한 그런 제품을 생산하는 노동 착취적인 조건, 연료세 부과에 대한 많은 노동자의 저항, 그리고 오늘날의 자동차 통행 감소와 값싼 항공여행 증가에 대해 부유한 국가의 많은 사람들이 무관심하다는 점을 인정해야 한다.

내가 이 글을 쓰고 있을 때 영국 총리가 연료세 동결을 약속했다. 〈선Sun〉지가 이 약속을 지지하는 캠페인을 벌였는데, 주로 '근면한 가정들'의 지지를 얻기 위한 것이었다. 이 약속을 환영한 사람 중 영국 정부가 현재 묵인하고 있는 불법적 수준의 대기오염, 셰일가스 시추 기술에 항의하는 사람들을 투옥한 사건, 기후변화에 관해 IPPC의 보고서가 발표한 지구온난화에 관한 끔찍한 예측(2018년 테레사 메이 총리 재임 시기 그녀가 정당 콘퍼런스에서 연설을 통해 발표했다.)에 대해 심각하게 고민하는 이는 아마도 거의 없을 것이다. 프랑스에서는 비슷한 일이 더 폭발적으로 일어났다. 마크롱 대통령은 연료세 인상 계획이 촉발한 노란조끼 시위를 진정시키기 위해 그 계획을 철회해야만 했다.

최근 몇 년 동안 신자유주의적 정책으로 발생한 엄청난 불평등은, 일상적인 소비재에 대한 환경세 도입에 꼭 필요한 사회적 연대를 심각하게 약화시켰다.[45] 하지만 긴축정책과 불평등이 연료세 인상 지지에 미친 부정적 영향을 인식하는 것과, 소비자로서의 노동자들이 자본주의 경제의 재생산에 어느 정도 공모한 상황(많은 좌파들이 지금까지 극단적일 정도로 회피해온 이슈)을 간과하는 것은 별개의 문제다. 아울러 사회주의자들은 다른 측면에서 자본주의에 아무리 비판적이라고 해도 '좋은 삶'과 '높은' 생활수준에 관한 전통적인 관점에 흔쾌히 동의할 준비가 되어 있다.

환경 파괴 행위를 모두 서구 자본주의의 탓으로 돌리는 것에 반대하고, 구소련 체제의 생태계 파괴도 무시하지 말아야 한다고 주장하는 사람들은 올바른 방향성을 보여준다. 하지만 소련 지도자들이 소비와 에너지 공급에 관한 서구 모델을 좋아하지 않고, 인간 번영에 대해 더 혁신적으로 사고했다면(달리 말하면, 그들이 자본주의와 관련된 소비를 '자연적인 것으로 받아들이지' 않았다면) 상황이 달라졌을 수도 있다.

제임스 오코너James O'Conner가 오래전에 언급한 내용은 여전히 타당하다.

사회주의 국가들이 서구 방식의 발전을 비판 없이 수용한 결과, 기계적인 모방으로 이어졌다. 인공위성 스푸트니크 호에서 보듯이, 사회주의의 진보를 너무나 자주 서구의 가장 발전된 과학기술을 따라잡거나 능가하는 역량으로 평가했다. 이런 경쟁 과정에서 질적으로 다른 유형의 진보(과학기술이나 소비재의 양이 아니라 삶의 질로 평가하는 진보)에 대한 생각은 조직적으로 억압되었다.[46]

초기 적녹 사상가 루돌프 바로Rudolf Bahro의 집회 요청문 역시 여러 측면에서 타당하다.

> 사회주의로의 이행에 관한 우리의 관습적인 생각은, 유럽 문명이 과학기술 분야에서 성취한 기본적인 내용 안에서 자본주의 질서를 철폐하는 것이다. 심지어 금세기의 안토니오 그람시Antonio Gramsci와 같은 저명한 사상가도 여전히 기술, 산업주의, 아메리카주의, 기존 형태의 포드시스템을 대부분 피할 수 없는 필수요소로 보고, 사회주의를 근대적인 기계와 과학기술을 진정으로 인간에 맞게 조정한 체제로 묘사했다. 마르크스주의자들은 지금까지 인간과 생산의 관계를 변혁할 뿐 아니라 생산수단의 전체적 특징, 가령 생산력 이른바 기술구조를 근본적으로 바꾸어야 한다는 점은 거의 생각하지 못했다. 사회주의에 대한 전망은 역사적으로 변화되어 전해진 형태의 욕구와 욕구 충족, 또는 이런 목적을 위해 제품을 만드는 세계에 반드시 의존할 필요가 없다. 현재 우리 주변에서 볼 수 있는 상품 세계의 모습은 인간 생존의 필수적인 조건이 아니다. 현재의 상품 세계를 인간이 지적으로, 정서적으로 발전하는 데 필수적인 모습으로 볼 필요는 없다.[47]

역사적 유물론을 바탕으로 최근 생태에 관한 혁신적인 주장을 펼친 사람들이 자신의 통찰을 확대하여 자본주의를 왜곡되고 디스토피아적인 생물체로 봄으로써, 인간의 번영과 복지에 관한 자본주의의 시대착오적 개념을 아주 날카롭게 공격하지 않는 것은 안타까운 일이다. 자본가가 주도하는 과학기술과 산업화의 관점에서 제시된 진보 개념을 아무런 이의 제기 없이 더 이상 그대로 둘 수는 없다. 또한 지속 불가능한 환경에 가장 큰 책임이 있는 선진국들이 개발도상국에게 좋은 삶의 모델로 간주되어서도 안 된다.[48] 이제는 덜 기술 중심적이고 덜 성장 지향적인 조직이 더 발전된 복지 기준과 복지 제공 방법을 제시할 수 있다고 생각해야 한다.

정통 마르크스주의자들은 반대할지 모르지만, 폭넓은 역사적 유물론의 사고방식 안에서 연구하는 사람들은 생산과 노동 착취에만 초점을 맞추기보다는 소비를 정치적 의제로 포함해야 한다. 그들은 자본주의가 화석연료 사용을 자연스러운 현상으로 만들었듯이, 소비주의적 생활방식을 우리가 받아들일 만한 유일한 선택지로 널리 확산시킨 것을 비판해야 한다. 또한 마르크스가 자본주의 이후의 미래에 대해 더 사치스러운 주장을 한 것에 대해서도 비판을 허용해야 한다. '풍성한 욕구', '필요에 따른 분배', 이런 슬로건이 아무리 흥분되더라도 더 이상 사회주의에서 달성할 수 있는 상태로 볼 수 없다.

나는 자본주의 이후 사회에 관한 마르크스주의의 메시지를 힘들지만 반드시 실현하기 위해 보편적인 풍요라는, 점점 멀어지는 유토피아적 관점을 반복하면서 자기만족에 빠진 학문적인 마르크스주의자들의 고립된 급진주의에 반대한다. 소비를 줄이자는 생각을 비웃는 문화정치는 자본주의 이후의 산업, 노동 과정, 노동자 해방의 형태에 관한 낡은 가정에 매달리고 있다. 좌파는 서구의 풍요로운 생활기준을 똑같이 보편적으로 누릴 수 있다고 계속 주장할 수 없다. 설령 생산방식이 타율적인 노동을 착취하지 않는 방식으로 바뀐다 해도 마찬가지다. 완전 고용, 결핍의 종식, 모두를 위한 경제적 안보에 대한 요구들은, 지구적 차원의 공정한 분배에 기반한 성장 이후의 경제 질서 그리고 물질적 소비에 필수적인 재생산 질서에 대한 요구와 병행되거나 대체되어야 한다.

이를 위해선 진보와 번영의 본질에 대한 우리의 생각을 근본적으로 바꾸어야 한다. 소비문화가 구매력이 있는 사람들에게 좋은 삶을 제공한다는 생각에 도전하고, 삶과 가치체계보다 중시되는 노동의 헤게모니를 유지하려는 시도를 약화시키고, 모든 사람에게 더 느리고 여유 있고 탐욕적이지 않은 생활방식의 즐거움을 강조하는 근본적인 변화가 필요하다. 좌파가 이런 노선에 따라 대안적인 번영의 정치에 헌신할 때에만, 계속적인 압박을 통해 성공적인 변화를 만들어낼 실제적인 희망을 품을 수 있을 것이다.

나는 소비를 화석연료 경제가 저지르는 '범죄' 중 사소한 부분으로 취급하는 사람들과 논쟁을 벌이고 있다. 아울러 나는 번영, 소비, '좋은 삶'에 관한 사고방식의 변화가 더 근본적인 경제적 변혁을 추동하는 역할을 한다고 생각한다. 2018년 10월에 발표된 IPPC 보고서는 지구온난화에 직접적이고 급진적으로 대응해야 할 '도덕적 책임'을 국가에 요구하고, 국가를 변화의 주요 주체로 제시했다. 그 이후 일부 국가는 '기후 위기'에 응답했다. 하지만 IPPC의 기록에 따르면, 그렇게 압박하지 않았다면 필요한 급진적 행동에 나설 국가는 찾아보기 어렵다. 하지만 누가 그런 압박을 가할 것인가?

말름은 소비자들이 습관과 욕구를 바꿀 것이라고 믿는 것은 어리석다고 말한다.[49] 말름만 이런 생각을 하는 것이 아니며 아마 그의 생각이 옳을 것이다. 하지만 그의 말에 따르면, 기업의 엘리트들이 정의롭고 지속 가능한 미래를 만들기 위해 국가가 행동하도록 압박할 것이라고 믿는 것은 더 어리석을 것이다. 집단적 노동계급 운동이 현 상태에 의미 있는 반대를 시작할 것이라고 기대할 수도 없다. 글로벌 네트워킹 덕분에 이제 모든 사람이 변혁의 주체가 될 수 있다는 폴 메이슨Paul Mason의 주장이 잘못된 판단일 수도 있다. 하지만 그는 노동계급이 자본주의를 극복할 수 있는 유일한 세력이라고 굳게 믿는 사람들이, 이제 변화의 잠재적 주체가 얼마나 광범위하고 다양해졌는지 모른다는 점을 제대로 지적했다.[50] 어쨌든 일찍이 마르크스가 부르주아 계급에 반대하고 체제 전복을 추구하는 궁핍한 공장 노동자 계층으로 이해한 노동계급은 더 이상 현대 자본주의의 현실과 맞지 않고, 변혁의 잠재적 원천도, 주체도 아니다.

그러므로 무모할지 모르지만 나는 다음 장에서 풍요로운 소비문화를 검토하고 비판하면서, 소비문화의 즐거움과 '좋은 삶'의 모델로서 소비문화의 불가피성에 합의한 좌파와 우파의 주장에 이의를 제기할 것이다. 아울러 소비와 관련된 획기적인 정치 투쟁이 발생할 가능성이 있다는 점을 강조하고자 한다.

2장

왜, 지금
'대안적 쾌락주의'인가?

POST-GROWTH LIVING

자본주의 성장 경제와 소비주의 생활방식과 관련된 번영 모델은 항상 비판의 대상이었지만 진보와 '좋은 삶'의 개념에 강력한 영향력을 발휘했다. 많은 사람들이 자유와 민주주의를 보장하고 높은 생활수준을 제공할 유일한 수단이라며 이 모델을 옹호했다. 사실 자본주의는 적어도 부유한 국가에서는 많은 혜택을 제공했고, 민족 차별 문제, 젠더gender 문제, 성적 해방(sexuality) 문제에 관한 진보적인 의제의 발전과 양립할 수 있었다. 하지만 이런 혜택은 인간과 환경에 대한 착취를 통해 이루어졌다. 인간의 복지가 가장 많이 향상된 시기는 2차 세계대전 이후 유럽의 사회민주주의 시기처럼 정치적 규제가 가장 심했을 때였다.

최근 수십 년 동안 전후 사회민주주의가 신자유주의 이데올로기에 패배하면서 자본주의적 성장의 사회적 비용은 엄청나게 치솟았고 매우 우려스러운 결과를 낳았다. 영국, 유럽, 미국에서 나타난, 대부분 우파 진영에 속한[1] 포퓰리즘은 금전적 이득, 문화 자본, 신자유주의에서 이득을 본 사람들이 누리는 대도시 생활방식에서 배제된 사람들의 불만을 반영한다. 이런 불만은 브렉시트 국민투표, 트럼프 대통령 선거, 극단적 우파와 그들을 대변하는 새로운 매체,

운동, 정당의 등장으로 나타났다. 수십 년 이상 이런 현상이 다가오는 것을 알지 못했거나 무시한 정치 엘리트 집단의 무감각 또는 안일함 역시 우려스럽기는 마찬가지다. 아니나 다를까, 비록 선거에서 졌지만 주류였던 중도우파 정당들은 새로운 우파의 등장을 억제하기 위해 거의 아무것도 하지 않았다. 중도좌파 정당들은 최근까지 신자유주의를 반대하기보다 포용하려고 노력했으니, 더욱 비난받아 마땅할 것이다.

영국에서 신노동당(New Labour)이 1997년 선거에서 승리하자 시민들은 약 20년 동안의 분열적인 보수당 통치를 끝냈다며 환호했다. 블레어 정부는 가장 부유한 층과 가장 가난한 계층 간의 격차가 확대되는 것에 그다지 관심을 보이지 않았다. 신노동당 기업혁신기술부 장관 피터 만델슨Peter Mandelson은 다음과 같은 유명한 말을 했다. "아무리 엄청난 부자가 된다 해도 세금만 낸다면 문제가 될 건 전혀 없습니다."[2] 빈부격차는 계속 확대되었다. 부유층의 탐욕과 과시적 소비를 억제하기 위한 아무런 조치도 취해지지 않았다. 잉글랜드 은행 수석 경제학자 앤디 홀데인Andy Haldane에 따르면, 국민소득 중 노동자가 차지하는 비율은 1970년대 이후 70퍼센트에서 55퍼센트로 감소했다. 오늘날의 노동자들은 산업혁명 초기인 1770년대의 노동자보다 비율적으로 더 적은 임금을 받는다.[3] 물가와 생활비 상승에도 불구하고 10년 동안 긴축 재정을 실시해 복지예산이 거의 4분의 1 수준으로 감소하는 바람에 실업자, 장기 질환자, 장애인, 노인과 같이 복지수당에 의존하는 사람들은 비참한 삶을 살아왔다.[4]

전 세계에서 소득과 기회의 불평등이 심화되고 있다. 1990년부터 2005년까지 주요 경제국인 중국, 인도, 미국에서 계속 경제가 성장하는 동안, 부자들은 상대적으로 더 부유해졌고 가난한 사람들은 상대적으로 더 가난해졌다. 1990년부터 2007년까지 17년 동안 하위 10억 명은 전 세계 소득에서 차지하는 비율이 불과 0.8퍼센트 포인트 증가했다(이 속도로 그들이 전 세계 소득의 10퍼센트를 차지하려면 855년이 걸릴 것이다). 세계은행 경제학자의 추정에 따르면 상대적 기준에서건, 절대적 기준에서건 세계적 차원의 불평등은 지금이 역사상 어떤 시기보다 심하다.[5] 불평등이 더 심화되고 있다. 2019년 1월 옥스팜Oxfam은 전 세계 2,200명의 억만장자의 부가 전년도에 9천억 달러(하루 25억 달러)씩 늘었다고 보고했다. 최상위층의 부가 12퍼센트 증가한 반면 세계 하위 절반의 부는 11퍼센트 감소했다. 2018년 말, 상위 26명이 하위 50퍼센트의 부와 맞먹는 재산을 보유했다(2016년에는 61명이었다).[6] 최상위층의 부는 주로 축적한 자산(주식, 부동산, 예금)에서 파생된 배당금, 임차료, 이자에서 나온다. 이런 방식으로 다른 사람들이 재화와 서비스를 통해 생산한 부가 부유한 사람에게 흘러간다. 생산된 부 중 임금 소득은 20퍼센트 이하이다.[7]

이렇게 발전하는 과정에서 생산활동을 담당하는 사람들의 생활 조건과 경험은 극적으로 바뀌었다. 이런 변화는 노동계에 무시무시한 위기를 초래하고 있으며 틀림없이 기존 경제 상태에 문제를 제기하게 될 것이다.[8] 노동윤리가 상업적 사고방식과 사회정책에 대한 영향력을 유지하고 있는 순간에도 자동화는 계속 일자리 안정성을 약화시키고 노동을 대체하고 있다. 점점 더 많은 노동자들이 비정규직 선호 경제(gig economy)와 최소한의 근로시간도 보장되지 않는 제로시간 노동계약제의 남용으로 불안에 시달린다. 반면, 노동이 우리 삶에 미치는 영향력이 너무 커지면서 생산활동의 가치와 삶의 중심으로서의 생산활동에 대해 의구심을 갖게 된다. 노동이 더 불안정해지고 구직활동이 더 필사적인 상황이 되면서 노동의 목적의식이 약화된다. 심지어 정규직들도 노동이 자기표현과 개인적 성취감을 향상하기보다 좌절감을 줄 수 있다는 점을 알아가고 있다. 한 평론가가 이렇게 말했다.

> 현대 자본주의 사회에서 노동은 가장 원하는 활동이면서 가장 불만이 많은 활동이다. 가장 원하는 활동인 까닭은 노동을 통해 얻는 소득으로 물질적 필요를 채울 수 있고, 자신의 정체성을 형성하거나 다른 사람과 삶을 나눌 수 있는, 가장 사회적으로 공인된 길이기 때문이다. 하지만 산업 생산라인의 단조로움, 고도의 헌신이 필요한 조직의 정서 및 업무역량, 현대적인 '전자 감시체계' 등으로 노동은 꼭 필요하면서도 가장 불만스러운 활동이 된다.[9]

경제 성장에 따른 환경비용

선진국과 개발도상국의 경제에서 노동자의 불안, 불만과 함께 부의 격차가 나타났다. 아울러 주변부 지역에서 중심부 경제로의 생물−

무생물 자원의 지속적이고 불공정한 이동에서 비롯한 부유한 국가와 가난한 국가의 세계적 격차도 존재한다.

지구 인구의 5분의 1 이하가 지구 자원의 약 5분의 4를 소비한다. 미국은 세계 인구의 5%를 차지하지만 세계 화석연료 자원의 약 25퍼센트를 이용한다.[10] 이러한 생태적 불균형은 신자유주의 아래에서 '진보적인' 무역 개방의 이득으로 표현되며, 경제적 보호주의를 대체했다. 알프 혼버그는 이것을 '제국주의'가 '세계화'로 재정립되었다고 쓴다.

세계 무역을 통해 비대칭적(하지만 인식하지 못하는) 자원 이동을 가능하게 만들어 중심부 국가에 자본 축적이라는 혜택을 제공하는 것이 세계의 해방으로 표현된다. 자원의 순이동 측면에서 보면, 신자유주의는 신식민주의를 통한 중심부 국가들의 지위 확대를 위한 복잡한 논리로 볼 수 있다. 하지만 이를 통해 중심부 국가의 대다수 시민들은 뒤처지고 소수 엘리트들의 지위만 확대된다는 사실이 그 어느 때보다 더 명확해졌다.[11]

혼버그는 '자원의 이동'에 주목함으로써 모든 부가 생물–무생물 자원에 기초하며, 따라서 자연자원에 의존한다는 점을 강조한다. 불평등이 자본주의가 등장한 이후부터 우리와 함께했고, 지금까지 자본주의의 지속적인 발전을 심각하게 가로막는 장애물이었다는 점은 입증되지 않았다. 하지만 오늘날의 극단적인 불평등과 함께, 비록 늦긴 했지만 최근 주류 정치인들의 인식에 변화가 일어나고 있다. 그들은 자본주의의 지속적인 확장이 기후변화, 생물 다양성 감소, 토양 침식, 대기 및 수질 오염, 관리 불가능한 폐기물을 포함한 유례가 없는 생태적 장벽에 가로막혔다고 생각한다.

생산과 소비 관련 수치를 보면 이것은 놀라운 일이 아니다. 디지털 경제와 녹색기술에도 불구하고 원재료가 인간 역사의 어느 시기보다 지금 더 많이 소비되고 있으며, 매우 불평등하게 배분되고 있다. 최근 계산에 따르면, 지구상에는 12억 대의 차량, 20억 대의 개인용 컴퓨터, 75억 명의 세계 인구보다 더 많은 휴대폰이 있다.[12] 매년 세계는 920억 톤의 물질(바이오매스biomass, 금속, 화석연료, 광물)을 소비하며, 이 수치는 매년 3.2퍼센트씩 증가하고 있다. 1970년 이후, 화석연료(석탄, 석유, 천연가스) 채굴량은 60억 톤에서 150억 톤으로 증가했고, 금속은 매년 2.7퍼센트, 다른 광물(특히 콘크리트용 모래와 자갈)은 90억 톤에서 440억 톤으로 약 5배 폭증했으며, 바이오매스 수확량은 90억 톤에서 240억 톤으로 증가했다.[13]

이미 언급했듯이, 성장의 환경적 제약은 1980년 이전에 밝혀져 강조되었고 최근의 많은 글에서도 상세하게 발표되었다. 이런 증거에 따르면 지금과 같은 기업의 성장방식이 지속될 수 없다는 것은 거의 의심의 여지가 없다. '좋은 삶'에 대한 미국 모델을 모든 사람에게 적용하려면 그에 필요한 자원을 얻기 위해서 지구가 최소한 세 개는 더 있어야 할 것이다. 앤드류 심스Andrew Simms가 제안했듯이 소비재 상품의 시장 확대 관점에서 성공 여부를 평가하면 실패하게 될 것이다.[14]

실리콘 밸리의 일부 최상류층 거주자들은 임박한 생태적 재난을 인식하고 이른바 '사태'(미래 환경 붕괴로 인한 해수면 상승, 사회 혼란, 무정부 상황)를 피하기 위한 개인적이고 기술적인 탈출로를 필사적으로 찾고 있다.[15] 나오미 클라인Naomi Klein은 무기와 민간 보안 서비스 공급자들이 재난 상황에서 수익을 올릴 준비를 하고 있다고 밝혔다.[16] 다른 한편으로, 지구공학 주창자들은 태양 복사열 관리(solar radiation management)에 대한 환상을 추구하는 반면,[17] 생태적 근대화 경제학자들은 보다 친환경적인 녹색기술이 계속 확대되어 우리의 생활방식을 거의 바꾸지 않고도 환경친화적인 성장이 끝없이 지속될 것이라고 주장한다.

성장이 여전히 경제적 성공의 바람직한 기준으로 남아 있는 것을 볼 때 정부와 기업의 엘리트들은 아마도 이런 방법들을 신뢰하는 것 같다. 녹색기술이 이런 기술을 개발하고 이용하는 지역 기반의 민주적인 조직과 결합하면 분명히 화석연료와 그 부산물에 대한 우리의 의존도를 낮추는 데 결정적인 역할을 하겠지만, 어떤 기술적인 방법도 지속적인 성장에 기초한 경제를 영구적으로 가능하게 해주지는 못한다.

물론 현재 경제질서에서 과학기술은 일차적으로 성장과 이익을 개선하기 위해 개발되고 활용된다. 이것은 소비문화 확대의 핵심 요소로, 휴대폰, 개인용 컴퓨터, 다른 개인용 IT 기기의 끊임없는 혁신(더 얇고 더 스마트한 버전은 이전 모델보다 수리하기 더 어려워 더 빨리 폐기된다)에서 가장 분명하게 드러난다. 이런 상황이 바뀌고, 정말 지속 가능한 과학기술이 널리 적용된다 해도, 제이슨 힉켈Jason Hickel이 최근 기고한 글의 제목에서 언급했듯이 "성장은 친환경적일 수 없다"는 주장은 유효할 것이다. 힉켈은 세 가지 광범위한 연구를 인용(2012년, 2016년, 2017년의 연구)하는데, 이 연구들은 자원 이용의 효율성을 최적화하고 탄소 배출량을 제한하기 위해 모든 노력을 기울인다 해도 지속적인 경제성장은 가능하지 않다는 결론을 내렸다. 힉켈은 "결론적으로 우리의 문명을 지구가 감당할 수 있게 하려면 부유한 국가들부터 먼저 경제 성장에 의존하는 방식에서 벗어나야 한다"고 말한다.[18]

무한히 지속 가능한 생산을 제공할 수 있다는 녹색 에너지의 능력에 대한 이와 같은 부정적인 평가는, 보다 효율적인 과학기술이 항상 더 많은 상품 생산과 전체적인 자원 이용 증가를 수반해왔다는 수년 간의 통계수치가 뒷받침한다.[19] 1975년 이후 미국의 GDP 1달러당 에너지 소비량은 절반으로 줄었지만 에너지 수요는 40퍼센트 증가했다. 항공 분야의 연료 효율성은 40퍼센트 증가했지만 전체 연료 사용량은 150퍼센트 증가했다.[20] 유럽의 경우 1990~2012년 동안 배출가스량이 경제 성장과 분리되었지만 불과 1퍼센트 감소했다. 이것은 2050년까지 배출량을 1990년 수준의 80퍼센트로 줄인다는 유럽위원회의 로드맵 목표에 도달하기 위해 필요한 수준의 4분의 1에 불과하다.[21] 부유한 국가가 달성한 경제 성장과 배출가스량의 분리는 부분적으로는 배출량이 많은 제품을 중국이나 다른 국가에서 수입했기 때문이다. 하지만 가장 많이 배출하는 사람은 여전히 가장 부유한 사람들이다. 최상위 10퍼센트가 배출가스량을 유럽연합 평균 수준으로 줄인다면 세계 총 배출가스량은 35퍼센트 감소할 것이다.[22]

경쟁적 쾌락주의와 소비의 함정

부유한 국가들의 경제에 어김없이 수반되는 불의와 불평등, 임박한 환경 붕괴, 노동의 위기가 동시에 발생하면서 오랫동안 거의 당연시되었던 우리의 소비문화가 흔들리기 시작했다. 논쟁의 장에 새롭게 등장한 소비 영역은 새로운 형태의 민주주의에 대한 관심, 정치 참여, 경제활동, 문화적 표현이 중요한 영향을 미칠 수 있다. 영향력 있는 저항이 일어날 수 있을지 의심하는 논평자들조차도 소비에 대한 문화정치적 입장이 잠재적인 반전에 매우 중요하다고 본다. 볼프강 슈트렉Wolfgang Streeck은 위기와 전면적인 붕괴의 시대를 맞이한 자본주의에 대해 이렇게 말한다.

> 자본주의는 경쟁적 쾌락주의 문화를 고수하는 소비자인 개인에 의존할 것이다. 경쟁적 쾌락주의는 각 개인이 역경과 불확실성과의 싸움을 감당하는 것을 미덕으로 삼는다. … 이런 문화는 저성장에도 불구하고 기대하고 꿈꾸기를 강요하고 희망과 꿈을 동원해 생산을 유지하고 소비를 부추기며, 불평등과 부채를 증가시킨다. (이렇게 하려면…) 사회적으로 강요된 쾌락주의적 소비주의와 함께 신프로테스탄트 노동윤리를 지속할 수 있는 노동시장과 노동과정이 필요할 것이다. … 쾌락주의로 인해 엄격한 생산법칙이 약화되지 않게 하려면 소비의 매력들은 사회적 추락에 대한 두려움으로 확충되어야 하는 반면, 화폐 경제 밖에서 가능한 비소비적 만족은 무시되거나 하찮은 것으로 취급해야 한다.[23]

슈트렉이 암시하듯이, 위의 내용은 아직 존재하지만 점차 약해지고 있는 정치적 합의이다. 이 책의 상당 부분은 이런 합의가 깨지고 있음을 보여주는 다양한 징후들로 채워질 것이다.

가장 초기(그리고 온건한) 징후 중 하나는 유기농 제품, 공정무역, 윤리적으로 생산된 지역상품 시장의 정착과 성장이었다. 이것은 일상 소비품목과 관련된 오염 물질, 푸드 마일food miles(식료품이 생산자에게서 소비자에 이르기까지의 이동 거리–옮긴이), 노동 착취에 대한 우려를 반영하고 고취한다는 점에서 환영할 만한 일이다. 윤리적 소비의 동기 역시 몇 가지 측면에서 더 급진적인 반소비주의의 동기와 겹친다. 혹자는 책임감 있는 구매와 투자를 위해 노력하는 사람들 중 적어도 일부는 쇼핑몰 문화에 저항하고, 과소비 사회를 넘어서려고 애쓸 것이라 추정할 것이다.

사실 윤리적 쇼핑은 모든 사람이 실천할 수 있는 대안이 아니다. 이것은 생산자와 소매업자를 위한 '위장 친환경(greenwash)'이 되기 십상이다. 윤리적 쇼핑이 소비자의 즐거움이나 이익이 아니라 의무적인 구매와 연결될 경우 행복과 이를 얻기 위한 소비의 역할에 대한 개념을 크게 바꾸지 못할 수 있다. 그럼에도 윤리적인 구매와 투자는 세계적 차원에서 개인적 이익에 대한 책임 있는 사고를 반영한다. 따라서 이것은 소비자를 오로지 제한된 개념의 개인적 이익과 쾌락주의만을 좇느라 소비 영역에서는 시민으로서 민주주의에 대한 관심과 성찰에 따라 행동하지 못하는 존재로 바라보는 전통적인 관점에 도전한다.[24] 사실 정치이론가와 소비사회학자들은 얼마 전부터 '윤리적 쇼핑'이 증가하는 이면에 있는, 가장 성찰적이고 각성한 유권자들의 중요성을 인식하고 있다.[25] 영향력 있는 사상가 대니얼 밀러Daniel Miller는 20여 년 전에 이렇게 썼다.

> 한편으로 소비는 엄청난 고통과 불평등을 유발하는 핵심적인 현대 '문제'로 등장한다. 동시에 소비는 세계 진보운동의 한 영역으로서 미래의 모든 '해결책'의 중심이다. 그것은 기업과 정부가 행동의 결과에 대해 최종적으로 책임지게 하는 것이다. … 미국의 랄프 네이더Ralph Nader가 남긴 유산에서부터 말레이시아의 소비자운동, 일본의 소비자 협동조합, 서구 유럽의 녹색운동에 이르기까지 정치적 형태로 표출된 소비에 대한 관심은 점차 다양한 갈래의 대안 정치를 만드는 토대가 되었다.[26]

그는 계속해서 녹색운동이 재화의 탈물신화에 대한 보다 합리적인 관심을 통해 구체적인 자연 개념과의 초자연적인 관계성을 완화하고, 사람뿐만 아니라 지구의 자연자원을 고려한 상품의 실질적인 가격을 점차 인식하고 있다고 말한다.[27] 이것은 미셸 미셸레티 Michele Micheletti가 소비운동 연구에서 언급한 주장과 비슷하다. 그녀는 이렇게 말한다.

> 우리의 일상적인 소비 선택과 세계적으로 중요한 이슈인 환경보호, 노동권, 인권, 지속 가능한 개발은 정치적으로 서로 연결된다. 달리 말하면, 점점 더 많은 사람들이 소비 선택에 관한 정치적 입장을 정치적이면서도 개인적으로 생각할 필요가 있다.[28]

윤리적 쇼핑은 우리 시대의 소비에 대한 보다 '시민다운' 접근법의 한 측면이다. 또 다른 측면은 소비생활에 대한 각성과 관련이 있다. '좋은 삶'에 대한 다른 개념들이 점점 더 많은 지지를 얻고 있고, 풍요는 이제 흔히 스트레스, 시간 부족, 대기오염, 교통 혼잡, 비만, 건강 악화를 유발하는 위태로운 것으로 간주된다.[29] 달리 말하면, 오늘날 소비주의는 윤리적, 환경적 영향은 물론 부유한 소비자에게 부정적인 영향을 미치고 감각적 즐거움과 영적인 행복을 박탈하기 때문에 의문시되고 있다.

이런 문제 제기 배후에는 신자유주의적 경제정책의 압력 때문에 우리 삶에서 사라진 것들에 대한 많은 후회가 있으며, 자유로운 시간, 더 나은 개인 관계, 더 느린 삶과 같은 비감각적인 재화에 대한 적지 않은 관심 표출이 있다. 국유 철도 서비스에 대한 향수(일전에 어떤 여행자가 나에게 '우리가 소비자가 아니라 여행자였던 시절'에 대해 말했다)이든, 학습의 본래 목적보다는 산업의 필요에 맞춘 교육 체계에 대한 좌절감이든, 또는 상업화된 아동기와 우울한 청년들에 대한 불안감이든, 어쨌든 화폐 가치가 우리 문화 속에서 점점 더 중요해지고, 공공재도 수익을 남기지 못하면 더 이상 존속하지 못할 거라는 말을 들으면 비애감이 든다.

이런 불만의 목소리는 특정 계층에 국한되어 있지 않으나, 억제되어 있고 산발적이며 정치적 초점이 없다. 이것은 거대 기업과 맞서지 못하는 자신의 무기력을 인식하고, 기존 질서를 무엇으로 대신할지 일관된 생각이 없는 사람들의 좌절된 중얼거림이다. 하지만 후회와 불안은 매우 실제적이며, 이로 인해 최근 수십 년 동안 보다 편안하고 방만한 생활방식을 좇느라 기회를 날려버렸다는 인식이 널리 퍼져 있다.

이런 인식은 의사, 사회복지 종사자, 그리고 높은 스트레스와 패스트 푸드로 점철된 생활방식의 경제적, 사회적 영향을 연구하는 학자들의 우려 속에도 나타난다. 최근 연구에 따르면 더 많은 구매가 더 큰 행복을 주지 못하며, 경제 성장은 행복 수준의 개선과 직접적인 상관관계가 없다.[30]

영국의 지속 가능한 발전에 대한 독립적인 감시기구(노동당이 2000년에 설립했다가 2011년 연립정부가 폐지했다)는 얼마 전 발표한 '번영에 대한 재정의'라는 보고서에 이렇게 썼다.

> 에이브러햄 매슬로Abraham Maslow와 맨프레드 맥스 니프Manfred Max Neef의 획기적인 연구 이후 심리학자와 대안 경제학자들은 소비 수준이 꾸준히 증가해도 행복은 결코 저절로 증가하지 않으며, 우리가 현재 소비하는 많은 것들이 더 만족스럽고 지속 가능한 방식으로 인간의 필요를 채우기에는 매우 부적절한 대체재라는 점을 입증했다.[31]

최근, 시간에 쫓기는 과도한 노동 중심적인 사회가 노동자의 신체건강과 정신 건강에 나쁘다는 인식이 퍼지면서 많은 사람들이 국내총생산(GDP, 때로 '총체적으로 왜곡된 수치'라는 별칭으로 불린다)이 다른 사회적 복지 지표를 잘 반영하는 방향으로 대체되어야 한다고 주장한다.[32] GDP를 산정할 때 우리 삶에 엄청나게 기여하는 가사

노동, 자원봉사와 같은 무급 활동은 포함되지 않지만, 대기오염, 여객기 추락, 자동차 사고와 같은 사고나 재난을 처리하면서 얻은 이익은 포함된다. 인간개발지수(Human Development Index)를 비롯하여 많은 대안이 제시되었다. 이 지수는 소득을 기준으로 평가되는 생활 수준과 함께 기대수명과 복지 수준을 높이는 지식의 역할도 인정한다. (1980년대 말 허먼 데일리Herman Daly와 존 콥John Cobb이 개발한) 참진보지수(Genuine Progress Indicator) 역시 가사노동과 자원봉사의 가치는 포함시키고 범죄와 오염의 비용은 뺀다. 최근에 개발된 생태발자국지수(Ecological Footprint)는 일반적인 과학기술을 이용할 때 인간이 소비하는 자원을 생산하고 폐기물을 처리하기 위해 어느 정도의 땅과 물이 필요한지를 측정한 지수다. 지구촌행복지수(Happy Planet Index)는 생태발자국지수와 함께 기대수명, 행복 경험을 이용하여 국가별 행복지수를 계산한다. 여기에는 행복을 제공하기 위한 생태적 효율성이 핵심 기준으로 포함된다. 국가가 환경에 피해를 적게 주면서 만족과 건강의 수준이 높으면 지구촌행복지수가 높아진다. 지금까지 영국이나 미국처럼 경제적으로 가장 발전한 국가들은 대부분 이 지수가 매우 낮다.[33]

과도한 소비가 인간과 환경에 미치는 영향에 대해 우려하는 분위기가 있다는 것이 광범위한 연구를 통해 드러나고 있다. 하지만 이 새로운 생각은 그다지 주류 정치의 의제가 되지 못하고 있으며 주류 정치계는 아직도 가장 정통적인(그리고 낡은) 경제 모델과 번영 개념만 즐기고 있다. 과도한 소비가 지금 살아가는 수많은 사람들과 모든 미래 세대의 기본적인 생존조건을 점점 약화시키고 있는 이 순간에 서구의 풍요로운 생활방식은 모든 사회가 선망해야 하는 모델로 계속 인정받고 있다. 주류 정당과 기업의 엘리트들은 지구 온난화에 관한 우려를 분명히 밝히고 배출가스를 줄이기 위한 정책을 (종종 압박에 못 이겨) 지지했다. 정부 역시 국내 소비로 인한 환경 피해를 줄이는 계획을 실행해왔다. 이를테면 재활용을 촉진하거나 의무화하는 것, 플라스틱 봉투에 세금을 부과하는 것 등이다. 하지만 권한이 있는 사람들은 유권자들에게 진보와 번영에 대해 더 급진적으로, 더 포괄적으로 생각하도록 요청하지 않았다. 우리는 부의 생산 목적에 대해, 그리고 그것이 정말 복지를 증진하는지에 대해 거의 또는 전혀 들어보지 못했다. 노동 중심의 탐욕적인 생활방식을 덜 추구함으로써 무엇을 얻을 수 있는지에 대해서도 거의 들어보지 못했다.

이와 반대로 정부와 주요 야당은 소비문화가 복지의 이미지와 표현에서 강력한 주도권을 행사하는 것을 좋게 여기면서 우리에게 더 많이 소비하도록 계속 권장한다. 9.11 테러 사건 이후 우리가 서구적 생활방식을 지지한다는 것을 보여주는 방법은 '애국적 쇼핑'에 열심히 참여하는 것이라는 말을 들었다(기업의 힘은 우리가 소비주의에 지속적으로 충성하는 일에 달렸다는 말을 많이 들었다). 이런 메시지는 끝없이 이어지는 광고와 소비를 유지하기 위한 많은 인센티브 정책에서 반복되었다. 우리의 건강과 행복이 쇼핑을 얼마나 하느냐에 달렸다는 생각이 문화적으로 너무나 고착되어 소비 문제에 이의를 제기하는 것조차 이상하게 보일 지경이다.

지속적인 소비 확대를 부추기면서 동시에 그로 인한 불가피한 환경 피해에 대해 우려하는 것은 모순이다. 물론 생태 위기를 인정하는 것과 행동이 일치하지 않는 매우 명백한 이유가 있다. 폴 메이슨Paul Mason의 간결한 말에 그 이유가 요약되어 있다. "기후변화가 사실이라면 자본주의는 끝났습니다."[34] 세계 시장이 인간이나 환경의 복지가 아니라 이익을 실현할 수 있는 '욕구 충족 수단'의 증가와 다양화에 기반해 번성한다면, 반소비주의는 분명히 기업에 재난이 될 것이다. 자신이 만든 '욕구 만족'이라는 용어를 매우 두려워하는 기업들은 엄청난 창의력과 돈을 투자해 소비자의 새로운 변덕을 부추긴다.

미래 구매자가 계속 필요하기 때문에 막대한 예산을 들여 아이들이 소비생활을 하도록 길들인다. 미국, 영국, 호주의 일반적인 아동은 평균적으로 한 해 2만~4만 개 사이의 광고를 시청하며, 마케터들도 대다수 아이들의 행동반경 안에 간접 광고를 배치함으로써 종종 부모조차 속이고 소비 메시지를 은밀히 전달하는 데 능숙하다. 인터넷에서는 화면 광고와 팝업 광고가 계속 노출되고, 많은 브랜드는 게임 퀴즈를 제공하며, 엔터테인먼트 기업은 자사의 기업 사이트를 통해 광고한다. 영국 국가소비자위원회의 연구에 따르면, 평균 10세 아동은 300~400개 브랜드를 내면화한다. 아마 아이들이 이름을 댈 수 있는 야생 조류의 20배가 될 것이다. 3세 아동의 70퍼센트가 맥도날드의 로고는 알지만 자신의 성을 아는 아이는 절반밖에 안 된다.[35]

미디어는 광고 수입에 의존하기 때문에 광고의 흐름을 거의 막을 수 없다. 그 결과, 소비에 초점을 맞추지 않은 필요, 욕구, 즐거움의 표현은 중요하지 않은 것으로 취급된다. 저스틴 루이스는 소비 촉진 광고가 수행하는 고도의 정치적 역할(그가 지적하듯이 거의 전적으로 규제 당국의 권한 밖에 있는 역할)에 관한 연구에서 이렇게 말했다.

> 광고에는 반론보도청구권이 없기 때문에 막대한 광고는 한쪽으로 치우친 정치 지형을 만들어냈다. 그 모든 창의적인 에너지가 우리가 소비자본주의 너머를 생각하도록 하는 데 투자되었다면 세상이 어떤 모습일지 상상해보라. 우리의 문화적 환경에 엄청난 변화가 일어났을 것이다.[36]

자본주의를 비판하는 좌파 비평가들은 소비사회가 만드는 접근과 분배의 불평등보다는 소비사회가 시장 중심의 사고 및 행동방식 안에 우리를 가두는 것에 더 곤란을 겪었다. 고용은 거의 항상 다른 목표에 비해 우선순위를 차지한다. 서구 사회에서 노동자의 투쟁과 노조 활동은 주로 기존의 세계화된 자본구조 내에서 소득과 노동자의 권리 보호에 한정되며, 풍요로운 문화의 '노동과 소비'의 역동을 변혁하기는커녕 이의 제기조차도 하지 않는다. 지난날 윌리엄 모리스William Morris, 에드워드 카펜터Edward Carpenter와 같은 사회주의자들은 대안적 소비와 삶의 방식에 대한 상상력이 넘쳤고 급진적인 사상을 제시했다. 그들의 주장은 지금으로선 비록 낡은 것이지만 어떤 면에서는 여전히 중요한 자산이다.[37]

하지만 좌파 역시 인간의 즐거움에 대한 복잡성과 잠재적 가능성, 그리고 자본주의 이후 사회에서 어떻게 그런 즐거움이 더 새롭고 풍성할지에 관한 더 폭넓은 사고보다는, 성취에 대한 소박하면서도 잘난 척하는 설명을 선호하는 경향을 보인다. 최근 미래 소비에 대한 영향력 있는 좌파 비평가들은 과학기술이 물질적 풍요를 제공할 것이라고 믿으며,[38] 일부는 보다 전통적인 기술만능주의 접근방식을 주장한다. 닉 스르니체크와 알렉스 윌리엄스는 이렇게 쓴다. "좌파는 배터리 수명과 컴퓨터 전원을 약간 개선하는 것에 만족하는 대신, 경제, 우주여행, 로봇 경제(공상과학 소설의 전통적인 기준)를 친환경적으로 만드는 꿈을 꾸어야 한다."[39]

대안적 쾌락주의

정치인들과 기업계가 대안적인 비전을 제시하지 못하지만(그리고 억압하지만), 자본주의의 우선순위와 생태계의 긴급한 요구 사이의 모순, 경제가 요구하는 것과 인간적으로 가치 있는 것 사이의 모순은 널리 주목받고 활발하게 토론되는 주제이다. 우리가 다른 길을 찾아야 한다는 의식은 비록 미약하지만 많은 프로젝트, 생활방식의 선택과 헌신을 통해 표현되었다. 이런 상황에서 나는 내가 이름 붙인 '대안적 쾌락주의'를 요구해왔다. 이것은 지속 가능한 생활방식과 그것을 촉진하기 위한 거버넌스 형태들에 대한 지지를 끌어내기 위한 방법이다.

기후변화에 대한 요란한 반응과 달리, 대안적 쾌락주의는 조금 느리고 덜 소비지향적인 생활방식을 채택함으로써 얻는 즐거움을 깊이 성찰한다. 내 접근법은 암울하고 불행한 미래를 예고하는 대신 지금의 고탄소 생활방식의 추하고, 금욕주의적이고, 자기부인적 측면을 지적한다. 기후변화가 기존 습관을 위협할 수 있지만, 친환경적인 측면에서 더 친절하고 개인적으로 만족하는 생활방식을 상상하고 살아낼 수 있도록 자극할 수도 있다.

대안적 쾌락주의는 설령 소비주의 생활방식이 무한히 지속 가능하다 해도, 많은 이들이 이미 도달한 특정 수준 이상으로 인간의 행복과 웰빙을 증진하지 못한다는 생각을 전제한다. 대안적 쾌락주의 주창자들은 생태적 재난에 대한 두려움보다 새로운 형태의 욕구가 지속 가능한 소비방식을 촉진할 가능성이 더 높다고 믿는다. 반체제 정치집단의 기존 주장과 전망에 더 폭넓은 문화적 차원을 제공하면 주류 전통 경제학에 대한 더 다양하고 실질적인 반대 논리를 구축하는 데 유용할 것이다. 또한 공유, 재활용, 재화와 서비스와 전문 지식을 교환하는 대안적 네트워크(슬로 시티, 슬로 푸드 운동, 부엔 비비르Buen Vivir, 뉴 아메리칸 드림New American Dream, 최근에 일어난 미국에서 가장 야심 찬 운동인 넥스트 시스템 프로젝트Next System project)를 통해, 주류 시장 공급을 회피하려는 다양한 운동에 대단히 중요한 '상상력'을 제공할 수 있다.

요약하면, 반소비주의적 윤리와 정치는 이타적인 연민과 환경에 대한 관심(공정무역이나 윤리적 소비처럼)에만 호소할 것이 아니라 다른 방식의 삶과 소비를 통한 이기적인 만족에도 호소해야 한다. 대안적 쾌락주의는, 소비문화에 대한 기존의 상반된 감정과 저항 속에 이미 존재하는, 소비주의 생활방식 이후의 매력을 주장할 수 있는 민주적인 토대와 합법화를 추구한다. 일부 경제이론가들이 자본주의 축적 능력의 마지막 쇠퇴를 예상하는 시기에,[40] 그리고 성장을 가로막는 환경적 제약조건을 극복할 수 없을 것 같은 시기에, 노동 해방을 적극적으로 사고했던 초기 전통을 새롭게 하고, 그 새로운 전통에 덜 쫓기고, 덜 탐욕적인 생활방식에 따른 즐거움을 주장하는 대안적 쾌락주의를 연결하는 일이 시급한 과제이다. 달리 말하면 노동의 감소는 자연과 우리 모두의 스트레스를 줄이는 필수적인 조건으로 보아야 한다. 사람, 재화, 정보의 순환이 느려지면, 자원 고갈과 탄소 배출의 속도가 줄어들고, 지금의 '노동과 소비' 경제에서 희생된 삶의 기술과 개인 관계를 추구할 수 있는 자유로운 시간이 늘어날 수 있다. 부모와 아이들이 서로 양육의 시간을 함께하는 혜택을 더 쉽게 누리고, 개인의 성취는 원활한 소비라는 임시 처방에 덜 의존하게 될 것이다.

기존 정치경제 시스템을 비판하는 사람들은 소비주의에 대한 환멸과 그 안에 은연중에 내포된 정치적 욕구에 긴밀한 관심을 갖고 적극적으로 언급해야 한다.

3장

끝없는 소비의
불안한 즐거움

POST-GROWTH LIVING

'좋은 삶'이라는 지배적이고 부유한 모델은 사회적으로 노동을 착취할 뿐 아니라 생태적으로 매우 해롭다. 또한 소비자들에게도 부작용을 유발하여 그 위상이 점차 흔들리고 있다. 하지만 어떤 조건과 형태의 모델이라야 지구의 자원을 더 공정하게 배분하고 삶을 향상하는 방향으로 책임 있게 이용할 수 있을까?

대안적 쾌락주의는 이런 우려 속에서 아직 미약하지만 이른바 소비주의 생활방식이 선사하는 축복에 대한 상반된 감정과 불안이라는 독특한 형태로 나타나고 있다. 대안적 쾌락주의는 문화를 바꾸는 잠재적인 영향력과 새로운 번영의 정치로 나아가게 하는 자극제가 된다. 또한 웰빙에 관한 새로운 사고의 원천으로서, (다른 발전과 결합하여) 더 즐겁고 사회적으로 공정하며 환경적으로 지속 가능한 소비로 전환하도록 촉진할 수 있다.

소비의 불안한 즐거움

대안적 쾌락주의자들이 느끼는 상반된 감정은 많은 탄소 배출, 유독성 물질, 건강 악화, 시간 부족, 과로와 불안정 같은 풍요로운 생활의 부정적 부산물에 관한 우려가 증가하면서 뚜렷해진다. 또한 더 이상 누릴 수 없는 즐거움에 대한 아쉬움의 감정으로도 나타난다. 도시의 대기오염, 바다에 떠다니는 플라스틱, 비정규직 선호 경제의 고용 관행, 토지를 탐욕스럽게 차지하려는 개발업자에 대한 성난 불만으로 나타나거나, 잃어버린 경관, 지역사회, 놀면서 서로 어울리고, 거닐고 교감하는 공간에 대한 우울하고 은밀한 향수로도 나타난다. 상반된 감정은 음식물 쓰레기, 패스트 패션, 아이들을 상대로 한 성별에 기초한 마케팅, 자전거 이용 기반 시설이 터무니없이 부족한 상황에서 나타나기도 한다. 상품화에 대한 일반적인 개탄, 덜 쫓기는 생활에 대한 갈망, 그리고 내연기관이 보편적으로 사용되지 않았다면 환경친화적인 교통 수단이 훨씬 더 많이 공급되었을 것이고, 도시와 농촌이 지금과는 전혀 다른 모습, 느낌, 냄새를 가졌을 것이라는 서글픈 느낌으로도 나타날 수 있다. 혹은 쇼핑몰이나 슈퍼마켓에서 느끼는 불분명하지만 전반적인 불쾌감으로 나타날 수도 있다. 이를테면 물건이 거추장스러울 정도로 지나치게 많아 쓰레기에 파묻힐 정도이고, 물건을 대량생산하고 소유하는 데 항상 초점을 맞추느라 우선순위가 왜곡되었다는 느낌이 드는 것이다.

반대로 사람들이 쇼핑, 자동차 운전, 항공기 이용을 줄일 생각이 없어 보인다고 말할 수 있을 것이다. 그것도 사실이다. 하지만 그와 동시에 소비주의 생활방식이 점차 과도한 노동, 건강 악화, 우울증의 주요 원인이며, 또 세계 곳곳의 빈곤한 사람들이나 부유한 사회에서 자라는 아이들의 기본적인 생계에도 점차 위협이 된다는 사실이 점점 명확해지고 있다. 소비주의 생활방식의 부조리함은 짜증과 절망을 더하기도 하지만 대체로 수용된다. 업무 관행과 시장 작동 방식 때문에 많은 사람들이 아침부터 심각한 교통 체증에 시달리거나 미어터지는 열차나 버스에 올라타야 하고, 나머지 시간 대부분을 컴퓨터 화면 앞에 앉아서 지루한 업무를 수행하며 보내야 한다. 생산활동은 빠른 교체 주기와 구조적인 노후화로 대변되는 물질문화를 뒷받침하느라 대부분 허비되며, 그 결과 더 즐겁고 지속적인 형태의 성취감은 멀어진다.

　기업은 개선된 생산효율성으로 근무일을 줄여 우리에게 스스로 식재료를 기르고 음식을 만들 수 있는 시간을 주는 대신 패스트 푸드와 즉석식품을 판매하여 수익을 올린다. 우리는 매일 걷거나 자전거로 이동할 시간이나 시설이 없어 주말에 건강관리 앱을 켜고 '걷기 운동'을 하거나, 헬스장 티켓을 구입하여 실내자전거를 타거나 러닝머신 위에서 걸어야 한다. 우리는 더 천천히 여행하고 진정한 휴식을 취할 수 있는 더 긴 휴가를 즐길 수도 있었을 것이다. 하지만 관광산업과 치료산업은 수익성이 좋은 짧은 여행과 스트레스를 완화하는 서비스를 제공한다. 광고에서 진정성과 자연스러움을 강조하면서 상품을 판매할 때, 시장은 역설적이게도, 시장이 일상생활에 침투해서 우리가 상실한 것에 대한 향수를 달래주겠다고 약속한다.[1] 미국의 어떤 쇼핑몰은 근대 이전 시대를 연상하도록 실내를 디자인해서 소비자들이 마치 근대적인 쇼핑을 하지 않는 것처럼 느끼게 한다.[2] 로베르타 바르톨레티Roberta Bartoletti가 지적하듯이, 이것은 근대 사회의 다양한 패턴 중 하나의 단면이다.

전통적인 유대관계가 해체되고 강한 '소속 의식'이 사라진 근대 사회에서는 개인이 사회적 재생산에 참여할 동기를 부여할 새로운 전략을 찾아야 한다. 특히 감정에 호소해야 한다. 이런 구조적 상황에서 시장은 중요한 역할을 한다. 향수(nostalgia)의 상품화는 이런 전략 중 하나로 볼 수 있다.[3]

소비주의적 사회는 우리가 과도하게 오랜 시간 열심히 일해서 번 돈으로 상품과 상품화된 경험을 구매하려는 태도에 의존한다. 이런 상품 구매는 과도한 노동과 생산 때문에 빼앗긴, 더 다양하고 풍성하며 오래 지속되는 만족을 대체한다.

어떤 사람들은 더 많이 일하고 소비하려는 인간의 타고난 욕망 때문에 시장의 지배를 받아들여야 한다고 주장할 수도 있다. 만약 그렇다면 상품을 구매하라고 설득하기 위해 엄청난 돈을 지출할 필요가 없을 것이다. 저스틴 루이스Justin Lewis가 말했다. "소비문화의 성장은 광고산업의 성장을 통해 가능했다. 우리가 더 많이 소유할수록 광고산업은 수요를 유지하기 위해 더 열심히 일해야 한다."[4] 소비주의에 대해 상당히 긍정적인 관점을 가진 사람들을 포함해 많은 사회이론가들은 소비주의가 직접적인 만족감을 제공하는지에 대해 의구심을 나타내면서, 잃어버린 다른 것을 보상하거나 대체하는 것으로 본다. 달리 말하면 그들은 과도한 소비를 본질적인 만족이 아니라 우리가 느끼는 박탈감이나 소외감을 받아들이게 하는 것으로 분석한다(이런 관점은 쇼핑을 '기분 전환을 위한 치료법'으로 권고하는 데서 볼 수 있다).[5] 콜린 캠벨Colin Campbell은 소비문화가 '존재론적 불안'과 싸울 수 있고 이전 문화에서 제공된 '의미 있는 삶'의 상실을 보완해준다며 환영한다.[6] 대니얼 밀러Daniel Miller 역시 소비문화가 더 의미 있는 경험을 제공하거나 더 참되고 진정성이 있게 우리의 필요를 충족시켰던 이전 사회를 향한 향수라는 시각에 대해 이전에는 반발했지만,[7] 최근 저서에서는 소비를 '거대하게 제도화된 힘'이 만들어낸 아노미 상태에 대한 반작용이라고 말한다.[8]

　풍요로운 사회의 대량 소비를 본질적으로 상실에 대한 보상으로 인식한다면, 존재론적 탈진에 대한 깊은 고민 속에서 성찰하는 시민들이 소비주의적 '보상'의 한계 너머를 바라보기 시작했다는 점은 놀라운 일이 아니다. 하지만 이런 발전은 더 단순한 삶으로 복귀하는 데 직접적인 관심을 보이지 않거나, 소비주의적 욕구와 만족의 허위에 관한 환원론적 이론을 크게 신뢰하지 않는 모습으로 나타날 수도 있다. 오늘날의 소비 중 많은 부분은 흔히 일차적이고 기본적이거나 자연적인 필요를 충족하는 것이 아니라 욕망의 추구에 가깝다.[9] 이에 대한 지속 가능한 대안들 역시 특별히 인간의 필요를 채우고, 새로운 것, 신나는 것, 주의를 끄는 것, 자기표현, 루소가 언급한 자부심(amour propre, 우리가 존경하는 타인으로부터 존중과 인정을 받는 것)에 대한 욕구를 충족해야 할 것이다.[10] 대안적 쾌락주의는 욕망의 문화 자체를 반대하기보다는 물질주의적 사회의 제한적이고 편파적인 욕구 통제에 반대한다.

　여기서 핵심 내용은 인간 소비의 복잡성, 더 이상 축소할 수 없는 소비의 상징적 차원, 그리고 객관적이고 자연스럽게 정해진 '진정한' 필요의 차원을 명시하기 어렵다는 점과 관련된다. 특히 이른바 정치적 필요의 경우(가령 사회주의자나 마르크스주의 이론이 상정하는 노동계급 또는 인간 전체의 '진정한' 필요), 만약 이런 필요가 민주적 정당성을 주장하려고 한다면 주관적으로 인식되어야 한다. 의사가 환자에게 혈액이나 혈청이 필요하다고 말하는 것과 달리, 이런 필요들은 실은 사람들이 그것을 자신의 것으로 느낄 때에만 존재하는 필요이다. 이것은 그런 주장들이 항상 필요의 존재를 정당화하는 의식적인 경험에 암묵적으로 동조한다는 의미다.[11] 이런 이유로 인간의 만족과 성취감에 대해 논의할 때, 무엇이 인간의 만족과 성취감에 기여하는지에 대한 독자적인 지식이 존재하며, 그런 지식의 근거를 인간 본성의 보편적 진리 안에서 찾아야 한다는 주장을 경계해야 한다.[12]

만약 우리가 이런 종류의 마르크스주의적 지식을 거부하고 소비주의를 비판하려면, 다른 생활방식에 대한 욕구가 표출되는지 찾아야 한다. 하지만 우리가 예기치 못한 곳에서 예기치 못한 사람들이 추구하는 그런 욕구를 발견한다 해도 그런 욕구가 배태된 일상적인 소비문화(다른 어떤 곳에서 나오겠는가?)의 평범함, 정치적 혼란, 그리고 모든 진부함에 오염되어 있다는 점을 감안해야 한다.

대안적 쾌락주의의 비판은 소비자의 반응에서 분명히 나타나는 상반된 감정을 다루기 때문에 사실상 새롭게 등장한 상반된 감정의 문화를 다룬다. 대안적 쾌락주의는 무형의 재화(더 많은 자유 시간, 스트레스 감소, 개인적인 접촉 증가, 더 느린 속도의 삶 등)에 관심을 표출하는 것이, 소비주의적 문화의 협소한 물질주의에 대한 비판을 뒷받침하는 것이라고 본다. 또한 특정 계층의 필요나 욕구가 무엇이며, 무엇을 마땅히 소비해야 하는지에 대해서는 거의 주장하지 않고, 다양한 소비자들이 발견하기 시작한 반소비주의적 필요와 선호에 기댄다. 이러한 필요와 선호는 사람들의 실제 경험을 존중하며, 사람들에게 어느 정도의 자율성을 부여한다.[13]

소비자는 '누구'인가?

이런 방침을 주장하는 것은 소비, 선택, 시민의식에 관하여 최근까지 널리 퍼져 있던 사고방식과 상당히 다른 사고방식을 받아들인다는 뜻이다. 특히 대안적 쾌락주의는 자유주의 소비이론, 마르크주의 소비이론, 또는 포스트모더니즘 소비이론과 같은 다양한 접근방식과 달리 소비자의 자유를 당연한 것으로 이해한다.

종래의 자유주의 관점에서 보면 소비자는 실제로는 늘 그렇지 않다고 해도 형식적으로는 진정한 '주권을 가진' 개인이다. 개인의 선택은 자신의 판단으로서 신성불가침한 것이며 개인의 필요와 욕구를 가장 우선시하고, 통찰력 있고 타산적인 합리성을 항상 따르는 것으로 가정한다.[14] 어떤 설명은, 저자에 따라 정도가 다르긴 하지만, 역설적으로 이런 소비자를 계몽주의적 주체가 자기 목적을 도전적으로 드러낸 것이라고 묘사한다. 이 '영웅적'인 소비자는 '용기 있게 알려고 하라(아우데 사페레aude sapere)'라는 칸트의 명령을 따라서 자신이 원하는 것을 확고하게 주장하고 그와 반대되는 모든 설득이나 유혹을 뿌리친다. 자유주의 관점에서는 '남성성'이 강조되는데, 완전히 합리적이고 남성적인 소비자와 천성적으로 덜 이성적이어서 불필요하고 하찮은 물건의 유혹에 쉽게 넘어가는 여성적인 특성을 가진 '잘 속는 사람'을 대비시키는 경향이 있다. 하지만 '영웅'과 '잘 속는 사람'이라는 이런 성적 구별은 자율적 존재라는 자유주의-계몽주의의 소비자 개념 전체를 부정하지는 않는다. 요컨대 '속아넘어간 사람'은 자신의 기대에 따라 온전히 살지 못하며, 본성적으로 능력이 부족해 자율성과 자유를 실현하지 못하는 사람으로 간주된다.[15] 시장은 이런 천성적인 성향의 차이에 전혀 상관하지 않으며, 주류 신고전학파 경제이론의 관점에서 볼 때 각 개인은 저마다의 성향에 따라 돈을 지출하고 최대의 만족을 얻을 뿐이다. 시장은 매우 풍부하고 다양한 재화를 공급함으로써 본질적으로 개별적 존재인 소비자가 항상 구체적인 '필요(또는 결핍)'를 한층 더 자신의 취향에 따라 채울 수 있게 해준다. 개인이 자신을 위해 재화를 소비할 때 공동체에 필요한 재화는 무시된다.

개인이 자신의 소비에 따른 사회적 또는 환경적 영향에 관심을 갖는다면 그것은 '소비자'가 아니라 '시민'으로서의 역할을 하는 것으로 간주된다.[16] 여기서 소비자는 비교적 자유로운 주체로 제시되는데, 소비자의 자율성은 존중되어야 하지만 개인적인 생활 수준을 유지하기 위해서만 자율성을 행사한다. 반소비주의적 또는 공동체지향적 소비 행위(억제)와 그에 관련된 가치들은 소비자의 자유 이야기에서는 많이 나타나지 않는다.

이런 점은 대안적 마르크스주의 모델과 비판이론 모델도 마찬가지다. 이 두 이론에서는 소비자는 스스로 결정하는 자유로운(때로

속긴 하지만) 주체가 아니라, 시장과 문화산업의 체계적인 조종으로 진정한 자기 이해에 도달하지 못하는 존재로 간주된다.[17] 이런 이론에서 소비자가 원하는 필요(결핍)는 물질적인 재화든, 문화적인 재화든 상관없이 이데올로기에 의해 주입된 것으로, 진정한 필요가 아니다. 즉 해방된 사회의 구성원으로서 진정으로 자유로운 주체가 선택한 필요가 아니다. 자유주의적 관점에서 당당한 '자유'로 간주되는 소비자의 구매는 '속아넘어가는 사람들'의 가장 하찮은 변덕에 지나지 않는다. 소비문화는 개인의 진정한 필요를 속이고 사실상 부정하면서도 자기 결정의 '자유'에 대한 일반적인 신념을 확산하여 그 피해를 심화시킨다. 달리 말하면, 시장 사회는 그것에 저항하거나, 시장이 제공하는 즐거움과 다른 종류의 즐거움을 누리려는 의지를 와해시킴으로써 시장의 지배를 확장한다.

이런 이중적 속박이 가장 완전하고 변증법적인 형태로 나타나는 테오도어 아도르노Theodor Adorno의 논증에 따르면, 상업 사회가 개인의 자율성을 주장하는 것은 문화결정론(cultural determinism, 인간의 가치관이나 태도, 기술처럼 인간의 생활방식으로서의 문화가 사회나 지역의 변화를 결정하는 힘으로 보는 관점−옮긴이)을 주장하는 만큼이나 모순적이며 어떤 의미에선 잔인하다.

자유의지라는 명제가 의존적인 개인에게 자신이 어찌할 수 없는 사회적 불의라는 무거운 짐을 부담시킨다면, 채울 수 없는 필요 때문에 자유의지가 개인에게 굴욕감을 끝없이 안겨준다면, 다른 한편으로 부자유의 명제가 결국 현재 상태에서 형이상학적으로 확대된 원칙이 된다면…자유의지를 부정하는 것은 곧 성숙한 자본주의에서 인간을 일반적인 상업적 노동으로 철저하게 축소하는 것을 뜻한다. … 상업 사회의 한복판에서 (개인의) 자유의지의 원리를 그런 사회와 분리하는 것 역시 잘못이다. 개인은 상업 사회의 일부를 구성한다. 인간에게 속한 것으로 간주되는 순수한 자발성을 사회가 무단으로 사용한다.[18]

주관적 자유에 관한 계몽주의적 입장에 대한 이런 비판은 이후의 포스트모더니즘적 접근방법 속에서 수없이 반복되며, '개성의 지배'에 관한 미셸 푸코Michel Foucault의 주장에 가장 큰 영향을 미쳤을 것이다. 그는 이 개념을 통해 근대 권력이 어떻게 '개성화의 기술'을 통해 순응을 끌어내는지 분석한다. 개성화의 기술은 자연적이고 정제되지 않은 충동에 반응하는 대신 근본적으로 개성을 정상적인 것으로 만들고 규제한다.[19]

　푸코는 말년에 자신의 비판과 프랑크푸르트 학파의 비판이 서로 비슷하다는 점을 인식해야 한다고 주장했다. 하지만 그는 권력이 필요에 관한 '진실'을 구성하는 방식으로 행사되기보다는 '진정한' 필요를 억압한다는 권력 이론과 자신의 입장과는 거리가 있다고 항상 말했다. 그가 소비에 관해 가장 직접적으로 언급할 때는(좀처럼 드물다), 배후에 존재하는 경제 관계가 보다 급진적으로 변화할 가능성을 추구하기보다 개인이 토론의 힘을 이용해 계속 중단 없이 재선택을 해야 한다는 점을 강조한다. 그는 '몸/권력' 인터뷰에서 이렇게 말했다.

{성(sexuality)에 대한 감시와 억압}에 반대하는 몸의 저항에 신중하게 반응할 때 우리는 새로운 통제방식을 찾는다. 그것은 더 이상 억압에 의한 통제가 아니라 자극에 의한 통제 형태로 나타난다. "옷을 벗어라. 하지만 날씬하고, 보기 좋고, 햇볕에 그을린 몸이어야 한다!" 한쪽이 도전하면 그에 따라 다른 쪽이 응전한다. 하지만 이것은 좌파적 의미에서 '회복'은 아니다. 우리는 이런 투쟁이 끝이 없다는 것을 인정해야 한다….[20]

여기서 푸코는 '회복'이 끝나고 보다 혁명적인 것을 지향할 가능성을 열어두는 정치적 전망(제스처에 불과했지만 아도르노의 논증에서 암시된 것과 같은 것)과는 거리를 두는 것 같다. 하지만 비판이론가들이 소비를 절대 혁명 발전의 영역으로 생각하지 않고, 또한 소비자로서의 개인이 정치적인 역할을 감당할 것으로 보지도 않는다는 점을 떠올리면 푸코와 비판이론가들의 간격은 다시 가까워진다. 이와 반대로 푸코와 비판이론 분석은 모두 소비자로서의 개인을 권력의 릴레이 과정의 종점에서 만들어진 것으로 제시하며, 그에 따라 이데올로기적 신비화의 담론 체계에서 기본적으로 수동적인 구성요소로 간주한다. 두 관점에서 개인의 선택은 다른 사회적 차원에서 일어나는 변화의 잠재적 촉매제로 인식되지 않는다. 소비자는 어느 이론에서도 잠재적인 정치 주체로 보지 않는다.

　최근 포스트모더니즘의 입장(이들 중 다수가 푸코의 포괄적인 권력/지식결합 이론에 의존한다)도 이와 상당히 비슷한데, 정체성과 사회적 지위를 확인해주는 소비의 역할을 강조하며, 소비를 '공연' 목록의 일부로 본다.[21] '파편화되고' '피상적인' 주제라는 생각에 기초한 이런 접근법은 필연적으로 소비 선택이 자연스럽고 '독립적인' 자아의 직접적인 표현이라는 점을 배제한다. 하지만 이들 입장은 소비 선택을 상업화와 '문화산업'이 부인하는 더 진정한 자아의 왜곡 또는 굴절로 제시하지도 못한다. 사실 이런 관점에서 볼 때 소비자는 자유롭거나 소외된 존재가 아니라 단순히 (실증주의적으로 말하자면) 소비문화의 침전물이라고 말하는 것이 더 나을지도 모른다. 포스트모더니즘 이론에서는 소비를 통해 상징적 가치를 획득하여 '정체성'을 만드는 게 중요할 수 있지만, 소비를 비교적 과도기적이고 나르시시즘적 자기 스타일 또는 공연의 문제로 보기 때문에 이것을 정치적 집단행동이나 공화주의적 정서를 유발하는 도구로 간주하지 않는다. 포스트모더니즘은 단지 돈이 많은 소비자들이 욕구를 배출하는 수단을 찾을 수 있는 생활방식, 취향, 의견의 다양성을 허용할 뿐이다.

이러한 선택의 개성화와 다양화를 높이 평가하는 이론가들은 소비가 연대활동에 대해 갖는 함의를 인정하지 않으며, 아무런 관심도 보이지 않는다. 그들의 소비 이론은 소비자가 유일하게 원하는 것이 자아에 관한 '미학' 또는 '윤리학'을 행동주의적으로 표현하는 것이라고 생각하고, 더 안정적이며 효과적인 집단적 형태의 힘을 소비자에게 부여하는 것에는 전혀 관심이 없다. 지그문트 바우만 Zygmunt Bauman은 표현의 자유에 관한 포스트모더니즘의 역설은 "비록 간접적이긴 하지만 사회 시스템이나 정치 조직을 자신의 삶을 결정하는 사람들의 통제에 절대 두지 않는 것이다. 소비자와 표현

의 자유는 정치적으로 실질적 영향을 미치지 않는 한 서로 간섭하지 않는다"라고 주장했다.[22]

근대의 소비자가 지속적인 소비문화를 통해 대담하게 자아를 실현한 내용을 중심으로 기술한 자유주의적이고 주관적인 설명과, 소비의 전체적 측면(필요와 욕구를 만들거나, 조종하거나, 소비자의 사회적 지위나 정체성을 나타낼 수 있는 상징을 제공하는 측면)을 강조하는 설명은 분명히 큰 차이가 있다. 소비자의 행동은 한편으로는 실존적 선택의 문제로 취급되고, 다른 한편으로는 엄청난 경제적, 사회적 구조와 그로 인한 체계적 압박, 그리고 지배구조 형태에 따른 비자발적인 결과로 본다. 하지만 소비자를 오로지 이기적인 목적으로 재화와 서비스를 구매하는 사람으로 보거나, '자유롭지 못하고' 조종당하는 피해자로 여기거나, 아니면 자기 과시적인 시스템의 '구성요소'로 생각하거나, 그 어느 쪽이든 이 이론들은 소비자들을 자신의 직접적인 개인적 관심사를 뛰어넘어 세계에 대해 책임감을 느끼는 성찰적이고 책임 있는 행위자로 간주하지 않는다. 그런 점에서 이런 다양한 해석 사이에 선택의 여지는 거의 없다. 이 이론들은 모두 소비자를 개인적인 취향을 따르는 존재로 제시하며, 유일한 차이점은 어떤 이론은 소비자를 자유롭게 선택하는 존재로, 다른 이론은 상품 사회가 체계적으로 왜곡하거나 구성한 것으로 간주한다는 것이다.

따라서 사회주의 정치학은 소비자의 성찰과 자기 이해의 문제에 대해 때로 모순적인 입장을 보인다. 사회주의 정치학은 (사람들이 '진정한' 필요에 관한 암묵적인 지식을 통해) 소비주의의 허구성에 대한 비판이 민주주의를 대변하는 것이며, 동시에 소비자에게 정말 필요한 것과 그들의 부자유 (달리 말하면 이데올로기적 조작으로 그들이 진짜 원하는 것이라고 주장하는 것) 사이의 불일치를 설명해준다고 주장하고 싶어 한다. 하지만 쇼핑 열광주의자를 단순히 소비사회의 불행하고 무책임한 피해자로 보는 관점에 못지않게, 소비자를 완전히 자율적이고 자신을 잘 이해하는 수혜자로 보는 관점도 설득력이 없는 것 같다. 소비사회에 대해 불안해 하고 모호하게 반응하는 사람들의 태도를 제대로 이해하려면 더 복잡하고 섬세한 이해가 필요하다. 나는 대안적 쾌락주의에 관한 주장에서 이런 점을 강조할 것이다.

나는 소비의 개인화 경향에 대한 자본주의 경제의 구조적 역할에 다시 초점을 맞추고 싶다. 왜냐하면 그에 대한 언급 없이는 풍요한 사회에서 일어나는 재화와 서비스의 형태와 확장을 이해할 수 없기 때문이다. 소규모 가구 단위, 배타적인 생활방식, 이전에 가정에서 만들고 공급했던 재화와 서비스의 시장화, 대중 교통 수단에서 개인 교통 수단으로의 변화, 브랜드 마케팅, 개인적 기분을 세심하게 고려한 음식 제공, 개인 맞춤식 상품과 같은 요소들 덕분에 기업들은 재화와 서비스를 크게 확대하여 이익을 얻는다. 하지만 이런 요소들은 자본주의 사회가 아니었다면 필요하지 않거나, 환경피해를 줄이고 사회적으로 덜 고립된 방식으로 보다 집단적으로 공급할 수 있었을 것이다.

자본주의 기업들의 광고와 마케팅은 소비를 사회적 지위의 상징으로 만들려고 노력하며, 상품 획득 경쟁의 소용돌이를 부추겨 시간과 에너지를 사회 갈등을 유발하지 않는 다른 방식으로 소비할 가능성을 미리 차단한다. 사람들은 빚을 내서라도 상품을 구매하여 그것으로 자신의 정체성과 가치를 확인하도록 권유받는다. 모든 것은 새롭거나 개선되거나, 더 크거나 더 좋고, 더 빠르고 더 스마트하다고 홍보할 뿐만 아니라, 구매자들이 상품을 구입하면 남들이 부러워할 만한 개인적인 특별함을 얻을 것이라고 끊임없이 외친다. 이런 마케팅의 많은 부분에서 기존의 성적 차별을 강화하는 고정관념이 나타난다. 브랜딩 전문가들은 소년과 소녀들을 대상으로 특정 연령별, 성별로 엄청나게 다양한 상품 브랜드를 만든다. 십 대 이전 소녀들은 패션과 화장품, 상품 홍보 잡지의 홍보 대상으로, 결국 전통적인 성 역할과 쇼핑 관행을 그대로 수용할 대상으로 상정된다. 금융 분야는 소비주의의 바퀴가 잘 돌아가도록 손쉬운 신용대출을 제공하고, 많은 소비자들은 영구적인 부채 상태에 놓이게 된다 (2019년 11월 영국의 소비자 신용대출은 2,253억 파운드이며, 미국의 가계 부채는 약 14조 달러였다).[23]

이익 추구에 따른 압력에 주목한다는 점에서 내 분석은 시장과 상품 미학에 대한 이전의 사회주의적 비판 전통과 분명히 관련이 있다. 또한 내 분석은 최근에 소비 연구가 생산과 분리되고, 과도하게 기호학적이며, 흔히 상품의 유행, 자기 과시, 정체성 확인 방식에 집착하고, 반면에 일상적 소비의 자기중심적이고 규칙적인 관행은 간과한다며 비판하는 '실천이론(practice-theory)'을 연상시킨다.[24] 앨런 워드Alan Warde가 지적했듯이, 어쨌든 개인적인 선택을 통해 느끼는 해방적 측면은 과장되었다. 제품 차별화는 이익 추구에 꼭 필요하지만 "그 결과는 그렇게 뚜렷하지 않다. 다양성이 증가하면 차별성이 뚜렷하게 부각되지 않는다. 소비의 세계는 개인의 심미적 상상력보다는 상품의 소매 유통 논리로 결정된다."[25]

하지만 대안적 쾌락주의 접근법은 상품화에 대한 초기 좌파의 반대 논리에 나타난 가부장주의에 반대한다. 또한 소비와 관련된 욕구, 동기, 성찰에 관한 이해가 실천이론의 설명과 다르다. 특히 대안적 쾌락주의는 이전에 당연한 것으로 받아들였던 규칙적인 형태의 소비(음식, 교통 등)에 대해 오늘날의 소비자가 문제를 제기하는 방식을 강조한다. 내 주요 초점은 개인이 특별함과 개성을 추구하는 행위로서의 소비도 아니고, 상대적으로 무의식적인 '생활 방식'으로서의 소비도 아니다. 나는 환경과 건강에 악영향을 미치고 감각적 즐거움과 영적 형태의 행복을 방해하기 때문에 모든 범위의 현대 소비주의적 행태, 이를테면 일상적인 소비와 정체성 추구형 소비 모두에 초점을 맞춘다.

대안적 쾌락주의 이론은 현대 소비자들의 현명하고 성찰적인 동기에 주목함으로써 기존의 다양한 이론적 관점에서 나타난 것보다 더 복잡하고 시민지향적인 소비에 대해 이해할 것을 요청한다. 우리는 지구적 차원에서 소비주의적 생활방식이 생태계와 사회에 미친 영향에 대한 소비문화의 반응(일부는 이타적 관심, 일부는 이기적 관심으로 촉발되었다)을 다룰 것이다. 이런 상황에서 개인은 소비자로서 자신을 위한 풍요로운 소비행위가 공동체에 미치는 영향을 고려하면서 행동하고 그런 영향을 줄이기 위해 조치를 취한다. 예를 들어 자동차로 인한 오염, 소음, 교통 혼잡을 줄이기 위해 자전거를 이용하거나 걷기를 선택할 수 있다. 이렇게 변화된 소비행위의 쾌락은 집단적 풍요로 불쾌한 부산물을 만들지 않으려는 바람만 있는 것이 아니라, 다른 방식의 소비가 주는 고유한 즐거움도 있다. 자전거를 타거나 걷는 사람은 자전거를 이용하거나 걷는 다른 사람과 인사를 나누는 등, 차 안에서 외부와 단절된 운전자가 누리지 못하는 감각적인 즐거움을 누린다. 하지만 이와 같은 즐거움은 대안적 쾌락주의자들이 자동차 이용을 자제하고 자동차 이용 억제 정책을 지지할 때 가능하며, 또한 이런 행동을 잘 하도록 자극한다.

이렇게 생각하는 사람들은 환경 피해에 대한 책임을 그들 대 우리, 생산자 대 소비자 방식으로 나누는 것을 좋아하지 않을 것이다. 그들은 자신을 산업주의의 결백하고 수동적인 피해자로만 보지 않고, 보건 상태를 개선했지만 한편으로 안전 위험을 초래한 근대 문명에 자신의 소비가 기여한 바를 인정할 것이다. 이런 소비자들이 소비를 하거나 억제할 때의 우선순위는 현재의 높은 생활 수준을 유지하면서 그대로 미래 세대에 물려주는 것이 아니라, '높은' 생활 수준 때문에 잃어버리거나 위태로워진 재화를 유지하고 회복시키기 위해 다른 방식으로 소비하거나, 그 재화를 공급한 노동자와 더 공정하게 거래하는 것이다. 그들의 요구는 지금 이런 재화를 즐기고 그 즐거움을 미래 세대의 유산으로 보존하는 것이다.[26]

그동안의 진보 개념에 대한 이런 저항은 더 금욕적인 생활을 권고하는 것이 아니다. 오히려 현대 소비문화가 감각적으로 빈곤하고 비합리적인 측면이 있음을 지적하고, 사람들이 대안적 경제질서를 선택할 경우 누릴 수 있는 형태의 행복을 말하는 것이다. 이것은 새로운 정치적 상상력을 펼치는 것이다.

행복은 어떻게 측정되는가

행복은 정확히 정의하기 힘든 개념이다. 행복 수준이나 행복과 관련된 상태(즐거움, 웰빙, 만족)가 얼마나 달성되었는지 말하기도 어렵다. 좋은 삶을 평가할 때 무엇을 중요하게 고려해야 할까? 특정 순간에 느끼는 즐거움의 강도나 전반적인 만족 수준일까? 고통이나 곤경을 피하거나 성공적으로 극복한 것일까? 개인적인 행복의 증가 여부를 판단할 적임자는 누구일까? 이것은 완전히 주관적인 판단의 문제일까, 아니면 객관적인 평가가 가능한 것일까?

　이런 문제를 두고 오래전부터 공리주의적 관점과 아리스토텔레스적 관점이 논쟁을 벌였다. 공리주의적 관점은 삶의 만족을 평가할 때 주관적으로 경험한 즐거움 또는 고통의 회피를 산술적으로 산정한 '쾌락 계산(hedonic calculus)'을 주장했고, 객관적인 성향의 아리스토텔레스 관점은 역량, 기능, 성취, 그리고 직접적인 만족의 감정보다는 삶 전체의 성취감(행복) 수준에 초점을 맞추었다. 아리스토텔레스 관점의 옹호자들은 우리가 다른 사람의 행복 또는 좋은 삶의 구성요소에 대한 객관적인 지식을 부인한다면, 자기파괴적이거나 이기적이며 환경 파괴적인 형태의 즐거움을 추구하는 사람들을 비판할 근거를 잃게 될 것이라고 주장한다. 또한 행복을 주관적인 감정 측면에서 인식하고 평가하면 사회적, 환경적 웰빙에 필수적인 세대간 연속성과 공동체 의식이 위축될 것이라고 주장한다.[27] 하지만 공리주의적 쾌락 계산은 시민지향적 형태의 즐거움을 설명할 수 있고, 타인과 환경에 대한 책임을 인정하는 방식으로 주관적인 만족을 나타낼 수 있다. 자전거 타기나 걷기에서 얻는 개인적, 감각적, 영적 즐거움은 자동차 교통에 따른 위험과 피해를 증가시키지 않는다. 게다가 앞서 언급했듯이 최종적으로는 행복을 느끼는 사람들의 주관적인 인정이 없다면 행복에 관한 주장을 정당화하기 어렵다.

쾌락주의와 좋은 삶에 대한 논의는 경험한 즐거움을 특별히 강조하는 공리주의적 관점과 행복 추구 전통의 보다 객관적인 관점 사이에 놓인 이런 긴장을 인정해야 한다. 좋은 느낌을 강조하면 좋은 삶과 사회의 객관적인 구성요소를 간과할 수 있으며, 후자는 이러한 구성요소를 공평하게 다루지만 각 개인보다 전문가의 탁월한 지식을 옹호하거나 수용할 위험이 있다.

어떤 사람들은 삶의 질과 개인의 만족을 측정하는 문제가 복잡하다는 점을 대수롭지 않게 받아들일지도 모른다. 하지만 이것은 오늘날 엄청난 소비 확대의 자멸적 속성에 대한 증거를 부인하는 것과는 매우 다르다. 쾌락주의 논쟁을 벌이는 양측은 행복이 끝없는 물질 축적에 있지 않다는 것에 일반적으로 동의한다. 비록 쾌락주의가 이 분야의 철학적 쟁점들을 최종적으로 해결하기를 기대할 수 없다(기대하지도 않는다) 해도, 대안적 쾌락주의 관점은 풍요로운 문화의 새롭고도 다양한 형태의 불만에 암시된 즐거움과 행복에 관한 이야기를 강조함으로써, 좋은 삶에 관한 소비주의 이후의 관점을 새롭게 제시하고 여전히 체험과의 연결점을 유지하려고 한다. 따라서 내가 주장하는 대안적 쾌락주의는 사람들이 필요로 하거나 원하는 것에 대해 추상적인 도덕화를 피하려고 노력하면서도

(하지만 완전히 회피할 수 없다는 점을 인정한다) 소비주의에 대한 새롭고 주관적인 비판 내용을 자세히 설명한다.

민주주의와 소비주의

나는 대안적 쾌락주의가 선거를 통해 급진적인 경제적, 정치적 변화를 촉진하는 데 도움이 될 것으로 본다. 일부 사람들은 이것이 민주적 과정의 힘을 지나치게 좋은 방향으로 신뢰하기 때문에 환경 위기를 해결할 수 없다고 본다. 그들은 반복적인 상향식 압력이 거의 대부분 환경적, 생태적 목표에 역행하며 독재적인 하향식 개입만으로도 충분하다고 주장한다. 예를 들어 잉골푸르 블뤼도른 Ingolfur Bluhdorn은 지속 가능한 복지를 제공하는 민주주의 제도의 효과에 의문을 제기하고, "민주주의는 항상 해방을 지향한다. 이를테면 민주주의는 권리와 생활 조건의 향상에 초점을 맞추기 때문에 … 다수에게 영향을 미치는 권리나 물질적 조건을 어떤 형태로든 제한하는 일에 적합하지 않다"고 주장했다.[28] 이런 관점에서 보면 우리는 정부 기관과 엘리트들이 주장한, 인간을 소외시키고 지속 불가능한 성장과 생산주의의 논리를 한때 해방으로 간주했던 해방-민주주의의 낙관주의와 결별해야 한다. 민주주의는 개인이 소비주의적 생활방식을 추구할 자유로서의 해방 개념에 굴복하고, 확고한 자본주의 시스템에 순응했다. 블뤼도른의 관점에서 보면 이른바 '민주주의를 달성한 이후' 지속 가능성을 달성하기 위한 정책에 대해 민주적 지지를 기대하는 것은 헛된 것이다. 그것은 가치가 근본적으로 바뀌고 새로운 문화적 제한과 구조적 제약을 수용해야 하기 때문이다. 새로운 대안적 쾌락주의의 서사와 반대로, 그는 현대 선진국 사회의 조건에서는 민주주의가 발전할수록 지속 가능성이 더 낮아질 수 있다고 우려한다.[29]

성장의 한계 상황에서 민주주의는 사회변혁은커녕 현재 상태를 유지하고 지속 불가능 상태를 관리하는 도구가 될 것이다. 이 문제를 문화이론가가 아니라 정치철학자로서 접근해온 수잔 베이커 Susan Baker는 비슷한 방식으로, 자유민주주의는 인간의 이익을 모든 가치의 척도로 보기 때문에 지속 가능한 발전에 본질적으로 적대적이라고 주장한다. 그래서 그녀는 대의민주주의가 지속 가능한 생활방식을 발전시킬 수 있는 능력에 의문을 제기한다.[30]

자유민주주의에 관한 이런 회의주의는 충분히 이해할 만하다. 자유민주주의의 정치적 수호자와 옹호자들은 흔히 현실 세계의 욕구 형성 과정과 만족, 소득과 기회의 엄청난 불평등, 소비에 관한 해결하기 힘든 환경적 제약에 무관심하기 때문이다. 자유주의자들은 개인의 욕구나 소비를 통제하는 국가 행위를 공격할 때 소비사회 자체가 수행하는 '욕구에 대한 독재적 지배력'을 간과한다. 하지만 이런 회의주의자들이 인식하지 못하는 것은 향상된 물질 소비가 대다수의 쇼핑 '권리'를 발전시키는 것엔 허용적이지만, 동시에 '다른 권리'를 제한할 수 있다는 점이다. 이를테면 더 자유로운 시간을 누릴 권리, 깨끗하고 소음이 적은 환경에서 살 권리를 제한한다. 또한 그들은 풍요로운 문화의 대립적인 특성을 충분히 인식하지 못한다. 자동차 이용자의 권리는 흔히 자전거 이용자와 보행자의 권리와 충돌한다. 상점과 카페에서 스피커 음악을 듣기 원하는 사람들의 권리와 듣고 싶지 않은 사람들의 권리가, 공항 확장을 원하는 사람들의 권리와 반대하는 사람들의 권리가 충돌한다.

여기서 우리는 사람들이 '조건부 협력자'라는 분명한 사실을 인식해야 한다. 즉, 사람들은 민주적 투표를 통해 동료 시민들의 뜻이 같다는 것을 확인할 경우 기후변화의 영향과 싸우고 자원을 보존하기 위한 행동에 나설 가능성이 훨씬 더 높다. 민주주의는 상호 협력의 가능성을 상당히 높여주는 것 같다.[31] 아울러 철학적인 관점에서 보면 설령 욕구에 대한 하향식 통제를 통해 지속 가능한 소비를 시행하는 것이 가능하다 해도 그것은 도덕적, 정치적 실패로 간주해야 할 것이다. 강제된 지속 가능성은 쉽게 손상되어 오래가지 못할 것이 분명하다. 피터 빅터Peter Victor가 주장했듯이 정책 변화는 위로부터만 이루어질 수 없다. "우리가 무제한적인 경제 성장 추구에서 벗어나면 자신과 자녀들, 다른 사람들의 자녀들을 위해 더 나은 미래를 전망할 수 있기 때문에 정책 변화를 원하고 요구해야 한다." 빅터에게 유일한 선택지는 "소비의 지속적인 확대에 반대하는 여론이 급증하는" 상향식 접근법이다.[32]

그렇다면 회의주의자들은 민주주의에 기초한 변화가 아니라면 무엇을 제시할 것인가? 그들이 지속 가능성을 촉진하기 위해 권고하는 보다 독재적인 통치제도는 어떤 모습일까? 베이커가 말하듯이, 환경적 웰빙을 위하여 자유주의의 가치를 일정 정도 포기할 '우리'는 누구이며, 우리 또는 그들이 그렇게 할 위치를 어떻게 확보할 수 있을까? 설령 지속 가능성을 지지하는 호의적인 엘리트 집단이 등장한다고 해도, 현대 민주주의 사회에서 그들이 선거를 통해 어떻게 권력을 획득할 수 있을까? (비슷한 방안으로, 세계적 차원의 규제 기관이 필요하다고 '요구'하는 사람들에게 민주적인 과정을 대체하도록 요청할 수도 있다. 누구에게 그런 요청을 할 것인가?) 소비문제와 관련하여 민주주의를 비판하는 사람들은 자신이 말한 통치구조 형태로 이행하기 위한 대안적 수단을 설득력 있게 제시하지 못한다. 따라서 우리는 급진적 변화가 절대 일어나지 않는다는 입장과 민주적 과정의 힘을 계속 신뢰해야 한다는 입장, 둘 중에 하나를 받아들여야 한다.

이런 주장은 기후변화의 해결책으로 제시된 국가 주도의 대규모 복원사업과 재조림 사업에도 똑같이 적용된다.[33] 이런 사업을 성공적으로 수행하려면 매우 광범위한 토지를 조성해야 하고, 이런 사업이 인간의 소비와 생활방식에 미치는 영향도 매우 크기 때문에 변화된 번영의 정치에 대한 민주적 지지가 없다면 제대로 이루어지기 어려울 것이다. 소비 축소 역시 화석연료를 재생 에너지로 최종적으로 대체하는 데 매우 중요하다. 소비 축소가 없다면 태양열 발전과 풍력 발전을 하기 위해 막대한 토지가 필요하기 때문이다.[34] 소비에 관한 생각을 바꾸는 일이 중요하고 이를 위해 대중의 승인이 필요하다는 점은 변화를 위한 문화정치의 대안적 쾌락주의 접근 방법을 정당화해준다.

하지만 설령 일부 비판자들의 전면적인 반대에 맞서 이런 방식으로 대안적 쾌락주의 접근방법을 옹호한다 해도, 세계를 바꾸기 위해 소비자 개인의 행동에 과도하게 의존하는 대신 개인의 변화를 가로막는 구조적, 제도적 장애물 제거를 목표로 삼아야 한다는 비난에는 여전히 취약하다. 이 접근법은 생산과 마케팅 전략이 소비자의 태도에 미치는 영향, 즉 설령 소비자가 소비 습관을 바꾸는 일에 관심이 있다 해도, 생산과 마케팅 전략이 개인의 소비 습관에 미치는 객관적 제약을 간과하는 것으로 이해된다.

마지막으로, 풍요로운 생활방식에 대한 소비자의 불만에 주목하는 내 주장이 빈곤한 국가와 지역에 발전이 필요하다는 점을 간과한다는 비판을 받았다. 이런 비판은 이해할 수 있지만, 일부 특정한 비판들은 대안적 쾌락주의가 '불만'을 가진 부유한 유권자들에게 주목해야 한다고 주장하는 정치적 이유를 충분히 이해하지 못한 것이다. 결론적으로 말하자면, 나는 부유한 사회에서 새로운 형태의 대안적 쾌락주의 경험에서 시작하여 사회정책의 변화에 기여하고, 이렇게 시작된 압력이 계속 이어지면서 결국 대안적 번영의 정치가 지구적 차원으로 확대되는 방식을 설명하고자 한다.

먼저 두 가지 요점을 말하고자 한다. 소비 패러다임이 변화되면 새로운 자본 축적 제도와 노동 과정이 재조직화된다. 포드주의 생산방식은 소비 규범에 아주 중요한 변화를 불러왔다.(과거에는 집에서 공급되던 재화의 상품화, 생활방식의 개인화, 교외화, 대중교통에서 자가용 이용으로의 변화 등).[35] 이런 추세는 IT 혁명 시기에도 계속되었고 인터넷을 통한 노동과 소비의 근본적 변화, 온갖 종류의 개인 맞춤식 전자기기의 보편적 이용, 모든 상품의 역동적인 패스트 패션과 브랜드 마케팅의 가속화로 심화되었다.[36] 하지만 나는 이미 생산체계와 소비체계의 상관관계가 소비자의 반응에 관한 결정론적 설명을 정당화하지 못한다고 주장했다. 이런 결정론적 설명은 보다 윤리적이고 지속 가능한 생활방식을 위한 사람들의 방안들을 반영할 수 없다. 그럼에도 대안적 선택을 전체적으로 제한하는 일은 실제적이며 주의를 기울일 필요가 있다. 정책 개입은 감정의 주관적인 변화를 활용하여 이런 제한을 약화하거나 없애는 새로운 정책의 토대로 만들고, 한편으로 우리 자신과 지구에 유익한 생활방식을 진전시킨다.

자주 인용되는 한 예를 들자면, 자전거 이용자를 위한 안전한 도로와 기타 시설을 제공하면 자전거 이용자가 증가하여 건강과 웰빙에 유익할 뿐만 아니라, 자동차가 줄어 모든 사람에게 즐거움을 주고, 자동차가 중심이 아닌 생활방식을 선호하게 된다. 나는 다른 곳에서 2003년 2월 런던 대도시권의 혼잡통행료 도입 사례를 언급한 적이 있다. 도심 자동차 운행으로 인한 교통 체증과 환경오염에 관한 대중의 우려를 고려할 때, 이것은 이 조치에 우호적인 사람들에게 사전에 호소하는 정책이었다. 이 정책은 자동차 문화와 그것이 도시 생활에 미치는 영향에 대한 불만(런던의 차량 소유자와 이용자조차도)이 이미 존재하지 않았다면 불가능했을 것이다. 하지만 이 정책의 명시적인 지지 수준은 상당히 낮았고 정책 도입에 대한 반응도 불분명했다. 이 정책을 투표에 부쳤다면 아마 다수의 지지를 받지 못했을 것이다.[37] 하지만 이 정책이 시행되자 여러 가지 편익(버스가 더 빨라지고 시간표의 정시성이 개선되었고 도로는 더 조용하고 유해물질이 감소했다)이 발생했고, 그 결과 대중적 지지가 높아져 나중에는 확대 시행되었다.[38] 이 사례는 대안적 쾌락주의의 변증법을 잘 보여준다. 이를테면 초기에는 아직 불분명한 '감정 구조'에 기대어 특정 유형의 집단적 자기 절제를 실험적으로 도입하고, 그다음 자기 절제의 결과가 즐거움을 제공하기 때문에 더욱 확대되고 탄탄하게 자리를 잡게 된다.[39]

이와 같은 반소비주의 압력은 지구적 차원의 지속 가능성을 발전시키는 데 필요한 소비 억제를 강제하기에는 아직 미약하다. 하지만 앞의 예에서 보듯이, 선도적인 녹색정책이 다른 형태의 경험을 제공하여 새로운 감정 구조를 만들어내는 민주적 절차 모델을 통해, 우리는 경험과 정책 측면에서 더 큰 변화를 상상할 수 있으며, 이런 변화는 지속 가능한 경제 질서로 이행하는 데 매우 중요하다.

새로운 규제와 공급방식으로 인한 편익(더 큰 지속 가능성은 물론 건강 개선, 더 풍성한 감각적, 심미적 경험, 더 쾌적한 공공 공간)을 언급하면서 이런 정책의 도입을 요구하는 사람들은 이미 존재하는 지지자들에게 호소해야 한다. 대중의 지지가 미미하고 주목받지 못하는 상태에서 도입된 정책은 정책 시행으로 나타나는 긍정적 효과를 통해 좋은 정책에 대한 대중의 편견을 극복할 수 있다. 이런 변증법적 과정을 고려하면 정부는 정책을 시행할 때 이전보다 더 종합적으로 사람들의 욕구를 인식할 필요가 있다. 인간을 개인적인 선택을 하는 '소비자'로 보는 관점(최근 영국에서처럼)을 정책 이념으로 삼을 경우, 이 관점은 자아를 단순히 소비하는 자아, 곧 즉각적인 개인적 필요를 넘어 더 크게 내다보지 못하거나, 객관적 지식에 근거해 결정을 내리지 못하는 자아로 단순화함으로써 국가가 새로운 유형의 통제를 시행하는 근거로 이용된다. 그 결과, 우리는 역설적으로 환경 문제에 관한 대중의 우려와 시민들의 인식을 경시하고,[40] 전문가들은 수압파쇄법(고압의 액체를 이용해 광석을 파쇄하는 채광 방법으로 수질오염, 대기오염, 소음, 지진 등 환경에 미치는 영향이 크다는 이유로 논란이 됨-편집자)이나 유전자 변형 곡물과 같은 논쟁적인 문제를 논의하는 과정에서 나온 내용에 대해 회의적인 시각을 주장할 수 있다.[41] 따라서 현재 소비자의 문제의식에 암시된 욕구와 우려를 명확하게 제시하고, 아울러 이것들이 어렴풋이 보여주는 대안적인 즐거움과 만족을 강조하는 것이 중요하다. 이런 대안은 사람들에게 에너지 절약 정책을 받아들이길 촉구하고, 패스트 푸드를 섭취하고 운동이 부족한 생활방식이 건강에 미치는 위험을 반복적으로 경고하면서, 동시에 경제정책에서 매번 소비주의의 확장을 권장하는 정부의 이중적인 태도를 폭로한다.

새로운 유형의 개인적 경험(물질문화와 그것이 제공하는 만족에 관한 새로운 생각, 소비 또는 소비 억제가 갖는 잠재적인 정치적 힘에 대한 인식 제고를 포함하여)이 특정 정책의 도입을 앞당길 뿐 아니라 성장 경제에 관한 모순적인 입장에 더 직접적으로 대면하도록 정부를 압박할 수 있다. 풍요 사회에서 이런 변화를 촉진하는 데 유용한 모든 내용은 전 지구적 차원에서도 타당하다. 부유한 국가들의 매우 높은 소비 수준은 세계의 가난한 국가가 처한 빈곤의 주요 요인이기 때문이다.

대안적 쾌락주의 접근법은 풍요로운 소비에 대한 개인의 불만에 초점을 맞추며, 아울러 부유한 국가에 거주하는 소비자의 욕구와 소비 행태의 잠재적 변화에도 집중한다. 이런 변화가 더 평등한 세계 질서를 만드는 데 영향력을 발휘한다는 것이 내 주장의 필수적인 부분이다. 지속 가능한 복지 의제를 전담하는 국제단체나 기관들은 회원국들이 자신의 이익 못지않게 자신의 소비에도 변화가 꼭 필요하다고 인식하지 않는 한 앞으로도 그다지 힘을 발휘하지 못할 것이며, 각국 정부가 이런 의제를 촉진하는 데 협력하도록 압력을 행사하지도 못할 것이다.

좋은 삶에 관한 대안적 쾌락주의 사고는 부유한 소비자들이 자기 이익에 관한 생각을 바꾸어 더 공정하고 지속 가능한 세계 경제 질서를 위해 정치적 압박을 계속 가하게 만드는 데 매우 중요한 역할을 할 수 있다. 대안적이고 생태적으로 지속 가능한 개념은 부유한 국가에 사는 소비자들의 지지를 얻는 것은 물론, 지금 저개발 국가에서 전개되는 전통적인 '개발' 논리를 비판하는 데에도 기여할 수 있다.

4장

노동의 종말, 그 이후

"노동이 사라지는 상황을 관리하고
사회적으로 대처하는 방식은 향후
수십 년 동안 정치적 핵심 이슈가 될 것이다."

앙드레 고르츠Andre Gorz,
《노동계급과의 작별 : 후기산업주의 시대의 사회주의에 관한 에세이》[1]

영국과 같은 중심부 경제권에서 한때 핵심 산업이었던 중공업과 제조업 분야의 일자리가 얼마 전부터 위태로운 상태이다. 이것은 두 가지 중요한 이유 때문인 것 같다. 최근까지 이런 상황의 주된 원인은 이런 일자리가 주변부 경제권, 특히 중국으로 아웃소싱되었기 때문이다. 중국은 서구권 국가를 위해 '물건'을 생산하는 중심적인 역할을 하고 있다. 하지만 디지털 기술과 자동화 역시 인간의 노동을 점점 더 빠른 속도로 대체하고 있다. 일부 논평가들은 더 복잡한 컴퓨터 애플리케이션이 이전에는 지식 노동으로 여겼던 일(가령 번역과 법률문서 검색)마저도 인간을 대체하기 시작했고, 공장과 창고의 비숙련 노동에 로봇과 드론을 이용하는 비중도 빠르게 늘고 있어 가까운 미래에 일자리가 급격히 사라질 것이라고 추정한다.[2]

이런 추세가 뚜렷하지만 현재 고용 수준은 여전히 높다. 일자리는 여전히 존재하며, 특히 서비스산업 분야에서 계속 '만들어지고' 있다. 또한 일자리의 중심적인 위치를 계속 집중적으로 강조한다. 신자유주의의 옹호자들은 일자리를 교육이나 의료와 같은 사회적 재화를 누릴 수 있는 자격을 제공하는 유일한 수단으로 본다. 하지만 제러미 리프킨, 폴 메이슨, 그 외 다른 사람들이 주장하듯이 일자리 감소 추세가 확실하고 피할 수 없다면, 이것은 실업이 유발하는 사회 불안과 소비자의 구매력 상실 때문에 자본주의의 중요한 문제가 된다. 또한 신기술의 압력 때문에 '구舊좌파' 즉 미국의 버니 샌더스 의원 같은 부류와 영국 노동당의 일부 의원들이 추구하는 치료책인 성장을 통한 일자리 창출 가능성은 설득력이 떨어지게 된다. 신자유주의와 구좌파의 접근방식에서 지속적인 고용 유지는 지속적인 경제 성장에 의존한다. 이전 장에서 내가 주장했듯이 이런 경제 성장을 추구하는 것은 지구온난화와 다른 환경 피해를 막기 위한 조치와 양립할 수 없다. 그런 의미에서 지금까지의 통상적인 기업 활동은 더 이상 쉽게 옹호할 수 없으며 계속 추구할 수 없을 것이다.[3]

일자리는 점점 희소해진다. 풍요로운 국가에 사는 많은 이들이 한때는 당연하게 여겼지만 이제는 일자리를 통해 사회적 정체성과 평생 소득을 얻는 사람들이 점점 줄어들고 있다.[4] 게다가 지난 20년 동안 발표된 많은 연구들은 실제로 일자리를 가진 사람 중 다수는 점점 마음에 들지 않는 이런 상황에 직면하고 있음을 보여준다.[5] 고소득자들조차도 하루 24시간, 일주일 내내 일하는 노동문화와 기술 발달로 일과 여가의 경계가 모호해져 압박감을 느낀다. 이런 현상은 특히 디지털 경제에서 높은 임금을 받지만 프리랜서 형태로 일하는 직업에서 더 뚜렷하다. 폴 메이슨이 말했듯이, 이런 직업들은 기업 밖에서 기업에 아이디어를 제공하고 대상 고객을 만나는 대가로 임금을 받기 때문에 임금과 정해진 노동시간의 관계가 무너졌다.[6] 몇몇 사람들은 적어도 가정과 직장의 구분이 무너지는 과정에서 절묘한 스릴을 경험하려고 일 중심의 생활을 어느 정도는 즐기는 것처럼 보일지도 모른다. 아마도 위워크WeWork와 같은 벤처기업들은 그들을 서비스 대상으로 설정했을 것이다. 위워크는 20개국에서 사업을 벌이고 있으며 노트북 사용 공간과 편의시설을 프리랜서들에게 제공한다. 최근에 설립된 위리브WeLive는 한 건물에 사무 공간과 다양한 소규모 스튜디오와 공유 생활 공간을 임대한다.[7] 이런 유형의 기업들은 일과 가정의 구분을 모호하게 함으로써 이런 현상을 정상적인 것으로, 그리고 어떤 측면에서는 이런 현상을 더 참을 만한 것으로 만드는 데 기여했다. 하지만 많은 이들에게 스트레스와 시간 부족은 여전히 지속적인 불만의 원인이다. 위워크가 지금 도산 직전에 있기 때문에[8] 창의적 노동자의 프리랜서 경제에 의지해 만들어진 기업, 또는 '파이어 페스티벌 이코노미Fyre Festival economy'(2017년 아직 존재하지도 않은 음악 페스티벌을 최고의 페스티벌로 과장 광고했지만 결국 사기극으로 끝났던 사건을 빗댄 표현-옮긴이)라고 명명한 것의 짧고 공허한 특성을 교훈적으로 보여줄지도 모른다.[9]

또한 데이비드 그레버David Graeber가 설득력 있게 주장했듯이 금융 서비스 분야와 기업 법무팀, 교육 및 보건관리팀, 인사팀, 홍보팀 등 엄청나게 폭넓은 관리직 분야의 사람들 사이에는 자신의 일자리가 '정말 형편없다'는 인식이 암묵적으로 널리 퍼져 있다. 그래버는 이렇게 쓴다. "특히 유럽과 북미의 엄청나게 많은 사람들이 내심 실제로는 할 필요가 없다고 생각하는 업무를 하면서 평생 일한다. 이런 상황이 초래하는 도덕적, 영적 피해는 엄청나다. 우리의 집단적 영혼에 이런 상흔이 새겨져 있다. 하지만 실제로 아무도 이 것에 대해 말하지 않는다."[10]

프리랜서 노동자는 설령 고소득자라 해도 점점 증가하는 프레카리아트precariat(불안정한precarious과 프롤레타리아트proletariat의 합성어로 불안정한 고용상태에 놓인 비정규직, 파견직 등을 말함–옮긴이)에 포함될 수 있다. 프레카리아트들은 고용의 불안과 위험이 일상이 되었다(프란체스코 디 베르나르도Francesco Di Bernardo가 상기시켜주듯이, 대도시 중심지역 밖에서 자본주의 사회의 노동자로 일하는 사람들에게는 일상이 되었다).[11] 리처드 세넷Richard Sennett은 이미 2006년에 미국과 영국에서 임시직과 단기 계약직이 급속하게 확산하는 사태에 주목했다.[12] 기 스탠딩Guy Standing의 최근 연구는 그 이후 이런 '프레카리아트'의 발전 과정을 추적했다. (그의 주장에 따르면) 새로운 계층인 프레카리아트는 "모든 선진국은 물론 신흥 국가에서도 수백만 명에 이른다."

> 이 계층은 임시직 업무('임시직 채용')와 대행 노동, 인터넷 기반 '플랫폼 자본주의'에서 이루어지는 '업무', 탄력적 근로시간제, 호출 및 무시간 계약(on-call and zero hour contract, 미리 근로시간을 정하지 않고 필요한 경우에만 불러서 일을 시키는 계약 형태–옮긴이)을 통해 불안정한 노동생활을 어쩔 수 없이 받아들이고 이런 생활에 길들여지고 있다. 훨씬 더 중요한 것은 프레카리아트들이 직업에 관한 이야기나 정체성을 가질 수 없고, 경력자라는 의식도 없다는 점이다.[13]

영국의 '비정규직 선호 경제'에 대한 파다한 비난은 노동자들에게 불안정한 노동이 무슨 의미인지 전형적으로 보여준다.[14] 특히 비숙련직 종사자들은 고용 불안과 함께 불만스러운 근로시간, 모욕적인 대우, 관리 규정에 대한 지속적인 복종을 경험한다. 영국 하원의 '기업, 에너지, 산업전략 위원회'가 스포츠용품 소매기업 스포츠 다이렉트Sports Direct의 노동 행태를 조사한 최근 보고서에서 드러났듯이, 최악의 경우 노동자들은 부당한 감시(이 보고서는 이런 행태를 '끔찍하다'고 표현했다)도 감내해야 한다.[15]

이런 분야의 노동자들은 이미 불안정한 일자리가 자동화로 더욱 위협받고 있다. 아마존에서 구매자에게 배달하는 상품 포장에 사람의 노동은 평균 1분도 필요하지 않다.[16] 그런 한편, 아마존은 "(인간) 직원을 로봇처럼 다룬다"며 비난받았다. 한 여자 직원은 임신 중에 "의자도 없이 10시간을 서 있어야 했다"고 말했다.[17] (다른 국가에서는 더 열악할 수 있다. 미국에서 가금류 노동자들은 화장실에 가는 휴식시간이 없어 기저귀를 차고 일해야 한다.)[18] 이런 유형의 노동은 분명히 노동의 의미나 자부심을 거의 주지 못한다. (특히 노동자의 교육 수준이 그들이 찾은 일자리에 필요한 교육 수준보다 높을 때 그렇다.) 그들이 성취감을 느끼는 삶을 살 기회를 제공받지 못한다면, 분노와 좌절감으로 새로운 국수주의적 우파 정치인들의 추종자가 될 수 있다.[19]

다른 상황에서는 다른 유형의 압력을 견뎌내야 한다. 직장 내 인간관계의 형식적인 위계질서가 덜한 곳에서 사람들은 종종 새로운 형태의 기업주의적 압력, 굴욕적인 충성에 대한 암묵적 기대를 떠

안고 일한다.[20] '감정 노동'은 흔히 소매 및 서비스 산업 노동자들에게 요구된다. 폴 마이어스코프Paul Myerscough는 패스트푸드 체인 프레타 망제Pret a Manger 입사 지원자들이 어떤 모습을 보여야 하는지 다음과 같이 썼다.

> 지원자들은 '프렛Pret(프레타 망제를 줄인 말-옮긴이) 행동'(웹사이트에 나와 있다)을 할 수 있는 타고난 능력을 보여야 한다. 회사가 '보고 싶지 않은' 17가지 행동 중에는 '기분이 우울한 모습', '화가 난 모습', '사람들을 짜증 나게 하는 행동', '생각을 지나치게 복잡하게 하는 것' 또는 '단순히 돈을 위해 일하는 모습'이 포함된다. 회사가 '보고 싶은' 모습은 '다른 직원들의 보조에 맞추어 일하고', '유머 감각을 키우고', '절대 포기하지 않고', '진심으로 우호적인' 모습이다. '완벽한 프렛' 직원은 … '절대 포기하지 않고', '솔선수범하여 도와주고', '좋은 외모와 태도'를 가져야 한다. 하루 동안의 실습 후 동료 직원들이 당신이 이런 인재상에 얼마나 부합하는지 투표한다.

회사가 바라는 진심으로 우호적인 태도는 완벽하게 정직해야 한다는 점에서 놀랍다. 하지만 마이어스코프는 '유용한 정서'를 사용해 '감정을 보여주는 것'은 포스트자본주의 시대의 서비스산업 노동자의 필수요소가 되었다고 결론을 내린다.[21]

　나는 앞서 자신의 노동('형편없는 업무')이 의미 있는 더 큰 목적에 기여하는지 의구심을 품는 사람들이 느끼는 갈등을 언급했다.

노동자의 경제적 생존에 아무리 중요하다 해도 재화와 서비스를 제공하는 많은 생산활동은 지구를 지속할 수 없게 만들고 다음 세대에도 이미 피해를 주고 있다. 공항에서 수하물을 처리하든, 특정 대상에게 광고하는 소프트웨어를 만들든, 주유소 직원으로 일하든, 정크 메일에 대비하는 일을 하든, 슈퍼마켓에서 물건을 사달라고 조르는 아이들을 유혹하기 위해 만든 수집용 플라스틱 장난감을 끝없이 포장하는 일을 하든, 노동자들은 개인적으로 생태적 지속 가능성과 자본주의의 확장 중에서 어느 쪽이 지구적으로 더 많은 이득인지 숙고하면서 갈등을 느끼는 것은 당연하다. 결국 사람들은 시민이자 노동자다.

하지만 자신의 일차적인 의무를 일자리와 임금을 보호하는 것이라고 보는 노동조합은 점점 심해지는 이런 갈등 상황에 대해 언급하기를 꺼렸고, 이런 갈등이 거시적 차원과 미시적 차원에서 유발하는 긴장을 무시하는 경향이 있었다. 최근까지 영국 최대 노동조합 유나이트 유니언Unite union은 트라이덴트Trident 핵잠수함 시스템을 폐기하고자 하는 영국 노동당에 반대했으며, 2016년 노동당 콘퍼런스에서 미래 노동당 정부가 셰일가스 수압파쇄법을 금지할 것이라고 발표하자, 에너지 산업 노동자들을 대표하는 GMG는 이 결정을 '엉터리', '미친 짓'이라고 공격했다.[22] 하지만 유나이트 유니언은 해당 산업에 종사하는 노조원이 있음에도 수압파쇄법을 반대하고, 최근에는 랭커셔 지역의 굴착작업을 중지하라고 재차 촉구했다.[23] 현대 자본주의의 노동조합들이 직면한 모순을 극복하는 방법으로 '노동 이후' 사회를 추구하는 정책 방향을 채택하는 노동조합이 많아지고 있는데, 그중 특히 커뮤니케이션 노동조합(CWU)이 그렇다.[24] 독립적인 싱크탱크 오토노미Autonomy가 주당 근무시간 축소에 관한 보고서의 중요성을 인정하면서 커뮤니케이션 노동조합의 사무총장 데이브 워드Dave Ward는 이렇게 쓴다.

> 영국 노동자들은 그 어느 때보다 더 열심히, 더 빨리, 더 오랜 시간, 더 짧은 시간 동안 일하라는 압박을 더 크게 받고 있다. 이런 보고 내용이 여실히 보여주듯이 직장 내 스트레스 수준이 증가하고 정신건강 문제가 급증하고 있다. 지금의 상태는 지속 가능한 길이 아니며 근본적인 방향 전환이 필요하다. 우리는 낮은 투자, 낮은 임금, 낮은 생산성 경제에서 탈피해야 하며, 변화를 위한 싸움에서 핵심적인 부분은 주당 근무시간을 단축하는 것이 되어야 한다. 이것은 먼 미래가 아니다. CWU는 영국 최대 고용기관 중 하나인 영국우정공사와 주당 근무시간 단축에 합의했다. 합의 내용은 남녀 수천 명의 우편배달원이 2018년부터 2021년 말까지 주당 근무시간을 4시간 줄이는 것이다. 노동시간을 줄이면 노동자, 고용주, 국가 전체에 막대한 혜택이 발생하며 정부는 지금부터 이 의제를 적극적으로 주도해야 한다.[25]

이와 같은 큰 이슈로 생기는 여타의 문제들과 상관없이 노동자들이 일단 일터에서 분리되고, 그리하여 피신처가 제공되면 가정생활, 사회생활, 여가생활과 같은 여러 분야에 큰 영향을 미친다는 것을 인식하게 될 것이다.[26] 이것이 노동자의 질병은 물론 가족생활에 미치는 영향은 상당히 크다.[27] 저임금을 받는 부모들은 자녀 양육비가 너무 비싸서 연속 근무를 해야 하는 탓에 서로 얼굴을 거의 볼수 없거나 자녀와 함께 시간을 보낼 수도 없다. 일에서 느끼는 자신의 탁월함에 탐닉하고 다른 사람에게 도움을 줄 수 있는 부유한 일중독자들이 시간 제약을 덜 의식하는 것은 당연하지만, 그들조차도항상 '근무 대기' 상태가 되기 위해 대가를 지불한다. 그들은 계속소셜미디어 내용을 확인하고 이메일을 보내고, 동료들에게 메시지를 보낸다.[28] 결과적으로 주당 60시간 또는 70시간 노동은 다른 활동과 관계 유지에 필요한 시간을 제한한다. 결국 가사 서비스나 돌봄 서비스를 시장에 의존하게 되고, 이것은 과도한 노동 탓에 상실된 것을 보완하는 시장의 서비스에서 이익을 얻는 소비문화의 보상적 역학관계를 뒷받침하며, 또한 전통적인 성별 노동 분업을 강화하는 경향이 있다.[29]

시간 부족과 직장의 요구에 지배당하고 있다는 의식은 개인의자유를 제약한다. 당신이 직장에 더 많이 사로잡혀 있을수록 대안적인 생활방식을 실행하는 것은 고사하고 생각할 시간조차 부족하고, 기존 시스템에 대한 정치적 저항의 통찰을 얻거나 표현할 시간이 더 부족해진다. 노동문화와 소비문화는 시간과 에너지를 빼앗아감으로써 자유로운 사고와 비판적 반대를 발전시킬 기회를 가로막는다. 노동문화와 소비문화가 경제 성장을 촉진하고 소득, 교육, 문화 자본의 불평등을 영구화하는 방식들은 정치적 전복을 막고 기존 시스템을 안전하게 지키는 데 도움이 된다. 시간 부족으로 가장큰 고통을 당하는 사람들은 정작 그런 고통을 만드는 노동 관행에 반대하는 혁명에 앞장설 가능성이 낮다. 하지만 노동계의 모순들이 첨예하게 대두하고, 과거에 유용했던 생산 전략과 고용 전략으로 이것을 절대 해결할 수 없다면, 어렵지만 한참 전에 해야 했던 질문들이 제기된다. 노동에 대한 새로운 형태의 각성, 노동이 지구와 인간의 문화에 미치는 영향에 대한 윤리적 관심 증가와 동시에 일자리 자체가 축소되는 상황에 어떻게 대처해야 할지 의문이 제기된다. 이런 의문은 더 나아가 생산성의 목적과 인간 번영에 대한 개념을 정의하는 방식에 대한 의문으로 이어진다.

노동을 줄이는 즐거움을 향하여

보다 미래지향적이고 탐구적인 주제로 옮겨서, 나는 미래의 일자리 부족 가능성(비록 많은 사람들이 이것을 다가올 중요한 위기로 보고 있지만)이 노동 중심의 생활방식을 좀 더 여유 있는 생활방식으로 대체할 수 있는, 늦었지만 붙잡아야 할 기회로 보는 것이 더 타당하다고 본다. 오늘날 이런 제안이 유토피아적인 주장으로 들릴 수도 있겠지만, 산업 생산이 '여가의 시대'를 유산으로 물려준다는 생각은 주류 사회 내에서도 20세기 초 이후 계속 존재해왔다. 존 메이너드 케인스John Maynard Keynes는 1930년 '우리 손자 세대의 경제적 가능성'이라는 에세이에서 2030년이 되면 주당 15시간 이하로 일하게 될 것이라고 예측했다. 케인스는 그때쯤이면 부족함 없이 인간은 "긴급한 경제적 관심에서 벗어나 자유를 누리고, 학문과 복리이자가 인간에게 제공할 여가를 누리면서 현명하고 즐겁고 풍요롭게 사는 방법"을 더 깊이 고민하게 될 것이라고 주장했다.[30] 케인스 관점에서 보면 노동 이후 사회는 분명히 개발 이후에 등장하는 사회였다. 최근의 경제학자 줄리엣 쇼르Juliet Schor는 1991년 출간한 《과로하는 미국인(The Overworked American)》에서 케인스 이후로 상실한 잠재적 자유 시간의 크기를 가장 극적으로 자세히 묘사했다.

> 1948년 이후 생산성이 증가하지 않은 기간은 불과 5년뿐이었다. 미국 노동자의 생산성 수준은 두 배 이상 증가했다. 달리 말하면, 우리는 이제 1948년의 생활 수준(시장 상품과 서비스 기준으로 측정할 때)을 유지하기 위해 당시 노동시간의 절반 이하만 일하면 된다. 우리는 실제로 하루 4시간만 일하거나 일 년에 6개월만 일하는 방식을 선택할 수 있었다. 또는 미국의 모든 노동자가 임금을 받으면서 격년으로 일하지 않을 수 있었다. 믿기 어려울지 모르지만 지속적인 생산성 증가에 따라 단순 계산을 하면 그렇다.[31]

사실 미국(다른 지역과 마찬가지로 이 문제에 관한 정치적 선택은 경제적 요구로 배제되었다)에서 자유 시간은 1973년 이후 거의 40퍼센트 감소했다. 1990년 평균적인 미국인은 1948년에 비해 두 배 이상 더 많이 소유하고 소비했지만 여가 시간은 상당히 줄었다. 우리는 쇼르의 계산 이후 30년 동안 자유 시간을 얼마나 많이 넘겨주었는지, 그중 얼마나 많은 부분이 소비재 생산에 투여되었는지를 추측할 수 있을 뿐이다(하지만 미국 가정의 10퍼센트가 잡동사니 물건 보관용 창고

를 임대하고 있다는 것을 알고 있다).[32]

이렇게 기회를 상실하게 된 이유가 있다. 이를테면 예전처럼 사업을 통해 계속 이익을 얻으려는 산업계 거물들의 힘, 직장이 제시하는 시간 계획이나(일부 직장의 경우) 목적의식 없이 미래를 직면할 때 노동자들이 느끼는 두려움, 개별 노동자들의 경우 노동시간 단축이 소득 감소로 이어지는 문제, 사회 전체로는 노동시간 축소 사회를 만들기 위한 경제적·정치적 방법 문제(이 장의 뒷부분에서 논의한다) 등이다. 케인스가 제기했지만 아직 탐구되지 않은 '더 깊은 문제'에 관한 전반적인 불확실성이 존재할 수도 있다. 이를테면 우리가 이 여유 시간을 어떻게 가장 현명하고 즐겁게 활용할 것인가?

여기서 나는 현재 좌파 진영에 존재하는 본질적으로 상반된 두 가지 반응에 대해 말하고자 한다. 기술 유토피아와 대안적 쾌락주의가 그것이다. 이 두 가지의 본질적 차이는 기술 유토피아가, 디지털 기술과 자동화가 재화와 서비스를 생산하는 거의 모든 유형의 노동과 관련된 단조롭고 힘든 일을 없애고, 우리가 이미 소비하는 모든 종류의 재화를 풍부하게 제공해주리라고 믿는 것이다.[33] 그들의 노동 이후 미래는 (스마트 기술 덕분에) 더 푸르고, (로봇과 드론이 우리 대신 대부분의 일을 감당하는 덕분에) 더 여유로울 것이라고 생각한다. 하지만 그런 사회는 많은 즐거움이 기계와 첨단기술 기기의 사용과 긴밀하게 연결되어 있다는 점에서 본질적으로 소비주의에서 벗어나지 못한다.

이와 반대로 대안적 쾌락주의는 인간의 노동이 없는 사회를 갈망하지 않는다. 설령 이것이 가능하다 해도 바람직하지 않을 것이다. 나는 안드레 고르스의 관점에 공감한다. 그는 노동을 더 만족스럽고, 덜 부담스러운 것으로 만드는 데 전념하는 사회에서도 타율적인 노동(사회와 공동체의 필요를 채우기 위한 노동으로서, 노동자에게 노동 과정에 대한 통제권을 많이 제공하지 않거나 일 자체에서 만족을 많이 느끼지 못하는 방식으로 조직된 노동)이 여전히 많이 필요할 것이라고 생각한다.[34] 대안적 쾌락주의자는 자동화와 녹색기술이 자유로운 시간을 더 많이 제공하는 데 기여하는 것은 분명히 환영한다. 하지만 가사와 사람을 돌보는 일(가정을 돌보는 일, 특히 자녀나 건강하지 못한 사람 또는 장애인을 돌보는 일)이 단지 시간 낭비이며, 가능하면 자동화 시스템에 맡겨야 한다는 생각에 동의할 필요는 없다.

'아동 양육을 포함한 돌봄 노동을 하는 사람'을 기계로 대체하는 것이 바람직한지에 대한 논쟁에서, 닉 스르니체크와 알렉스 윌리엄스는 우리가 그런 일에 '도덕적 위상'을 부여하고, "많은 이들이 인간이 그런 일을 수행해야 한다고 주장한다"는 점을 인정한다. 하지만 그들은 우리가 그런 역할에서 얻는 만족과 돌봄을 받는 사람들의 경험과 필요에 대해 놀라울 정도로 침묵한다.[35] 후자의 내용과 관련하여 피터 프레이즈Peter Frase는 더 나아가 "돌봄에서 보다 정서적으로 복잡한 측면을 반드시 인간이 제공해야 하는지"에 대해 질문한다. 그는 이렇게 말한다. "고양이와 개를 좋아하는 사람들이 지능이 낮은 동물에서 정서적 위안을 얻는다면 로봇에서 얻지 못할 이유가 있을까?… 로봇 간호사는 일에 지쳐 화가 난 인간 간호사보다 더 큰 위안을 줄 수 있다."[36] 대안적 쾌락주의의 길을 추구하는 노동 이후 사회는 이 논리를 거의 받아들이지 않을 것이다. 대안적 쾌락주의는 돌봄 노동을 없애려고 하는 대신 돌봄 노동자(여성 돌봄 노동자가 압도적으로 많을 것이라고 더 이상 기대하지 않을 것이다)를 적절하게 존중하고, 오늘날 흔히 그런 것처럼 혼자 고립되어 탈진하지 않도록 관심과 지지를 보낼 것이다.

소비주의적 생활방식은 일상적인 필요나 오락을 충족하기 위해 시장에서 공급되는 재화와 서비스에 의존하게 만들었다. 대안적 쾌락주의 관점은 이러한 광범위한 상품화가 바람직한지 의문을 제기하고, 더 많은 자급자족과 자율적 활동이 가능한 생활방식을 지지한다. 보다 개념적 의미에서 대안적 쾌락주의의 목표는 번영과 개인적 가치에 대한 노동 중심적 이해를, 경제적인 목적과 수치와 결과가 없지만 그 자체로 고유한 가치가 있는 활동에 대한 참여로 대체하는 것이다.[37] 이런 관점에서 보면 더 많은 자유 시간은 많은 편익을 제공하며, 이 과정에서 로봇에 의존하는 경우는 거의 없다.

사람들이 일단 직업의 세계라는 최악의 제약에서 벗어나면 자신을 위해 (혼자 또는 친구나 친척과 함께) 하는 일 자체에서 즐거움을 누릴 것이며, 정원 가꾸기, 요리, 바느질, 수선(심지어 청소)과 같은 일상적인 활동에서 더 큰 보람을 찾을 것이다. 자발적으로 일을 거부한 사람들의 반응을 조사한 데이비드 프레인David Frayne의 연구는 이것이 얼마나 타당한지 보여준다.[38] 그는 이전에 하던 일을 포기하고 더 적은 돈으로 사는 사람들을 인터뷰했는데 그중 한 사람이 다음과 같이 말했다.

내 삶은 엄청나게 여유로워졌습니다. 내가 더 많이 가지고 있다고 생각해요. 물론 다른 종류이긴 하지만요. 있잖아요. 런던에 있는 친구들과 이야기해보면 그들은 너무 지쳐 있어요. 정말 오랜 시간 일해서 전화로 수다를 떨 시간도 없어요. 그런 생활방식은 자기 혐오적이고 너무 빡빡한 삶인 것 같아요.[39]

프레인은 인터뷰 결과를 아래와 같이 요약한다.

> 사람들은 자신의 소유에 대해 부끄러움과 불만을 느끼게 만드는 자본주의의 끝없는 주문에 저항하고 스스로 즐거움, 아름다움, 자기 충족, 행복에 관한 생각을 발전시킨 것에 자부심을 느꼈다. 그들은 행복과 상품 소비의 관계를 숙고했으며, 지금까지 숨겨져 있던 자존 능력을 발견하면서 세상에 깊이 뿌리내리고 스스로 삶을 잘 관리하고 있다는 새로운 의식을 갖게 되었다. 경제적으로 살기 힘든 많은 사람들에게 더 느린 삶으로의 탈출은 현실적으로 불가능하다. 마찬가지로, 소비주의적 생활방식이 모든 사람이 열망해야 할 확고한 표준이라는 생각 역시 무모하다.[40]

우리가 시간 이용과 삶의 목적에 관한 도구적 이해에 이의를 제기한다면 그것은 놀이의 모범적인 특징을 주장한 발터 벤야민Walter Benjamin과 그 옹호자들을 뒤따르는 것이다. 우리는 결과가 불확실한 놀이에 집중할 때, 그리고 도구적 노동 활동에 시간을 '투자할 때'보다 '특별한 목적이 없는' 놀이 활동에 더 많은 시간을 '사용할 때' 특별한 즐거움을 느낀다. 이런 만족은 우리 시대의 상품 논리와 상반되며, 마르크스가 '어린아이와 같은 고대 세계'라고 말한 '더 고결한' 입장을 지향한다.[41] 놀이와 게임이 현실 세계의 유용한 노동과 반대되는 아이들의 활동으로 치부되면, 이와 정반대의 것이 성인에게 어울리는 개념이 되고, 이 개념으로 아이들의 놀이를 바라보면 낯설 뿐이다. 아이들은 '단순히' 놀이라는 것을 알지 못하기 때문에 놀이를 마음껏 즐긴다. 이런 의미에서 윌리엄 블레이크, 윌리엄 워즈워스, 조르주 페렉Georges Perec, 가즈오 이시구로Kazuo Ishiguro와 같은 작가들은, 일부이긴 하지만 정확하게 노동이 삶을 지배하는 상태인 성인 세계에서 우리를 도피하게 해주는 지혜를 얻는다.[42] 자아와 시간에 대한 비도구적 개념이 의미하는 바는 프레인의 연구 대상자 중 한 사람의 말에 잘 나타난다.

> 최근 나는 사람들에게 내가 실직 상태라고 말했습니다. 보통 그들은 화를 내지만, 항상 그런 것은 아닙니다. 그들은 "네가 그런 일을 겪다니 끔찍하다"고 말합니다. 실은 그렇지 않습니다. 대체로 나는 내가 행복하다고 생각합니다. 나는 실직 상태를 매우 좋아합니다. 경제적으로는 겁나지만 매일 내가 좋아하는 일을 하고 있습니다. 돈 걱정만 없다면, 그리고 일자리를 찾아야 한다는 (고용센터의) 암울하고 임박한 결정만 없다면 난 실직 상태가 정말 좋습니다.[43]

대안적 쾌락주의가 자급자족과 자기계발의 원천으로서 자유 시간을 강조하는 것과 대조적으로 기술 유토피아주의는 네트워크 정보

사회가 공동 협력을 통해 생산성과 풍요로움을 제공할 수 있다는 점을 강력하게 주장한다. 리프킨은 이렇게 말한다.

> 커뮤니케이션 인터넷, 이제 막 등장하는 에너지 인터넷과 물류 인터넷이 끊김 없는 21세기 지능형 인프라에 통합되면(사물 인터넷) 3차 산업혁명이 일어날 것이다. 사물 인터넷은 이미 많은 재화와 서비스 생산의 한계비용을 거의 제로에 가까운 수준으로, 사실상 한계비용이 무료인 수준으로 생산성을 높이고 있다. 그 결과 기업 이익은 고갈되기 시작했으며, 재산권이 약화되고 희소성에 기반한 경제는 서서히 풍요의 경제에 자리를 내줄 것이다.[44]

스르니체크와 윌리엄스는 자동화의 역할을 비슷한 방식으로 상상한다.

> 우리는 완전 자동화된 경제를 요구한다. 자동화 경제의 목표는 최신 기술을 이용하여 인간을 피곤하고 힘든 일에서 해방하고 동시에 점점 더 많은 부를 생산하는 것이다.[45]

네트워크로 연결된 사회가 재화와 정보를 풍부하고 값싸게 생산할 수 있다는 것은 논쟁의 여지가 없다. 이것은 고르츠가 이런 특별한 발전에 찬사를 보내면서 만든 신조어 '첨단 장인'들이 새로운 인터넷 기반 무료 소프트웨어와 무료 네트워크 커뮤니티 환경에서 함께 일한 결과이다.

노동을 전문화된 위계적 과업으로 구분하는 것은 사실상 사라진다. 생산자들이 생산수단을 전유하여 자기 뜻에 따라 관리할 수 없기 때문이다. 따라서 노동자들과 구체적인 노동의 분리(구체적인 노동과 생산물의 분리)는 사실상 사라진다. 생산수단은 전유되면서도 동시에 공동 이용이 가능해진다.[46]

메이슨 역시 새로운 기술의, "재산권을 약화하고, 임금과 노동과 이익의 오랜 관계를 파괴하는" 반자본주의적 잠재력을 인정한다. 하지만 그는 바로 이것 때문에 정반대 결과에 직면할 것이라고 지적하기도 한다.[47] 그는 현행 제도하에서 '정보-자본주의'는 복사를 방지하려고 버그를 소프트웨어에 포함시키고, '특정 유형의 정보를 복사하는 것을 불법 행위'로 만들어 이런 잠재력을 억제하고 방해한다고 말한다.[48] 그가 보기에 오늘날의 "현대 자본주의의 주요 모순은 재화를 사회적으로 무료로 풍부하게 생산할 가능성과, 권력과 정보에 대한 통제권을 유지하려고 싸우는 독점 기업, 은행, 정부와 같은 제도 사이의 모순이다. 즉 모든 분야에서 네트워크와 위계질서 사이의 싸움이 벌어진다."[49]

우리는 '위계질서'보다 '네트워크'가 더 낫다는 점에 동의할 수 있다. 하지만 '풍부한 재화'가 자명할 정도로 바람직한 것이라는 암시는 논쟁의 여지가 있다. 대안적 쾌락주의 관점에서 볼 때 인공지능이 인간의 주체성과 문화에 긍정적인 영향을 미친다는 주장도 문제가 있다. 메이슨은 모든 형태의 디지털 혁신에 대한 전폭적인 열망을 보여준다. 그가 보기에 새로운 기술의 출현 덕분에 성인으로 산다는 것은 "아주 신나는 일이었다. 이제 아이가 처음 스마트폰을 갖고 예전부터 써왔던 것처럼 블루투스, GPS, 3G, 와이파이, 스트리밍 비디오를 이용하는 것을 지켜보는 일은 훨씬 더 신나는 일"이라고 그는 썼다.[50] 무료로 공유하고 복사할 수 있는 디지털 정보는 교육 수준이 높고 보편적으로 연결된 인간을 만드는 '역사상 새로운 변화의 동인'을 만들 것이다. "이를테면 바리스타, 관리자, 임시직 법률 사무원도 원할 경우 기본 학력과 스마트폰만 있으면 보편적인 교육을 받을 수 있다."[51]

이러한 '보편적인 교육을 받은 사람' 개념은 메이슨과 다른 몇몇 저자들이 언급한, 얀 물리에 부탕이 "능동 네트워크에서 이용할 수 있는 컴퓨터와 함께 작동하는 두뇌의 창의적 활동"을 강조한 것과 관련이 있다.[52] 소프트웨어, 컴퓨터, 네트워크가 경제에서 차지하는 핵심 역할은 메이슨과 리프킨이 암시하듯이, 교육, 여가활동, 문화에서도 동일하게 핵심적인 역할을 할 것이다. 즉 노동에 적용되는 기준은 삶의 나머지 영역에도 적용될 것이다(이미 흔한 현실이 되었다).[53]

네트워크화된 '창의적 활동'의 엄청난 생산 잠재력은 이미 명확하다. 하지만 어느 때보다 긴밀하게 연결된 두뇌와 컴퓨터가 초래할 영향에 대해 좀 더 세밀하고 다의적인 평가가 필요하다. 정보가 아무리 복잡하다 해도 지식이나 지성과 같지 않으며, 정보를 온라인에서 얻고 공유하는 것은 경험을 통해 지적인 기술이나 실용적인 노하우, 또는 전문가를 직접 만나 배우는 학습과는 다르다. 영국 정부는 모든 영국 아동들에게 컴퓨터를 제공하느라 음악교육 예산을 줄이고 있다.⁵⁴ 이런 다양한 유형의 지식과 참여 활동의 이용, 즐거움, 보상은 서로 혼동하지 않아야 한다. 지난날 우리가 오프라인에서 더 느린 속도로 덜 산만한 방식으로 얻었던 여러 유형의 지성적, 문화적 지식은 온라인에서 감당할 수 없을 정도로 막대한 양의 새로운 데이터가 제공되면서 소멸 위기에 처했다. 언어의 미묘한 특징들, 언어의 아이러니와 풍부한 함축성(이런 것을 이해하려면 지속적이고 신중한 주의가 필요하다)은 접근 속도와 이해의 용이성이 더 중요해지면서 위태로워지고 있다. 이런 추세가 문학책과 철학책에 미치는 영향은 명확하다. 불분명하고 연결성이 떨어진다. 이는 정치적 논의를 포함해 신중한 논의의 수단인 언어가 입은 피해이다.

최근 우리는 정확성이 떨어지는 데이터가 거의 무료로 제공되거나 매우 자유롭게 유통되고, 또한 거의 아무런 수고 없이 재생산되면서 디스토피아적 주장과 정치적 조작에 이용되는 것을 막지 못하는 현상을 보아왔다. 소셜미디어가 보다 정직하고 민주적으로 작동하는 곳에서도 매우 다양한 다수의 목소리가 정치적 연대를 저해하고 정책이나 전략에 대한 합의를 더 어렵게 만들 수 있다.

이런 상황에서 더 중요한데도 디지털 유토피아를 주장하는 사람들이 거의 주목하지 않은 것은 장시간 화면을 시청하는 문제점이다. 이를테면 소비주의, 수동성, 자기중심성, 개인용 컴퓨터와 스마트폰에 의해 감각적이고 물질적 세계에 대한 망각 현상이 일어난다. 디지털 기술은 확실히 우리를 사로잡고 있지만 반드시 우리에게 이로운 것만은 아니다. 최근의 보고서(2015년)는 "5~16세 아동들은 하루에 평균 6시간 30분 동안 화면을 보는데 이에 비해 1995

년에는 약 3시간 동안 화면을 보았다"라고 밝혔는데(화면에는 텔레비전, 개인용 컴퓨터, 스마트폰, 게임용 콘솔이 포함된다), 이것은 분명히 기뻐할 일이기보다 불안의 원인이다.[55]

대안적 쾌락주의자들은 아이들의 삶을 진정으로 풍요롭게 하는 것은 의미 있는 사회적, 개인적 삶의 자원을 제공하여 그들이 나중에 상상력이 넘치고 개념적 세계를 발전시키도록 만드는 것이며, 이런 것들은 독서와 (화면 몰입보다는 특히 어른들과 나누는) 대화와 다양한 외부활동을 통해 가장 적절하게 제공될 수 있다고 본다. 아이들의 성장을 가로막는 최악의 상황은 홀로 방치된 채 실내에서 화면을 보면서 끝없이 늘어나는 광고의 폭격을 받고, 비디오 게임을 통해서만 활성화되는 상태이다.

하지만 스르니체크와 윌리엄스는 아마 이런 비판과 반대를 그들이 '편협성'이라고 부른 낡은 휴머니즘 중 하나에 빠진 것으로 볼 것이다. 그들에게 중요한 것은 '인간'이라는 낡은 실재론적 개념들을 초월하여 사이보그 증강, 인공 생명, 합성 생물학, 기술적으로 매개된 재생산이 약속하는 '합성 자유(synthetic freedom)'를 실현하는 것이다.[56] 이런 전망은 앞서 언급했듯이 그들이 돌봄 노동과 아동 양육에 부여된 '도덕적 위상,' 그리고 로봇 보호자에 대한 저항 이면에 놓인 인간적 감정과 선호에 신중하게 주의를 기울이지 않는 것과 맥락을 같이한다. 마찬가지로 그들은 가정 내 자동화 기기의 광범위한 이용("집안 청소와 옷 정리와 같은 가사 일은 기계에 맡길 수 있다")을 지지함으로써[57] '환경 단절'이란 용어가 지칭하는 것과 가사 일을 로봇이나 인간에 상관없이 다른 사람에게 맡김으로써 가정의 진정한 의미가 상실된다는 것을 인식하지 못한다(또는 편협한 휴머니즘이라고 치부할 것이다). 고르츠는 이렇게 말한다.

> 주거지의 공간 구성, 즉 익숙한 대상의 성격, 형태와 배치는 그것이 호텔, 병영, 기숙학교에서 그렇듯이 서비스 직원이나 로봇의 일상적인 관리에 따라 바뀐다. 당신의 직접적인 환경은 운전기사가 운전하는 자동차가 자동차 소유자보다 운전기사에게 더 속하게 되는 것처럼 당신에게 속한 것이 아니게 된다.[58]

여기에는 유급 노동으로 자유 시간을 잃는 것이 사람들에게 얼마나 불쾌감을 줄 수 있는지에 대한 진지한 인식이 없다. 사람들은 자본주의 기업이 제공하는 편리한 온갖 재화를 거부하고 박탈된 시간에 자신을 위해 흥미 있고 즐거운 활동을 할 수 있다. 데이비드 프레인은 이에 대해 다음과 같은 매우 흥미로운 말을 했다.

> 인간이 고용관계에 깊이 매여 있는 상황을 고려할 때 유급 노동은 성숙과 독립의 강력한 상징성을 나타내야 한다. 내가 말하고자 하는 것은 유급 노동 관계에 내재된 의존성뿐만 아니라 상업적인 제품과 서비스에 대한 의존성이다. 이것들은 우리가 노동에서 자신의 시간과 에너지를 소모한 뒤 특정 욕구를 충족시키는 유일한 방법이다. '노동의 거부' 프로젝트 참가자들은 노동시간이 줄어들고 자유 시간이 더 많이 주어진다면 우리가 전통적으로 값비싼 개인적 소비를 통해 충족했던 욕구의 많은 부분을 자급자

족할 수 있고, 그 과정에서 상당한 자부심과 즐거움을 느낄 수 있다는 점을 인식하도록 도와준다.[59]

프레인의 연구에서 참가자들이 환영한 다른 종류의 즐거움은 여기서 검토한 기술 중심의 포스트자본주의 이야기, 즉 현대 소비자들이 원하는 것과 그 이유의 기준에는 거의 부합하지 않는다. '풍요'는 지금까지 하던 일들을 친환경적이고 더 값싼 방식으로 가능하게 하는 기술 덕분에 현재의 생활방식을 더 평등하고 경제적으로 공급할 수 있게 하는 것으로 간주될 뿐, 주택, 교통, 농업과 같은 분야를 더 친환경적이면서도 더 유쾌하고 사려 깊게 공급할 수 있는 것으로 여기지 않는다. 자가용은 환영하지만 자전거 이용자와 보행자의 욕구(그리고 친환경적인 실천)는 간과되고 자동차 문화(일부 미국 도시의 경우 도시 면적의 최대 60퍼센트에 이른다)[60]는 지속된다. 스르니체크와 윌리엄스가 "이익 동기를 넘어선 유토피아적 상상력을 충족하는 방법으로" 우주여행에 대한 환상과 "공상과학 소설들의 전통적인 내용"을 권고하는 것을 보면, 이런 우주비행 판타지가 요즘 얼마나 극히 평범하고 진부한지(그리고 환경적으로 건전하지 못하고 유치한지) 모르는 것 같다.

좌파들은 또 다른 기술적 '꿈'인 탈탄소화에 대해 언급하지만 그들이 환경 문제를 다루는 방식은 쓸모가 없다(그리고 2016년에 발행한 2판 후기에 저자들이 인정한 사실은 그들이 이런 불편한 진실을 간과한 것에 대한 변명이 되지 못한다).[61] 그들의 주요 생태적 주장은 생산량 확대보다는 노동을 줄이기 위해 에너지 효율을 개선하면 결국 환경

영향을 줄이는 데 기여한다는 것이다. 하지만 자동화와 효율적인 생산은 문화적, 정치적 측면에서 행복에 관한 사고를 바꾸는 촉진제가 없는 한 지속 가능한 친환경 경제를 제공할 가능성이 없다.

기술 유토피아주의자들은 자본주의 경제의 붕괴를 환영하면서 자본주의 생활방식은 마치 대체로 문제가 없는 유산인 것처럼 받아들인다. 노동 축소에 대한 대안적 쾌락주의자의 주장은 노동 축소를 생태적 한계에 부합하기 위한 필수요소이자 노동 중심의 소비 문화에서 탈피하기 위한 기회로 제시한다. 하지만 기술 유토피아주의자들은 '서구적' 풍요를 지속하기 위해 환경적 장애물을 극복하기 위한 기술적 수단에 초점을 맞춘다. 이런 의미에서 그들은 '좋은 삶'에 대한 일반적인 이야기에 상당 부분 동조하는 것처럼 보인다.

아울러 인터넷에 기반한 풍요의 경제에 필요한 친환경적 자원조달에 관한 그들의 이야기는 설득력이 없다. 〈가디언〉의 최근 보도는 인공지능 분야의 현재, 그리고 잠재적 미래 전력 소비량에 대한 몇몇 국제 연구의 결론을 제시했다.[62] 인공지능 분야의 전력소비량은 향후 5년 뒤 주변부 국가들의 온라인 접속 증가에 따라 3배 증가할 것으로 예상된다. 또한 사물 인터넷, 무인 자동차와 로봇, 영상 감시기기로 중심부 국가의 전력 소비량이 기하급수적으로 증가한다. 지금 추세대로라면 2020년이면 204억 대의 인터넷 기기가 사용될 것이다. 아일랜드 골웨이 카운티의 아덴라이에 계획 중인 애플 사의 데이터 센터는 최종적으로 300메가와트의 전력을 소비할 것으로 예상된다. 이것은 아일랜드 국가 전체 발전용량의 8퍼센트가 넘으며 더블린 전체의 일일 전기 사용량보다 더 많다. 바람이 불지 않을 경우 이 데이터 센터는 '144대의 대형 디젤 비상 발전기'를 이용한다. 또한 2020년에 정보와 커뮤니케이션 기술이 지구 배출가스의 최대 3.5퍼센트(항공기와 선박을 능가한다), 2040년에는 14퍼센트(현재 미국 전체의 배출 비율과 비슷한 수준)를 배출할 것으로 추정된다. 정보 유토피아 옹호자들이 주장하는 미래는 엄청난 전력 절약 개선과 완전한 재생 에너지로의 전환을 전제한다. 일부 연구자들은 최선의 시나리오가 펼쳐질 경우 그렇게 개선될 것으로 믿는다. 하지만 현재 추세대로라면 그런 주장은 순전히 희망사항에 불과하다.

하나만 더 언급하자면, 이미 가난한 국가로 수출된 수많은 폐전자제품의 영향에 대해 우려스러울 정도로 무관심해 보인다. 이전에 이런 폐전자제품의 70퍼센트를 재활용했던 중국이 더 이상 폐기물 수입을 거부하기 때문에 유럽연합 지역의 5천만 톤의 전자제품 폐기물이 동남아시아로 몰려들어, '노예자본주의'라는 위험하고 종종 반(semi)합법적인 조건하에서 적은 임금을 받고 일하는 사람들이 이것을 분해해 재활용하고 있다. 중국의 수입금지 조치가 실행된 이후 미국에서는 재활용 가능한 폐기물이 점점 많이 소각되고 있으며, 소각시설에 가장 가까이 거주하는 빈곤한 지역민의 건강이 피해를 입는다.[63] 우리는 기술 유토피아주의자들이 유해 폐기물이 엄청나게 증가하는 것을 막는 방법을 제시할 필요가 있다고 생각만 할 뿐이다.

물론 환경친화적인 미래를 만들기 위해 소비주의에 대한 우리의 태도를 바꾸는 문화혁명을 신뢰하는 것 역시 똑같이 희망사항에 불과하다고 말할지도 모른다. 그러나 이것은 적어도 인간이 성취할 수 있는 능력 범위 안에 있으며, 실행 가능성이 확실하지 않은(그럴 가능성이 더 낮은) 기술적 해결책에 의존하지 않는다.

노동 이후 사회는 어떻게 움직이는가

노동시간 축소 개념이 아직도 고용주나 노동자 모두에게 위협적으로 인식되고 있지만 노동시간을 축소하는 방향으로 상당히 진전되었다.[64] 프랑스는 일찍이 2000년에 주당 35시간 노동제도를 선도적으로 도입했다. 이 제도는 특히 여성들에게 환영받았고 사르코지 대통령 재임 때 제도 자체는 폐지되었지만 아직도 널리 시행되고 있다. 독일의 경우 최대 규모의 노동조합 아이지 메탈IG Metall은 교대 근무자와 돌봄 역할을 맡은 노동자들이 주당 28시간 노동을 선택할 수 있게 하는 운동을 펼치고 있다. 영국의 싱크탱크 신경제재단(New Economics Foundation)은 얼마 전부터 주당 21시간 근무제로의 변화를 지지했으며, 이 제도가 탄소 배출가스 감소, 실업 감소, 행복 증진, 더 나은 아동 돌봄 촉진, 공동육아와 성 평등의 측면에서 유익하다고 주장했다.[65] 이런 생각은 녹색당(주당 3일 근무제를 지지하고 GDP 대신 자유 시간지수(Free Time Index)를 사용할 것을 요구한다)의 지지를 받고 있으며,[66] 역시 이것을 지지하는 노동당은 2019년 노동당 콘퍼런스에서 커뮤니케이션 노동조합이 제시한 운동에 힘입어 임금 손실 없는 주당 노동시간 축소를 약속했다.[67] 비록 실업을 줄이고 생산성도 저하되기보다는 개선되었다는 점을 일차적인 이유로 들긴 하지만 일부 고용주들도 노동시간 축소를 환영한다.[68]

　　노동시간 축소를 지지하는 사업적 측면의 정당성과 생태적 근거 그리고 더 많은 여가생활에서 오는 개인적 유익함의 정당성 사이의 긴장은 보편적 기본소득에 대한 개념의 다양성으로 나타난다. 보편적 기본소득은 노동 이후 사회에서 노동자의 임금을 보충하고, 결국에는 대체할 것이며,[69] 폭넓은 정치적 성향의 집단이 이에 대해 점차 관심을 보이고 있다. 좌파는 우파 행정부가 보편적 기본소득을 이용해 복지 재원 마련에 더 소홀하고 공공서비스의 민영화를 더욱 촉진하지 않을까 우려한다.[70] 또한 보편적 기본소득이, 유급 노동이 아닌 것에 들인 시간이 생산성 기여에 대한 보상으로 간주될 경우, 보편적 기본소득이 삶의 의미를 숙고하게 하기보다 경제적 가치 창출에 가장 가치 있게 사용되는 것을 삶의 의미로 정당화할 것이라고 우려한다. 고르츠가 말했듯이 보편적 기본소득은 삶에서 "사업적 상상력과 종합적인 고용모델을 제거하는"[71] 수단이 아니라 오히려 이것들을 확실히 유지할 것이다. 이런 상황을 막기 위해 그는 다음과 같이 주장한다.

　　우선, 무조건적인 충분한 소득 보장 요구는 처음부터 임금노동이 더 이상 부를 창출하는 유일한 방법도, 사회적 가치를 인정받는 유일한 활동 형태도 아님을 나타내야 한다. 충분한 소득 보장은 측정할 수도, 교환할 수도 없는 본질적인 부를 창출하는 다른 경제의 중요성이 점점 확대되고 있음을(그리고 잠재적으로 지배적인 상태가 될 것임을) 보여주는 것이어야 한다.… 실업자들과 불안정한 취업자들의 운동단체와 노동조합이 전파한 집단적인 자각, 즉 "우리는 모두 잠재적인 실업자이거나 임시노동자들"이라는 자각은 단순히 우리가 모두 임시직화나 임금노동 관계의 단절로부터 보호받아야 한다는 것만을 뜻하지 않는다. 우리가 이런 관계를 통해서만 존재하지도 않고, 또 이것과 일치하지 않는 사회적 생활에 대한 권리를 갖고 있다는 의미이기도 하다.[72]

다른 사람들은 위의 주장과 비슷하게 보편적 기본소득이 완전히 무조건적으로 제공되지 않는다면 그것은 단지 복지의 한 형태일 뿐이며, 임금제도와 그에 따르는 상업적 의존성을 약화시키는 과정을 시작하지 못한다고 주장했다. 또한 보편적 기본소득이 어떤 형태의 시민적 기여에 대한 조건으로 제공된다면, 그런 제약이 공공서비스와 시민정신의 의미를 제대로 살리지 못할 위험이 있다고 주장했다.[73]

보편적 기본소득이 유급 노동을 보충하는 것 이상이 되기 위해서는 지급 수준 문제도 비슷하게 고려해야 한다. 인간을 노동에서 해방하는 노동 이후 사회를 위한 첫 단계로 널리 주장되는 보편적 기본소득은, 자본주의 질서가 임금노동의 위기가 자본주의에 제기한 도전들을 관리하기 위한 수단으로 고안될 수도 있다. 물리에 부탕은 이런 근본적인 긴장을 지적하면서 사회적 소득 보장(그가 보편적 기본소득 용어 대신 선호하는 표현)이 단순한 개혁주의로 매도될 수

있지만 노동 이후 사회로 변화하게 만드는 방식으로 시행될 수 있다고 주장한다.[74]

보편적 기본소득을 도입하려는 사회는 아마도 이러한 최종적 변화를 목표로 삼을 것이며, 따라서 타율적인 유급 노동의 범위, 배분, 재원 조달을 규정하는 원칙과, 사회적 재생산에 대한 자발적 노동의 기여에 관한 긴급한 질문에 직면할 것이다. 이런 사회는 다양한 분야의 일상적 소비에 대해 시장 공급 의존성에서 벗어나고, 더 협력적이고 공동체적인 생활 형태를 유지하고, 시민이 제공하는 자원봉사 서비스를 누릴 수 있겠지만, 여전히 사회간접자본, 수도, 전기와 같은 공공서비스, 교통, 일부 의료 분야, 사회적 돌봄서비스, 그 외 많은 다른 것들을 타율적 노동에 의존할 것이다. 매력적이지 않은 경제 분야에서 지속적인 고용을 확보하려면 다양한 종류의 인센티브가 필수적이다.

이것은 노동 이후의 보편적 기본소득 사회가 과도기에 직면할 문제들을 대략 살펴본 것에 지나지 않는다. 노동 이후 사회에서 이런 문제에 대한 해결책은 사회참여 지식인들과 공무원들이 제시할 것이다. 또한 그들은 돈이 은행이나 개인 투자자들의 소유물이라는 착각에서 벗어나 사회와 시민들의 자산(보편적 기본소득이 이런 일을 시작한다)이라는 인식을 갖게 할 방법을 모색해야 할 것이다. 이런 도전 과제들을 해결하는 일은 지적으로나 정치적으로 절대 쉽지 않다. 하지만 이런 문제에 직면하는 것마저도 정치적 해방의 한 형태가 될 것이다. 서두에서 언급했듯이 이런 입장을 가진 사회는, 노동 윤리 우선주의를 고수하면서 부와 기회와 일자리와 직업 만족도의 불평등 문제를 점점 유지하기 어려워질 가능성이 있는 성장과 기술적 해결책을 통해 해결하려고 노력하는 사회보다, 이런 도전 과제를 해결하기에 좋은 위치에 있다.

미래는 어떤 모습으로 오는가

이미 널리 인정되고 있듯이 협업적 인터넷 기반 생산은 비노동 중심적 사회에서 중요한 역할을 할 것이다. 아울러 녹색기술도 지역 및 민주적 통제가 가능한 재생 에너지를 공급하는 데 중요한 역할을 할 것이다. 의료, 건축, 교통, 의류, 농업과 같은 핵심 분야에 사용되는 기술의 녹색화 역시 우선적인 요소가 될 것이다. 하지만 스마트 시스템의 미래 역할을 인정하는 것은 이것들이 모든 형태의 인간 노동을 대체하는 것이 가능하다거나 바람직하다고 추정하는 것은 아니다. 이와 반대로, 투여된 노동량에 따라 재화의 가치가 결정되는 가치법칙의 원칙에서 자유로운 포스트자본주의 질서는 역사상 처음으로 현재 근대성의 매개변수 내에서만 사고하려는 연대 중심적인 집착에서 벗어날 수 있게 해준다. 또한 이전에는 믿기 어려웠던 사회관계와 정치경제의 혼합적 개념이 가능하다. 즉 최신 에너지 및 의료 기술, 성별 노동 분리의 종말은 최소한의 타율적 노동, 낮은 수준의 상품 생산 속도 및 소비와 결합할 수 있다.

낮은 강도의 노동문화는 보다 자기만족적인 형태의 노동을 제공할 수 있고, 잠재적으로는 새로운 기술을 개발하고, 이전의 생산 및 공급 방식으로 복귀할 수도 있다. 이것들을 통해 이전 공동체의 노동 과정에서 발생했던 사회적, 성적 착취를 피하면서도 이전 노동 과정의 장점을 유지할 수 있다. 나는 특히 수공예적 노동방식을 염두에 두는데 이 방식은 기술, 디테일에 대한 주의, 개인의 참여와 통제를 강조하기 때문이다. 이 방식은 정신노동 – 육체노동의 분리와 노동 – 소비 경제를 반드시 고수해야 한다고 보는 일반적인 관점과는 다르다. 더 느린 사회에서 사람들은 자급자족할 시간을 더 많이 가지며 수공예적 생산이 확대되고 더 많은 사람들이 이러한 기술, 정신 집중, 만족감을 통해 유익함을 누릴 것이다.

이런 주장은 노동과 수공예 활동의 관계 그리고 이 두 가지와 다른 인간 활동의 관계에 관한 좌파들의 이전 논의를 다시 끌어오는 것이다. 이 논의는 예술, 노동, 인간의 성취감에 관한 복잡하고 논쟁적인 사상의 역사를 반영한다. 좌파에서 진행된 많은 논의는, 현대와 같이 완전히 상품화된 사회의 대량생산 체제에서 수공예의 장점은 주류 경제 활동에 의해 성공적으로 제거되었고, 결코 수공예적 노동 과정이 다시 보편적으로 회복될 수 없다는 전제 하에서 이루어졌다. 따라서 미래의 탈소외적 노동사회를 약속하기 위해 수공예적 노동에 호소하는 것은 현실적으로 가능하지 않다고 본다. 오늘날 소비사회에서는 오로지 상대적 자율성을 가진 예술을 통해서만 모범적인 인간 활동의 이미지와 미래의 해방을 위한 잠재적 토대를 유지할 수 있다고 간주된다. 이런 관점에서 보면 오직 예술만이 심미적인 구원의 역할을 담당할 수 있다. 따라서 수공예는 이제 거의 완전히 대체된 노동과 생산 형태이거나, '순수' 또는 정통 시각예술의 부차적인 요소로 예술가들이 작품을 창조하거나 공연할 때 반드시 필요한 기술과 지식을 제공하는 것으로 여겨진다. 후자의 의존적 역할조차도 뒤샹Duchamp과 레디메이드readymade(일상의 기성품을 원래 용도가 아닌 다른 의미를 부여하여 조각작품으로 만든 것―옮긴이), 개념 미술(conceptual art, 작품에 포함된 개념 또는 사상이 전통적인 미학적, 물질적인 요소보다 더 중요하다고 보는 미술사조―옮긴이), 후개념 미술(post-conceptual art, 개념 미술의 유산에 기반한 미술사조―옮긴이)이 등장한 뒤, 시각예술 작품이 대부분 회화와 조각의 전통적인 수공예적 기법에서 벗어나 '단순화'하면서 수공예는 겨우 명맥을 유지하는 정도에 지나지 않는다.[75]

존 로버츠John Roberts는《무형의 형태들(The Intangibilities of Form)》에서 수공예로 복귀하는 것에 대한 부정적인 입장을 옹호하거나, 수공예의 소멸에 대한 윌리엄 모리스William Morris의 비판을 지지한다. 하지만 그는 여전히 "사회관계는 … 자율적인 형태와 실천에 의해 탈바꿈되어야 한다"는 입장이다. 여기서 그는 실천을 "생산관계와 '일상생활'에서 수작업과 지적인 내용이 풍성하게 확대되는 것"으로 설명한다.[76] 그는 또 벤야민과 아도르노의 기술 지배 반대를 검토하면서 그들의 일종의 '반기술주의'가 진정으로 변혁적이려면, "도구적 관점의 관심과 상호작용과는, 분명히 일관되게 단절하는 방식의 관심과 상호작용에 기초해야 한다"고 제안한다.[77] 나는 이 견해에 동의하며 이러한 도구성과의 단절이 대안적 쾌락주의에 필수적이라고 본다. 하지만 다소 추상적인 형태로 대략 그려진 노동 과정에 대한 포스트자본주의적 변혁이 로버츠가 용인하는 것보다 전통적인 수공예 방식과 기법(그리고 이런 방식과 기법들이 옹호하는 조건들)과 더 유사한 것을 도입하거나 복귀하지 않고 어떻게 구체화할 수 있을지 이해하기 어렵다.

수공예는 계몽주의 시대 이후 자신의 위상을 심미적 자율성을 확립한 예술에 양도했지만, 오늘날 스스로 특별한 틈새 공간을 다시 확보하면서 수공예품은 대량생산 제품에 비해 독특한 위상을 누리게 되었다. 수공예품은 대부분 아마추어가 제작하는데 판매용이 아니라 제작 과정의 즐거움을 느끼거나 선물용으로 만들어진다. 또한 일차적으로 이익을 위해 만드는 상품에서 볼 수 없는 고유한 '수작업'의 가치를 지닌 것으로 여겨진다. 아울러 수공예품은 많은 제품이 조잡하고 볼품없고 신속하게 폐기되는 시대에 내구성이 높고 심미적으로 즐거움을 주며, 그윽하고 고색창연한 멋을 느낄 수 있어 특별히 높이 평가된다.

이른바 수공예의 '존재론' 역시 중요하다. 수공예가 수공예 제작자에게 위상을 부여하는 방식과 수공예에 필요한 노동의 특성은 근대 산업과 상업적 거래가 발생시키는 소외의 영향을 폭로한다. 우리가 지금까지 언급한 노동 과정의 불만은 수공예에 새롭고 매우 중요한 의미를 부여한다. 물론 근대 이전의 사회관계와 제도에서 자본주의 시장의 사회관계와 제도로 전환하는 과정에서 발생한 '소외'에는 부정적인 특성은 물론 긍정적인 특성도 있었다. 그리고 이 두 특성은 상업 사회에서 새로운 형태의 불만을 구성하는 요소가 된다.

마르크스는 공장 생산방식으로의 변화가 농부와 수공예 노동자에게 미칠 영향을 변증법적 방식으로 예견했다. 그에 따르면, 한 편으로 그들은 "목적이 사라지고, 주체성이 상실되며", "그들 자신의 소유와 관련하여" 그들이 외부와 맺는 물질적 관계를 박탈당한다.[78] 하지만 이와 동시에 이러한 자아 상실은 개성이 일반적이고 전면적으로 확장될 수 있는 전제조건이 된다. 이것은 개인이 천성적으로 부여된 천직과 정체성으로부터 자유로워질 때에만 가능하다. 심지어 마르크스는 자본주의 생산방식이 생산자를 공허한 무목적성에 빠뜨리고 노동을 "본래적인 하찮음의 한계를 뛰어넘게" 만들기 때문에 이전의 생산 단계가 "인간성의 단순한 지엽적 발전과 자연숭배"처럼 보이게 만들고, 또한 "현재의 필요에 대한 모든 전통적, 제한적, 자기만족적, 피상적인 만족과 옛 생활방식의 재생산"을 종식시킨다고 말한다.[79] 이전의 장인으로서의 정체성과의 단절은 포스트자본주의 사회에서 '무제한적인' 성취를 추구하는 해방된 개인의 필수적인 전제조건이기도 하다. 마르크스는 또한 놀랍게도 이렇게 말했다.

부르주아 경제에서(그리고 그에 상응하는 생산시대에서) 인간 욕구 충족의 완벽한 해결은 완전한 공허로 나타나고, 이런 보편적인 객관화는 완전한 소외로, 모든 제한적이고 일방적인 목적의 해체는 완전하고 영원한 목적을 지향하는 인간의 목적 자체를 없애는 것으로 각각 나타난다. 이 때문에 유치한 고대 세계가 한편으로는 더 고상한 것처럼 보인다. 다른 한편으로 고대 세계는 폐쇄된 형태, 형식, 주어진 제한을 추구한 모든 분야에서 실제로 더 고상

하다. 이것은 제한된 관점에서 비롯되는 만족이다. 하지만 근대
는 만족을 제공하지 않는다. 아니면 그 자체에 만족하는 듯이 보
이는 경우가 있지만 이 경우는 천박하다.[80]

여기서 소외는 이전의 전통과 정해진 규칙, 활동, 편협한 생활의
'피상적'인 필요에 대한 순응에서 벗어나는 것과 관련된다. 소외는
이전 시대의 순응의 한계를 폭로함으로써 이전의 노동 분리 형태와
과거의 관계 방식과 같은, 소외시키는 관습과 단절하려는 욕구를
만들어낸다(이런 단절은 새로운 형태의 불만을 만들어낼 수 있다).

  이런 관점에서 보면, 이전의 수공예 중심 생산방식에 대한 감상
적인 향수는 계속 가속하는 노동 과정과 업무의 파편화, 산업화와
기술 '진보'가 노동 현장에 불러온 단순화를 무비판적으로 받아들
이는 것만큼이나 문제가 있다.

  대안적 쾌락주의자들이 수공예 방식을 주장할 때 주의해야 할
점은 아도르노가 "사회적으로 운명을 다한 장인정신에 대한 복고
적 심취"로 치부하는 부분이다.[81] 우리는 마르틴 하이데거Martin
Heidegger가 기술을 비판할 때 넘지 못한 국수주의적 민중에 대한 향
수를 지지하지 않을 수 있다. 현대의 과도한 발전 때문에 과거의 행
동방식과 생산방식의 진보적인 잠재력을 고려한다면, 이전의 노동
과정의 사회적, 성적 착취를 잊지 말아야 한다.[82] 하지만 마르크스
의 변증법적 설명에서 언급한 '더 고상한' 즐거움 역시 기억해야 한
다. 우리는 너무 성급하게 모든 '폐쇄된 형태'와 한계로부터의 탈출
을 자동적으로 쾌락주의적 진보의 한 형태로 인정해서는 안 된다.

나는 근대 이전의 사회관계와 제한적인 즐거움을 떠올리면서 수공예 장인들의 노동방식을 무시하지 말고, 소비주의 이후 전위적인 정치적 상상력의 한 요소로 회복할 수 있다고 제안한다. 달리 말하면, 우리는 문화적 퇴행과 사회적 보수성에 빠지지 않고 진보와 경제적 확장의 연결고리를 끊을 수 있다. 우리는 시장 사회와 대량생산의 발전에 따르는 민주주의와 사회적, 성적 해방의 진전을 무시할 수 없다. 또한 이전의 편협한 생활이 개인의 자기실현을 제한했다는 점도 부인할 수 없다. 하지만 지속적으로 경제 성장을 추구하는 일은 환경 재앙을 유발하기 때문에, 상품 생산 확대에 기반한 직장 안팎에서의 개인적인 즐거움과 성취를 제한해야 한다고 강조하는 것 역시 시의적절하다.

　수공예 정신은 새롭게 등장하는 반소비주의적 추세와 네트워크와 매우 친밀하다. 미국과 유럽에서 나타나고 있는 '느린 삶'에 대한 새로운 관심과도 관련이 있으며, '다운시프팅downshifting'(돈을 적게 벌고 적게 쓰며 스트레스를 덜 받는 생활방식으로 바꾸는 것−옮긴이)과 지속 가능한 생활방식을 선택한 사람들을 연결하는 캠페인 네트워크와도 밀접한 관계가 있다.[83]

　이것은 이들 커뮤니티가 표방하는 대안적 가치가 지배적인 노동 우위 풍토를 꺾고 이미 크게 전진했다는 말은 아니다. 세계화에 반대하는 마르크스주의 비판자들이 시간 사용과 노동 조직에 관한 이상적인 미래 형태를 생각할 때, 모리스가 제시한 아이디어를 거부한 것을 재고해보라고 제안하는 것이다. 아울러 그들이 자본주의적 가치에서 자유로워진 사회에서 예술이 노동 과정에 시사하는 내용과, 수공예 노동방식이 유토피아적인 심미적 목표의 실현에 관해 말할 수 있는 내용 사이에 아직 언급되지 않은(혹자는 억압당했다고 말할 수도 있다) 친화성을 인식하기를 제안하는 것이다. 번영의 정치학이 진보와 경제적 확대를 분리하고, 즐거움과 자원집약적 소비를 분리할 필요성이 있음을 고려할 때, 수공예 활동과 관련된 예스러운 진기함과 녹색 세상을 향한 유토피아적 비전을 정화하려는 정치적 미학은 포스트자본주의적 형태의 산업, 노동 과정, 노동자 해방에 관한 낡은 가정을 고수하는 것처럼 보인다. 마찬가지로 기술 유토피아주의자들도 드론, 로봇에 대해 덜 생각하고, 포스트자본주의 경제에서 기본적으로 가능한 '느린 노동'이 주는 잠재적 즐거움에 대해 더 많이 생각할 수 있다. 모든 형태의 노동을 성가신 잡일로 보고 반드시 자동화할 필요는 없다.[84]

수공예 방식과 '느린 노동'은 공동체 소유 기업이나 협동조합과 확실히 양립 가능하며, 최단 시간 안에 최대한 많은 양을 만들어야 하는 요구에서 자유로운 모든 노동 조직과 양립할 수 있다. 수공예 운동으로 알려진 '크래프티비즘Craftivism'{수공예(craft)와 행동주의(activism)의 합성어로 공공장소에 손으로 만든 물건을 설치 또는 이용함으로써 특정 문제에 대한 인식을 높이는 정치운동-옮긴이}은 수공예와 일반적인 대량 소비주의 성향의 억제를 적극적으로 연결하고 있다.[85] 우리는 이것을 근대 이전의 사회관계와 관련지어 무시하기보다 전위적이고 탈소비주의적 정치적 상상력의 요소로 환영해야 마땅하다. 줄리엣 쇼르가 '보통의 사업방식'을 반대하고 협력적인 '풍요'를 옹호하며 제안했듯이, 장인정신은 발전된 녹색기술과 개인적인 만족을 더 많이 제공하는 노동 형태를 결합하는 새로운 혼합 생산방식으로 나타날 것이다.

우리는 크게 한 바퀴 되돌아간다. 풍요는 근대 이전과 근대 이후의 합작품이다. 근대 이전에서는 자신이 사용하거나 시장에 팔기 위해 생산하는 숙련된 장인의 시각을 빌려온다. … 근대 이후에서는 발전된 기술과 스마트하고 생태적으로 엄격한 디자인을 갖고 온다. 이것은 완벽한 종합이다. 기술은 산업시대 이전의 힘들고 등골이 휘어지는 노동을 없앤다. 장인노동은 근대적 공장과 사무실의 소외를 제거한다.[86]

5장

대안적 쾌락주의의 상상력,
'다른 즐거움'

POST-GROWTH LIVING

앞에서 나는 동시대의 풍요가 설령 모든 사람에게 확대되고 또 무한정 지속 가능하다 해도 좋은 삶을 제시하는 모델로서는 거의 설득력이 없다고 말했다. 그 이유는 서구식 생활방식에 따르는 불안, 건강 악화, 우울, 기타 질병과 이미 축소되거나 대체되어 미래에 상실할 수 있는 감각적, 영적 즐거움 때문이다. 또한 지구온난화와 다른 환경 재난의 변곡점을 피하기 위해 보다 인간적이고 매력적이며 더 실행 가능한 접근법으로 대안적 쾌락주의를 주장했다.

나는 지구를 구하기엔 너무 늦었다고 생각하면서 할 수 있을 때 즐겨야 한다는 까르페 디엠carpe diem식 운명론자의 견해에 반대한다. 또한 기술에서 해결책을 찾는 낙관주의자와도 의견이 다르다. 정반대이긴 하지만 두 견해는 소비주의적 생활방식을 유지해야 하며, 그것을 포기하는 것은 비참한 상태를 의미하는 것으로 가정한다. 운명론자들은 "마음껏 즐기라"고 조언한다. 낙관주의자들은 "기술이 환경 피해를 최소화할 수 있다"고 말한다. 두 집단 모두 성장 중심의 쇼핑몰 문화를 유지하기보다 그것에서 벗어날 때 더 즐거울 수 있다는 점을 상상하지 않는다. 두 집단은 검소한 소비를 퇴행이라고 넌지시 말한다.

어쨌든 이것은 비교적 최근까지 영국의 주류 정치인들이 자주 언급한 관점이었다. 오늘날 기후변화와 생태 위기에 대한 인식이 한층 높아진 점을 고려하면, 스코틀랜드 보수당의 기업 담당 대변인이 2005년 그랬던 것처럼 우리에게 "녹색당의 무의미하고 쓸데없는 환경보호 주장"을 참고하라고 말할 정치인이나 정부 관리는 거의 없을 것이다. 그들은 환경운동가들을 석기시대의 동굴 생활을 주장하는 사람들로 대놓고 매도하지도 않을 것이다.[1] 하지만 2019년 기후변화에 관한 정부정책 비판에 대해 부시 호주 부총리가 보인 반응에는 녹색 의제를 무시하는 태도가 분명히 드러난다("우리는 순진하고 계몽적이며 깨어 있는 환경운동가의 헛소리가 필요하지 않습니다").[2] 그리고 보리스 존슨이 2019년 런던 봉쇄 때 환경단체 멸종저항운동(Extinction Rebellion)을 야영지에서 대마 냄새를 피우는 '비협조적인 크러스티crustie'(하위문화 집단으로서 새 시대 운동에 참여하는 사람들 – 옮긴이)라고 언급하는 데서,[3] 또는 암묵적이긴 하지만 2017년 이후 계속되어 온 기후변화에 관한 토론이 처음 하원에서 개최되었을 때 의회 좌석이 텅 빈 것에서도 녹색 의제를 무시하는 태도가 드러난다.

이러한 반응에는 레이먼드 윌리엄스Raymond Williams가 표현했듯이, 역사 속에서 만들어진 사회 질서를 영원히 존재해야 할 배타적인 것으로 당연한 듯이 생각하고, 기존 질서의 위기를 더 명확하게 보는 사람들을 위축시키는 오래된 '시간의 편협함'이 드리워져 있다.[4] 이런 반응은 자신에게 진보 개념을 규정할 독점적 권리가 있으며, 자신이 인간의 즐거움과 방종을 결정할 수 있는 유일한 사람이라고 여기는 것이다. 또한 더 느리고 물질적 부담이 적은 생활방식에 대한 잠재적인 보상을 찾는 것에 반대할 뿐만 아니라, 지배적인 진보 모델의 불쾌하고 파괴적인 측면을 인정하지 않는 것은 불쾌한 일이다. 중국 사람들이 대규모로 이용하던 자전거에서 자동차로 옮겨간 덕분에 감내해야만 하는 스모그는 종종 뼈아픈 사례로 인용된다. 1950년대 초 영국에서 1,200만 명이 정기적으로 자전거를 이용했으나,[5] 지금은 세계의 자전거 이용율이 최저라는 것을 잊지 말아야 한다.[6] 최근 런던의 몇몇 학교는 학생들에게 유독 가스 흡입을 막기 위해 마스크를 사용하도록 권고했다. 우리가 사는 대부분의 지역에는 교통 소음, 빛 공해, 그리고 교통, 전기, 이동통신 시스템과 관련된 인공물로 인해 방해받지 않는 장소가 점점 사라지고 있다. 영화제작자의 영화 장면을 제외하면 산업시설이 없는 자연경관은 찾아보기 드물다.

도시는 별로 나아지지 않았다. 보들레르의 '산책자'가 바라보았던 파리나 조이스의 더블린을 오늘날의 두 도시와 비교하면 공적 공간이 더 즐거운 공간이 되었다고 느끼기 어렵다(하지만 주택과 위생이 크게 개선되었다는 점은 부인할 수 없다). 특히 분주한 시간대와 혼잡한 지역에서 보행자와 교통 혼잡에 시달린 자동차 이용자들은 모두 고되고 시끄럽고 매우 지치는 경험을 하게 되며, 많은 사람들이 무의식중에 느끼는 위험은 아름다운 도시 경관이나 휴식을 통해 완화되지 않는다. 물론 이런 사실을 깨달은 많은 도시 당국자들은 이러한 피해를 유발한 진보를 되돌리려고 노력해왔다.[7]

바쁘게 돌아가는 생활방식의 억압적이고 감각적으로 폭력적인 측면을 강조한다고 해서 그런 생활방식이 제공하는 편리성과 위안을 부정하는 것이 아니다. 하지만 동시대 소비자의 즐거움에 관해 말할 때 언제나 우리는 불쾌감과 우리가 누리지 못하는 즐거움에 관해서도 말해야 한다. 쾌락주의의 이야기 중 이런 측면은 거의 부각되지 못했는데, 특히 우리가 현재 누리지 못하는 '다른 즐거움'이 그렇다.

느린 삶

• 커뮤니케이션과 교통 : 더 빠르게 또는 더 느리게

통행, 정보 교환, 재화와 서비스의 생산과 유통이 그 어느 때보다 더 빨라졌다는 점에서 빠른 속도는 지난 250년 동안 자본주의 발전의 필수요소였다. 우리는 속도와 효율성을 연관 짓게 되었고 이것은 지금도 진보 개념의 핵심 내용이다.[8] 연구팀과 산업 설계자들이 더 느린 속도로 일을 처리할 수 있게 해주는 혁신을 추구한다면 매우 이상하게 취급당할 것이다. 필요한 속도보다 더 느리게 여행하기로 선택한 사람들은 종종 괴짜로 취급된다. 운동 경기와 마찬가지로 생존 경쟁에서의 성공은 제일 먼저 도착하는 것이 중요하다. 목표에 더 빨리 도달할수록 더 큰 찬사를 받는다. 일부 덜 도구적인 활동, 또는 칸트의 표현을 빌자면 '목적 없는 목적들'(예술 창작과 오락, 섹스, 놀이, 대화, 느린 자전거 경주 등)의 경우를 제외하면 소요 시간을 줄이라는 집요한 압력에 직면하고, 이를 위해 과학기술을 우호적인 지원자로 받아들이는 것을 당연하게 생각한다.

지난 50년 동안 과학기술은 커뮤니케이션 분야에 대대적으로 활용되어 의사소통 시간을 대폭 줄이는 데 크게 기여했다. 이것은 주로 컴퓨터 성능이 개선되었기 때문이었다(1960년대 중반 이후 18개월마다 성능이 두 배로 향상되었다).[9] 몇몇 사람들은 연령, 질병, 장애, 또는 단순히 성향 때문에 배제되어 소외감을 느낄 수 있지만 대부분의 사람들은 빠른 정보처리 속도와 소셜미디어, 이메일, 문자, 인터넷 검색을 통한 막대한 양의 디지털 의사소통에 신속하게 적응했다. 물론 이용자들은 디지털 기술에 극단적으로 의존하게 되었고, 디지털 정보기술이 점점 삶의 더 많은 영역에 관여하게 되었다.

2018년 전 세계 40억 명의 사람들이 하루 평균 6시간 동안 온라인에 접속한다(모두 합하면 10억 년이다).[10] 15~24세의 영국 사람들은 6~8분마다 스마트폰을 확인한다. 성인 5명 중 2명은 잠에서 깨어난 지 5분 이내에 스마트폰을 가장 먼저 확인한다. 35세 이하 연령대의 사람들은 이 수치가 65퍼센트에 이른다. 마찬가지로, 성인 중 3분의 1이상(35세 이하의 경우 60퍼센트)이 저녁에 잠들기 전에 5분 동안 스마트폰을 확인한다. 3분의 2 이상의 사람들이 자신의 스마트폰을 절대 *끄*지 않으며, 78퍼센트는 스마트폰 없이 살 수 없다고 말한다.[11]

신속한 온라인 접근은 많은 사람에게 매우 중요하며 그들이 시간을 사용하는 패턴을 완전히 바꾸었다. 온라인 접속을 어느 정도 하는 것이 가장 좋은지 또는 다른 일을 하는 것보다 더 나은 경험인지는 확실하지 않다(이것은 단지 추측에 불과한 문제일 수 있다). 검색,

확인, 구매, 온라인 통신은 많은 측면에서 시간을 아껴준다. 하지만 이를 통해 우리는 의도하지 않은 검색, 확인, 구매, 통신을 추가로 하게 된다. 알다시피, 모든 사람들이 스마트폰이 자신의 삶이나 타인의 삶을 지배하는 상황을 행복해 하지 않는다. 앞서 인용된 오프콤Ofcom 보고서에 따르면, 절반 이상(54퍼센트)의 사람들이 온라인에 연결된 기기들이 친구나 가족들과의 직접 대화를 방해한다고 인정한다. 5명 중 2명 이상(43퍼센트)이 온라인상에서 너무 많은 시간을 보낸다고 말하지만, 극히 소수만이 오프라인이 더 생산적이라고 느끼고 끝없는 인터넷 접속으로 방해를 받는다고 주장한다. 이와 비슷하게 직장에서 가장 일반적인 의사소통 도구인 이메일은 과로와 주의 분산을 유발해 불만을 야기한다. 이메일의 신속성은 문제를 일으킨다. 흔히 부정확한 정보인 메시지들이 순식간에 쌓이면 불필요한 메시지를 읽고 부주의한 단어로 인한 혼란을 정리하느라 시간을 낭비한다.[12]

고속 통행은 상당한 긴장과 엇갈린 반응들을 일으킨다. 우리는 역사상 가장 빠른 교통수단에 익숙해졌고 자주 즐긴다. 속도는 편리하고 우리를 아주 신나게 한다. 하지만 우리의 속도 감각은 상대적이며 시대마다 달랐다. 찰스 디킨스는 시속 24킬로미터로 달리는 마차 여행을 다룬 《픽윅 보고서(The Pickwick Papers)》에서 들판, 나무, 산울타리가 "회오리바람의 속도로" 지나간다고 묘사한다.[13] 오늘날 많은 자동차 이용자들은 시속 30킬로미터의 속도 제한을 답답할 정도로 느리다고 생각한다. 속도 옹호자들은 이런 상대성을 이용해 속도를 늦추려는 노력을 비판할 수 있다. 그들은 느린 것 못지않게 빠른 것도 인간의 욕구 측면에서 '자연스러운' 반응이라고 말한다. 하지만 《픽윅 보고서》의 구절은 우리의 적응력을 보여주며, 따라서 우리가 다른 템포에 쉽게 적응하고 더 느린 통행을 매우 신나는 경험으로서 좋아할 수 있음을 보여준다. 어쨌든 도로 용량과 안전 문제 때문에 속도가 제한될 것이다. 교통이 혼잡할 경우 때로 더 느린 교통수단(자전거나 도보)이 자동차보다 더 빨리 도시를 통행할 수 있다.

자전거는 더 형이상학적 의미를 갖고 있다. 자전거는 환경친화적이면서도 더 빨리 이동하려는 욕구를 충족시키는 수단이다. 마틴 라일Martin Ryle이 제안했듯이 자전거는 "속도에 대한 새로운 욕구와 능력을 통해 기계문화를 망치는 동시에 그것을 구현한다." 자전거 이용자의 속도는 서로 역설적인 현상으로서 빠르게 달리는 것과 느리게 달리는 것의 즐거움을 모두 안겨준다. 페달을 밟지 않고 달리는 상태는 "특이하게도 아무것도 하지 않으면서도 빨리 달리는 방식이다." 이렇게 즐겁고 지속 가능한 속도의 역설은 요트, 스키, 스케이팅, 승마와 같이 원동기가 없는 다양한 교통수단에도 비슷하게 적용될 것이다. 하지만 자전거의 독특한 점은 "자전거가 기계 조립품에 휩쓸린 인간의 전반적인 상태를 잘 보여주면서도 뒤엎는다는 것이다."

자전거를 탈 때 몸과 기계의 관계는 공생적 상태가 된다. 자전거 이용자는 자신이 만들고 유지하는 리듬에 따른다. 페달을 밟을 때 그들은 리듬을 자전거에 전달하고 리듬을 앞으로 이동하는 힘

으로 바꾼다. 하지만 이 리듬은 최종적으로 자전거 이용자의 의
지에 순응한다. 이 때문에 최초의 자전거 이용자, 제조자, 광고자
들은 새의 비행과 켄타우루스의 기민함의 이미지를 이용해 자전
거 타기의 즐거움을 전달하려고 노력했다. 이것은 인간의 힘이
새롭고 필수적이며 여전히 유기적인 존재 안에서 확장되는 방식
을 제안한다.[14]

• 비행기와 자동차 : 교통수단 이용 줄이기

하지만 현재 가장 지속 불가능한 통행 수단인 제트추진 비행기와
자동차가 아직도 관련 투자액의 거의 대부분을 차지하며, 현대 생
활의 필수적인 부분으로 여겨진다. 합리적인 요금으로 이용할 수
있는 적절한 대중교통 및 다른 통행 수단이 안정적으로 공급되지
않아 많은 노동자들에게 일상적인 자동차 통행이 불가피한 것처럼
보인다. 열차를 이용하는(대도시로 출근하는 수많은 러시아워 통근자들
에게 실제적인 다른 대안이 없다) 영국의 통근자들은 교통 요금 상승
에 직면하고 있으며 이미 유럽에서 가장 높은 수준이다. 그들은 유
럽과 스칸디나비아의 다른 지역에서 열차 통행을 매력적으로 만드
는 좌석, 아동을 위한 지정 좌석, 재활용 시설, 충분한 자전거 보관
소를 이용할 수 없다. 일부 민영 철도의 운행 정시성이 악명 높을
정도로 낮다는 점을 고려할 때 그들은 열차를 아예 제때에 이용하
지 못할 수 있다.[15]

    7일/24시간 노동에서 벗어나 휴가와 짧은 휴무 기간을 최대
한 활용하려는 압박 탓에 사람들은 신속한 휴식과 짧은 여행 일정

을 선호하게 된다. 제한된 일정 탓에 비행기는 대부분의 휴가자들이 장거리 목적지를 통행하기 위한 유일한 방법이다. 나는 이런 상호의존적인 패턴, 즉 일반적으로 가속화된 삶의 원인과 영향을 논의하고자 한다. 환경적 영향은 명백하다. 이런 관점에서 보면 런던 히드로 공항 확장 계획은 녹색당 출신 국회의원 캐롤라인 루카스Caroline Lucas가 말했듯이 "용납할 수 없다." 만약 이 계획이 시행된다면 미래 세대는 이 악행을 용서하지 않을 것이다.16

시민운동가들이 지적하듯이 우리는 항공기의 가스 배출량을 2050년까지 매년 3천7백5십만 톤으로 제한하는 데 동의할 수 없다. 이렇게 되면 영국은 2030년까지 4천3백만 톤에 도달하고 금세기 후반에는 7천3백만 톤(그린피스에 따르면 사이프러스의 총 배출량과 같은 양이다)에 이르게 될 것이다.17 또한 상업활동이 도덕적 의무를 짓밟게 허용한다면 비행기를 정기적으로 이용하는 사람들(영국인 중 가장 부유한 15퍼센트가 항공여행의 70퍼센트를 이용한다)18은 미래 세대에 자신의 부채를 떠넘기는 것이다. 도전 과제는 두 가지다. 하나는 장거리 여행을 위한 환경친화적인 교통수단을 제공하는 것이고, 다른 하나는 집과 가까운 근거리는 더 느리게 통행하도록 권장하는 것이다. 여기에서도 쾌락주의적 주장이 환경적 주장을 강화할 수 있다.

장거리 여행의 경우에도 항공은 유일한 선택지가 아니다. 공항으로 오가는 시간을 감안할 때 철도가 항공만큼 빠를 수 있다. 열차도 탄소를 배출하고 요금도 비싸다. 하지만 런던에서 파리까지 항공기 대신 철도를 이용하면 여객 1인당 배출가스를 90퍼센트까지 줄일 수 있으며, 환경을 고려한 가격 설정과 세금정책을 이용해 철도 통행 비용을 더 낮출 수 있다.[19] 환경을 우선하는 이런 대안은 더 즐겁고 재미있기도 하다. 비록 순식간에 스쳐 지나가지만 들판, 산울타리, 강, 언덕, 마을과 소도시들이 "예전에 여행과 관련된 시각적, 실존적 기쁨과 같은 것을 회복하는 자연과 문화의 이미지를 제공한다. 언뜻 스쳐 지나가는 것들을 통해 우리는 빠르다는 것은 무언가를 놓치는 것임을 상기하면서 다음에는 더 느리게 이동하고 싶은 마음이 들 수 있다."[20] 전 세계 철도와 철도−여객선 교통에 관한 정보를 제공하는 '더 맨 인 시트 식스티 원The Man in Seat Sixty-One'이 운영하는 웹사이트(www.seat61.com)에 대한 열광적인 호응에 비추어 볼 때, 장거리 철도여행은 친환경적이고 즐거움을 제공하기 때문에 점점 더 많은 사람이 찾는다. '지방 여행'이 친환경적인 휴가를 보내기 위한 문화적 변화의 중심인 것은 틀림없지만 미래에 우리가 노동 중심적 삶에서 벗어나 더 많은 휴가를 갖게 된다면 훨씬 더 그렇게 될 것이다.

성장하는 항공산업뿐만 아니라 승용차와 화물차도 오래전부터 이산화탄소를 배출해왔다. 독일 항공 센터의 과학자들에 따르면 유럽연합의 차량 배출가스는 지난 10년 동안 거의 변화가 없었고, 관련 산업은 근본적인 변화가 없다면 향후 5~10년 이내에 온실가스 배출 상한선에 도달할 것이다.[21] 차량 배출가스 역시 산업 사회의 유해 대기 오염물질의 가장 주요한 원천이다. 세계 인구의 대부분(90퍼센트)이 대기오염으로 피해를 입고 있으며 매년 7백만 명이 조기 사망하는 원인이다. 특히 3백만 명의 아동이 국제 기준보다 6

배 더 많은 유독 가스가 배출되는 지역에 살고 있다.[22] 하이브리드 차와 순수 전기차는 오염물질 배출량이 적지만 이 차량이 사용하는 전기를 만들어야 하고 폐기되는 배터리를 처리해야 한다. 아울러 다른 종류의 차량과 마찬가지로 차량 제작에 많은 플라스틱이 사용된다.[23] 게다가 우리의 사고방식을 바꾸지 않고 이런 자동차 문화를 더 지속할 경우 그에 따른 위험, 교통 혼잡, 환경 악화, 엄청난 공간 점유로 인해 파괴적인 결과를 낳을 것이다.

도로 교통 때문에 많은 도로 이용자들이 끔찍한 죽음을 맞이한다. 2017년 미국에서는 4만 명이 교통사고로 사망했고, 영국은 약 1800명이 사망하고 약 2만8천 명이 중상을 당했다.[24] 레이첼 알드레드Rachel Aldred 박사의 최근 보고에 따르면, 영국에서 사회적, 경제적으로 낙후된 지역에 사는 아동들이 부모가 자동차를 소유하지 않고 있음에도 교통사고를 당할 가능성 훨씬 더 크다.[25] 도로의 차량들은 인간 이외 다른 생명체의 생명과 서식지를 파괴한다. 세계 야생생물기금(World Wildlife Fund)은 현재 생태계와 야생 생물의 파괴 속도가 기후변화에 못지않게 우리의 미래를 위협하고 있다고 지적한다.[26] 자동차는 야생 생물 피해의 주요 원인이 아닐 수 있지만 도움이 되지 않는다는 점은 확실하다. 아울러 자동차에 탄 사람들은 외부와 차단되어 자동차가 유발하는 피해를 제대로 알 수 없다.

자동차는 여행의 심미적 즐거움을 차단하거나 감소시킨다. 자동차를 타고 고속으로 달리면 지나가는 여행 지역의 일부만 보게 되고 차량의 제한된 유리창으로 시각적 즐거움마저도 제한된다. 다른 감각적인 즐거움도 방해를 받고, 알렉스 윌슨Alex Wilson이 북미

지역 경관에 관한 연구에서 '자동차 이용자의 미학'이라고 부른 것으로 제한된다. 윌슨의 설명에 따르면, "미국 국립공원의 경관도로 설계자들은 맛, 촉감, 냄새를 배제한 채 기본적으로 시각적인 경험만을 고려하여 설계한다. 그래서 경관은 '자동차 공간' 속의 이벤트가 되며 항공 사진의 관점과 비슷하게 일차원적이다. 이 과정에서 경관도로 설계자들은 말 그대로 도로 이용자들에게 자연의 '아름다움'을 가르쳐준다. 그들은 경관을 부각하기 위해 다른 요소들은 희생하는데, 이를테면 조금이라도 아름답지 않다고 생각되는 곳은 피하고, 공원도로의 미학과 어울리지 않는 모든 활동을 제한한다.[27] 현대 미디어는 '자연'의 의미를 주로 보이는 것으로 다가오게 한다. 자연 경험 중 많은 부분이 가상의 형태로 나타나기 때문이다. 우리는 텔레비전이나 컴퓨터 화면을 통해 자연을 보며, 그것은 종종 공중에서나 자동차 안에서 보이는 장면이다. 이로 인해 소리는 주변부로 밀려나고 냄새, 촉감은 완전히 사라진다.

이와 반대로 걷기나 달리기, 자전거 타기는 경관, 냄새, 소리, 신체 활동의 즐거움과 혜택, 고독과 침묵의 경험을 즐길 수 있다. 이 모든 것은 외부와 단절된 채 빠르게 이동하는 사람들에게는 불가능하다. 윌슨이 제안했듯이 우리는 더 느린 여행 방법을 통해 몰래 훔쳐보는 경험이 아니라 공감각적 경험을 즐길 수 있다. 이런 교통수단만을 이용할 수는 없겠지만 특히 단거리 통행(영국에서 자동차 통행의 4분의 1이 3킬로미터 미만이다)의 경우 지금 수준보다 더 많은 사람들이 이런 교통수단을 이용하도록 권장할 수 있다.[28] 일상적인 자전거 이용을 가로막는 장애물은 열성적이고 창의적인 노력을 통해 쉽게 극복할 수 있다. 런던 올림픽 공원에 있는 경륜장 덕분에 영국에서 자전거 타기가 틈새 스포츠이자 인내력 시험을 대표한다는 문화적 흐름이 늘고 있지만, 이와 아울러 모든 사람이 일상에서 자전거를 탈 수 있는 독립된 거리 공간이 필요하다. 실내 경륜장에서 사이클 선수들이 속도 경쟁을 하거나 바깥 도로에서 뒤엉키는 대신 불이 환하게 밝은 다차선 트랙, 필요한 사람들을 위한 덮개, 릭샤, 어린이와 장애인을 위한 전기자전거, 자전거 도로의 일정 간격마다 샤워장, 탈의실, 카페를 설치하면 어떤가? 이런 계획은 이상적인 것처럼 보이지만 지속적인 대규모 자동차 이용에 필요한 인프라 시설과 비교할 때 소요 비용이 아주 적을 것이다. 특히 더 나은 공공보건의 경제적, 사회적 이득을 고려한다면 더 그렇다.

• 거리 회복하기 : 이동의 통로를 넘어서

고속 통행은 사람들뿐만 아니라 지역공동체도 죽인다. 연구에 따르면 교통량이 많을수록 사람들이 밖에서 보내는 시간이 적고, 그 결과 이웃을 알 가능성도 더 적다.[29] 교통사고를 두려워하는 부모들은 자녀에게 거리는 가서는 안 될 곳으로 가르쳐 아이들의 놀이에 심각한 영향을 준다. 그 결과 아이들은 다양한 바깥 놀이의 즐거움을 놓치게 된다. 1971년 영국의 7~8세 아동의 80퍼센트가 혼자 학교에 갔다. 오늘날 7세 아동이 성인을 동반하지 않고 학교에 가는 것은 사실상 생각할 수 없다. 메이어 힐먼Mayer Hillman이 지적했듯이, 우리는 자녀로부터 위험을 없애는 대신 위험으로부터 자녀를 분리시켰고 등하교 때 오염물질을 배출하는 자동차로 도로를 가득

채웠다.[30] 과거에 아이들은 상당한 시간 동안 어른의 손에서 벗어나 달빛 아래에서 부모의 보호를 잊고 즐겁게 놀았다. 다음과 같은 동요가 이런 모습을 잘 상기시켜준다. "소녀와 소녀들이 놀러 나왔네 / 달은 대낮처럼 밝게 빛나네 …." 오늘날 시골이나 도시나 할 것 없이 아이들은 어른들의 초조한 감시에서 좀처럼 벗어나지 못하고 또 자동차 운전자들이 아이들의 생활을 잠식하는 침해에서 자유롭지 못하다. 아이들에게는 선택권이 거의 없다. 그들은 차량 통행에 위험하게 노출되거나, 행동반경이 실내나 차 안으로 제한된다.

고통을 당하는 것은 아이들만이 아니다. 리빙 스트리트Living Streets 캠페인이 지적했듯이 인류 역사 대부분의 시기에 아이들의 놀이와 함께 온갖 종류의 인간 활동이 거리에서 자유롭게 이루어졌다. 거리는 사교, 공적인 회의, 유흥, 시위를 하는 장소였다. 오늘날 거리는 차량 통행로가 되면서 지역사회가 단절되었다. 대부분의 도로 설계와 분류에서 우선순위는 교통량이다. 특히 시내 중심가는 차량 이용자보다 보행자들이 훨씬 더 많은데도 사회적 장소로서의 거리 이용은 대부분 간과된다. 통행 속도를 높이기 위해 도로와 회전구간의 폭은 더 넓어졌고 보도는 좁아진다. 사람들이 횡단하고 싶은 곳에서 건너지 못하도록 장애물이 세워진다. 거리 조명과 도로표지판은 사람들이 빠르게 통행할 수 있도록 설계된다. 그 결과 전체적인 모습은 추하고 보행자를 차별하는 위협적인 환경이 만들어진다.[31] 도시 공간과 도로체계가 대개 보행자보다 차량 통행을 중심으로 이루어지기 때문에 공원과 보행자 전용 구역이 휴식과 여가활동을 위한 유일한 공간이 된다. '일반' 쇼핑몰 구역(흔히 민간 소유이며 보안과 감시가 이루어진다) 역시 차량 통행에서 보호를 받지만 여기서도 '바람직하지 않은(쇼핑을 하지 않는)' 사람들은 감시 대상이며 보통 퇴출된다. 비쇼핑객이 이용하는 것을 막기 위해 너무 안락한 좌석은 제공되지 않는다.

거리는 가장 많이 이용하는 사람들에게 되돌려줄 필요가 있다. 리빙 스트리트 선언문은 이렇게 말한다.

> 왜 보행자들은 자동차처럼 항상 계속 움직여야 하는가? 고속도로법이 중시하는 유일한 권리는 "고속도로를 통과하는 것"이다. 거리에서 머무르는 것을 표현하는 대부분의 단어는 부정적인 함의를 내포해야 한다는 것이 시대의 표징이다('배회하다', '꾸물거리다', '어슬렁거리다'). 거리는 노동을 위한 장소뿐만 아니라 여가, 이웃과의 수다, 신문을 읽거나 지나가는 사람들을 구경하는 장소이기도 하다. 살아 있는 거리에는 사람들이 잠시 멈추고 시간을 보낼 아늑한 장소와 구석진 모퉁이, 벤치, 담벼락이 필요하다.

도시 설계와 도시 정책은 뒤늦게 이런 부분을 인식하기 시작했다. 유럽과 다른 지역의 대도시와 소도시에서는 공간 이용에 상상력이 넘치는 녹색정책을 도입하고 있다. 일부 도시에서는 도시계획가뿐만 아니라 거주민들이 이런 계획을 주도한다. 예를 들어 서울에서는 1973년에서 2003년까지 매일 17만 대의 차량이 도심으로 갈 때 이용했던 4차선 고가도로를 철거하고, 고가도로 아래 묻혀 있던 청계천 주변에 길다란 수변 공원을 조성하여 150만 그루의 나무를 심고, 자전거 도로와 축제 장소를 만들었다. 교통 혼잡을 예상했지만 거주민들은 변화된 환경에 적응하면서 지금은 많은 사람들이 지하철을 이용한다. 시애틀, 뉴욕, 셰필드에서도 도로 아래 묻혔던 강들을 복원했다.[32] 〈가디언〉은 최근 아디스아바바, 보고타, 뭄바이, 브라질의 상파울루와 포르탈레자를 포함한 많은 도시들의 이미지에 대한 특집기사를 보도했다. 이 도시들은 칙칙하고 위험한 도시 교차로를 다양한 색채의 보행 중심 구역으로 탈바꿈시켰다.[33] 유럽과 스칸디나비아의 경우 프라이부르크는 1971년부터 점진적으로 보행 중심 정책을 도입했으며, 지금은 대부분 지역에서 자동차 통행이 사라졌다. 네덜란드의 히트호른, 뉘른베르크, 말라카, 세빌, 시에나, 친퀘 테레, 두브로브니크, 상트 페테르부르크, 벡셰, 말뫼, 코펜하겐의 경우 적어도 구도심이나 도심지는 대체로 차량 통행이 없다. 영국에서도 거리에서 차량을 없애는 노력이 점진적으로 진행되었다. 일부 도시에서는 제한속도를 낮추었지만 주목할 만한 수준은 아니다. 시속 30킬로미터의 속도 제한은 좀처럼 단속되지 않고 보통 무시된다.

아마 더 이례적인 것은 동카스터에서 최근 일어난 변화일 것이다. 노동계층이 사는 이 소도시 주변에는 자동차 도로, 소매 유통 센터가 있고, 도시 근교 지역에는 거대 기업 아마존 물류센터가 위치해 있다. 동카스터는 지금 시의원들과 지역 활동가들이 인간 친화적인 '장인 경제'로 바꾸고 있다. 이전의 3층짜리 BHS 스토어는 트램펄린을 탈 수 있는 '플립 아웃Flip Out' 공원이 되었다. 한때 자동차 주차장으로 사용되었던 지역은 극장과 미술 전시 장소가 되었다. 2020년 새로운 '문화 및 학습 센터'가 도서관과 도시 박물관과 함께 문을 열 것이다. '문화적 서행(Cultural Crawl)' 프로그램(카페, 펍, 기타 공간이 어우러져 음악, 시, 전시 활동이 이루어진다) 책임자이자 새로운 〈던코폴리탄Duncopolitan〉 잡지의 공동편집자 레이첼 혼Rachel Horne은 이렇게 썼다.

> 우리는 다른 생활방식을 만들려고 노력하고 있다. 그렇게 할 수 없다면 나는 콜센터처럼 내가 싫어하는 일을 하느라 우울해져 냉소적으로 바뀔 것이다. 이곳에는 다른 일자리가 별로 없다. 그래서 "자신의 일자리를 스스로 만들어야 할" 지경이다.… 동카스터는 노동계층이 사는 소도시이지만 그렇다고 우리가 바보라는 뜻은 아니다. 우리가 정말 창의적이지 않거나 도심지역에서 일어나는 일과 아무런 이해관계가 없다는 뜻도 아니다. 기회가 주어진다면 당신은 지금과 다른 무언가를 하고 싶은 열망을 볼 수 있다. … 콜센터와 창고는 현대판 막장이다. 하지만 이것은 그곳에 있는 사람들이 정말 창의적이지 않다는 뜻이 아니다. 이것은 단순히 직장일 뿐이다. …나는 사실 우리가 구매하는 물건들이 필요 없다고 생각한다. 우리가 공간을 이용하는 새로운 방법을 찾고 시의회는 우리와 같은 사람들이 그것을 시행하도록 할 필요가 있다.[34]

• 지역으로 가라

빠른 여행의 이점 중 가장 찬사를 받고 대체할 수 없다고 여기는 부분은 장거리 휴가와 먼 곳에서 개최되는 회의에 참석할 수 있다는 점, 그리고 한 세기 전만 해도 가장 부유한 엘리트들만 가능했던 관광을 많은 사람들(세계적 차원에서 보면 소수)이 누릴 수 있다는 점일 것이다.

해외여행의 즐거움이나 다른 공간과 문화에 대한 경험을 통한 삶의 질이 향상되는 측면에 대해 이의를 제기하기는 어렵다. 낯설음은 집과 더 가까운 곳에서 경험할 수 있음에도 이런 유형의 차별화를 추구하면서 점차 장거리 여행이 늘어나고 있다. 두 가지 예를 들자면, 바스노르망디의 언덕 위 소도시와 마요 북부의 늪지는 영국에서는 비슷한 곳을 찾을 수 없는 지역이다. 이국적인 경관을 구경하는 여행은 환경과 관광산업에 종사하는 지역 노동자들을 모두 부당하게 이용할 가능성이 매우 높다.

생태관광을 제공하는 기업들은 지금까지 관광산업에 '훼손되지 않은' 지역에 관광객이 유입되면서 발생한 문제점에 대해 침묵한다. '위협받고 파괴되기 쉬운' 지역을 방문하여 보호 활동을 도와주기를 요청하는 이런 관광 기업들은 고객들(종종 연구 또는 환경보호 '자원봉사자'로 불린다)이 그런 환경 파괴를 초래한 장거리 항공 여행을 감추는 데(기업 생존을 위해 필요하기 때문에) 특히 능숙해 보인다. 이런 생태관광의 처음이자 마지막 단계는 당연히 국제선 항공 이용이며, 많은 경우 추가로 국내선 항공을 이용해야 문명에서 멀리 떨어진 외딴 지역으로 갈 수 있다. 인도의 호랑이와 북극 지역의 북극곰을 보기 위해 관광객을 데리고 가는 여행은 이 멸종 위기 동물의 서식지를 파괴하는 기후변화의 주요 요인이다.

많은 장거리 여행이 환경에 미치는 영향은 여정이 짧은 경우 특히 더 심하다. 여정이 짧을 경우 직장이나 학교의 휴무일이 짧아도 가능해서 더 자주 방문하기 때문이다. 짧은 휴가 기간과 장거리 여행이라는 현실 도피성 휴가 문화는 빠른 속도의 노동 중심 문화에서 반드시 필요하고 소비주의적 공급 형태의 또 다른 예다. 영국에서 뉴욕, 스칸디나비아와 유럽의 도시로 가는 정기적인 주말여행은 건강한 정신을 유지하는 데 필수적인 것으로 여겨진다. 그곳에 갔다 오는 여정은 여행 거리보다는 여행 시간으로 측정되며 휴가지에 도달하는 방편일 뿐이다. 깊이 생각한 것은 아니겠지만 사람들은 장거리 여행을 하지 않으면 '도피'가 불가능할 것이라고 짐작한다. 심지어 학교도 학생들이 몇 시간 비행기를 타고 세계의 외딴 지역에 가지 않으면 의미 있거나 흥미로운 경험을 하지 못할 것이라고 부추기며 여행 계획을 짠다.[35]

이런 여행이 한때 다른 삶의 리듬을 가진 다른 환경에 대한 영속적인 몰입감을 제공해(특히 어린이들에게) 기대와 향수를 불러일으켰던 휴가일지 의구심을 갖는 것은 당연하다. 문화적으로 낯선 먼 지역에서 휴가를 보낼 때 느끼는 일상생활과 극단적으로 대조적인 경험은 집 근처 지역으로 여행할 때 느낄 수 있는 비현실적이고 꿈 같은 경험을 방해할 수도 있다. 《잃어버린 시간을 찾아서》의 프루스트가 콩브레에서 휴가지인 발벡까지 장거리 여행을 떠나는 경우는 거의 드물었다. 발벡에서의 '관광 경험'은 매우 극적이거나 그다지 대단하지 않았다. 하지만 일상생활과 익숙한 것들이 미묘하게 바뀌면서 진귀하고 황홀한 경험을 추구하게 된다. 각각의 날들이 서로 통합되면서(게다가 한 날이 다른 날과 비슷해지기 때문에)아름다움과 특이성에 대한 추억을 만들 것이다. 독일 북부 뤼벡에서 발틱의 트라베뮌데까지는 그다지 멀지 않다(19세기 말에는 마차로 2~3시간 걸렸다). 하지만 토마스 만의 소설 《부덴브로크 가의 사람들》에 등장하는 소년 하노에게 이 여정은 완전히 다른 기쁨의 세계로 가는 것이었다.

> 웨이터가 테이블보를 펼쳤을 때 나는 갓 세탁한 냄새, 냅킨, 익숙지 않은 빵, 작은 금속제 컵에 담긴 달걀, 가정용 본차이나 스푼과 다른 평범한 스푼. 이 모든 것이 소년 요한 하노를 황홀하게 만들었다. 그 뒤 생활은 매우 편안하고 평온했는데, 매우 멋질 정도로 빈둥거리며 보호받는 삶이었다. 오전에 해변에서 보내는 동안 쿠르하우스 밴드가 아침 공연 프로그램을 연주했다. 해변 의자 밑에서 누워 쉬는 사람, 맛있는 음식들, 꿈결 같은 연주, 몸을 더럽히지 않는 부드러운 모래, 눈을 느리게 두리번거리다가 초록과 파랑의 무한한 공간에서 초점을 잃는다. 바람이 그 무한한 공간에서 불어온다. 강하고, 자유롭고, 거칠고, 부드럽게 탄식하듯 부는 바람과 맛있는 냄새. 대기는 당신 주위를 감싸고 당신의 청각을 가리면서 기분을 들뜨게 하고, 시간과 공간을 잊게 만든다.[36]

사람들은 프루스트와 만이 부유한 부르주아 계층의 휴가를 기록하고 있다고 말할 것이다. 물론 사실이다. 마르셀이나 하노보다 더 가난한 사람들은 휴가의 즐거움을 누리지 못했을 것이다. 하지만 지금은 상황이 많이 달라졌다. 지방 휴가 여행은 이제 많은 가족들이 떠나는 장거리 휴양지 여행만큼 비싸지 않기 때문이다. (여행비용이 더 저렴해진 것은 저가 항공과 지역의 값싼 노동력 덕분이다.) 지구촌의 동질성과 접근성이 높아졌기 때문에 장거리 여행은 더 이상 아주 새로운 경험을 보장하지 않는다. 오늘날 제임스 클리포드James Clifford는 "예전의 여행은 사라졌다. 여행자들은 더 이상 근본적으로 새롭고 낯선 시간과 공간을 만나리라는 확신을 갖고 집을 나서지 않는다. 인접한 이웃 동네에서 색다른 것을 만나고 지구 끝에서 익숙한 것이 등장한다"고 말했다.[37]

물건 : 없이 살고 자급자족하기

• 강력한 통제 : 사회적 지위 구매와 패션 따라 하기

소비문화의 성장은 상당 부분 소비의 개인화에 의존해왔으며, 이런 개인화는 부분적으로 사회적 지위를 보여주는 구매가 확산되고 개인 맞춤식 생활방식이 생겨난 탓이다. 이런 성장은 소비자의 패션에 대한 관심과 새로움의 미학에 기반했다. 순수한 생산량보다는 신속한 제품 회전율과 스타일 혁신에서 수익이 나오면서 이런 시장의 역동성이 우리 삶으로 그대로 이어졌다. 패션 주기가 가구 소비의 여러 분야, 즉 전자제품과 스포츠용품에서 힘을 발휘했지만 오래전부터 가장 큰 영향을 받은 분야는 의류였다(그리고 우리의 삶에 가장 큰 영향을 미치는 분야이다). 의도적으로 신속한 제품 회전을 권장하는 '패스트' 패션의 성장으로 의류 분야는 특히 약탈적이고 환경적인 피해를 유발했다. 유행을 따르는 의류 생산이 반드시 나쁜 노동조건이나 형편없는 원재료 이용 또는 조잡한 제조를 의미하는 것이 아님에도, '패스트' 패션 산업의 경우 거의 대부분 그랬다. 내구성이 있는 제품을 생산하기보다는 몇 번 입은 후 버릴 계획으로 만들기 때문이다. 신발과 의류의 패션 라인은 일 년에 몇 차례 바뀌고, 그 결과 많은 의류는 사실상 일회용으로 한두 번 입은 뒤 버려진다. 미국의 보통 소비자들은 1991년에서 2006년 사이 매년 구입하는 의류가 34.7개에서 68개로 거의 두 배 증가했다(5일 또는 6일마다 무언가를 구입한 셈이다).[38] 영국의 경우 한 번도 입지 않고 옷장에 걸린 300억 파운드의 옷, 달리 말하면 1,100만 개의 옷이 매주 매립지로 간다.[39] 전 세계적으로는 매년 1,000억 개의 옷이 생산되며 의류 회사는 초과 생산된 제품을 소각장으로 보낸다.[40]

사회적 지위를 보여주는 구매와 패션 따라 하기는 역설적인 효과를 유발한다. 눈에 잘 띄고 남의 시기를 유발하는 소비에 참여하라는 권유는 확실히 성장 경제에 매우 큰 도움이 되었다. 하지만 소비자 자신의 관점에서 보면 이런 도움에는 '쾌락 적응' 또는 '쾌락의 쳇바퀴'라는 불운이 뒤따른다. 이를테면 새로운 물건을 구매해도 사람들은 더 행복해지지 않으며, 지위 과시용 제품 구입 경쟁을 벌이는 것은 아무도 이길 수 없는 러닝머신과 같아서 단순히 그 자리에 머물기 위해 계속 움직여야 한다.[41] 패션 따라 하기는 본질적으로 모순적이다. 패션은 당신을 특별하게 만들어준다고 약속하지만 패션을 따르지 않는 사람은 싫어한다. 패션은 반복을 피할 수 있게 하지만(어느 정도 심미적 대가를 감수해야겠지만, 오스카 와일드Oscar Wilde는 패션을 "참을 수 없을 정도로 추해서 6개월마다 의무적으로 바꾸어야 하는 것"이라고 바르게 정의했다),[42] 낯선 집단성의 지시에 굴복해야 한다는 조건이 붙는다. 개인들은 패션으로 연결되지만 개성을 상실하며, 결국 개인으로서 존재는 필요하지 않다. 충분한 숫자가 패션을 추종하기만 한다면 누가 패션을 따라 하는지는 중요하지 않기 때문이다. 연대성이 없는 이런 집단성은 시장과 긴밀히 연결되어 진정한 차별성과 특이성을 촉진하기보다, 끝없이 새롭지만 본질적으로 똑같은 소비 형태를 기반으로 확대된다. 이런 측면에서 의류 패션은 소비문화가 스스로 자극하면서도 동시에 비난하는 개인화와 자기표현에 대한 불안을 이용하고 그로부터 이익을 얻는 전형적인 예이다.

그렇다고 해도 사회적 지위를 구매하고 패션을 추종하려는 충동은 여전히 강하기 때문에, 구매자들의 자기전복적 성향이 의류 소비를 크게 억제할 것이라고 가정하는 것은 어리석다. 최근 의류 소비에 더 큰 영향을 미치는 요소는 의류산업의 착취에 가까운 노동 조건과 막대한 환경 피해에 관한 폭넓은 정보이다. 몇몇 거대 패션 브랜드는 바다에서 발견된 재생 플라스틱으로 만든 에코닐Econyl 같은 섬유를 이용하고, 소비자들은 지속 가능한 원재료를 사용하도록 제조사를 압박한다.[43] 여러 증거에 따르면, 밀레니얼 세대가 윤리성을 중요하게 생각하고 인스타그램 인플루언서들이 그런 운동을 확산하고 있기 때문에 이런 발전이 미래의 구매 패턴에 매우 중요한 영향을 미칠 수 있다.[44] 하지만 이것이 절대 확실한 것은 아니다. 루시 시글Lucy Siegle은 패스트 패션에 반대하는 새로운 변화를 언급하면서도 너무 크게 낙관하지는 말라고 조언한다.

> 파괴적일 정도로 수많은 패션에 영향을 받은 세대들이 이것을 막는 세대가 될 것이라고 상상하는 것은 환상인 것 같다. 하지만 우리는 그들이 필요하다. 인스타그램 인플루언서들이 빈티지나 재활용 섬유에 관해 이따금 긍정적인 메시지를 올리는 것 이상의 일을 할 필요가 있다. 인플루언서들은 시민활동가가 되어 브랜드와 지구를 약탈하는 습관과 대결해야 한다.[45]

그들은 더 나아가 영국에서 운영되는 '험악한 공장'에서 일하는 사람들을 비롯하여 의류산업 노동자들의 끔찍한 노동조건에 대해서도 이의를 제기해야 한다.[46]

•소유를 줄이고 공유 늘리기

우리는 개인적인 소유에서 집단적인 형태의 소비를 지향하는 중요한 변화를 외치는 주장에 주의를 기울여야 한다. 앞서 언급한 견고한 개인주의적 힘은 공동 소유와 공동 이용에 적대적인 경쟁적 사고방식을 만들었다. 불평등 역시 성공적인 공유와 협력 작업(일을 수행하는 장소와 시기가 유연할 필요가 있다)에 필수적인 상호신뢰 형성을 위축시킨다.

하지만 환경에 주는 이로움은 차치하고, 대안적 쾌락주의 입장에서 보면 개인적인 소유를 줄이고 보다 협력적인 소비 형태를 이용해야 할 이유가 있다. 도구, 기기, 기계를 공유하면 공간 문제를 해소하고 청소와 수선에 따른 노동과 불만이 줄어들고, 쓰레기 처리 문제가 거의 없어지기 때문이다. 페미니스트 논평가가 얼마 전부터 지적했듯이 가사노동 시간은 노동력을 줄여주는 가전제품이 엄청나게 늘었는데도 거의 변화가 없다. 이것은 부분적으로는 청결 수준이 더 높아졌고, 개인이 소유한 가전제품을 구매, 청소, 유지하는데 더 많은 시간을 사용하기 때문이다.[47]

'물건 없이 살기'에는 새로운 제품 구매나 상업적 서비스 이용 없이 재화와 서비스에 대한 필요를 만족시켜 주는 소유와 소비 방식이 포함된다. 여기에는 자선 바자회, 중고 가게, 재활용품을 파는 기타 장소가 포함된다. 이런 방식의 거래와 물물교환을 통해 사람들은 돈을 절약할 뿐만 아니라 소매점에서 절대 볼 수 없는 특별한 물건을 구할 수 있다. 대량생산에 기반하여 표준화된 제품을 제공하는 시장이 우리의 필요와 요구를 채우는 방식을 동질화하는 경향이 있는 상황에서, 시장을 거치지 않는 이런 전통적인 소매 유통 방식은 특별함, 임시방편으로 물건을 만들어 이용하는 활동, 기존 물건을 '대체하는' 다양한 제작 방식을 장려한다.

특히 미국에서 비영리 병렬 경제(parallel economy) 창출에 관련된 '협업적' 또는 '연결된' 소비 네트워크는 점차 수가 늘고 복잡해지고 있다.[48] 여기에는 카풀, 시간을 통화로 이용하는 타임 뱅크, 기술의 교환 및 공유, 주택 및 정원용 도구의 다중 이용, 의류 및 가정용 요리기구의 교환, 토지 공유, 금융 서비스가 포함된다. 부분적으로는 2008년 금융 위기로 촉진되었으며, 탄소 배출과 폐기물을 줄이는 동시에 생태환경에 더 민감한 지역공동체와 협력적인 생활방식을 만드는 것이 목표다.⁴⁹ 비영리로 시작한 일부 단체는 그 이후 이베이eBay나 크레이그리스트Craigslist처럼 상업화했지만, 에어비앤비Airbnb처럼 영리 목적으로 운영되었던 다른 기업들은 환경에 거의 관심이 없이 철저하게 신자유주의적 방식으로 운영됨에도 때로 공유 경제의 하나로 간주된다(우버는 가장 악명 높은 예이다).⁵⁰ 하지만 진짜로 비상업적인 네트워크들은 여전히 주류 쇼핑에 대한 대체 수단이자 축제 분위기를 촉진하는 수단으로 인기가 있다.

국가 제도와 주류 금융을 회피하기 위해 피에르 조제프 프루동Pierre-Joseph Proudhon이 주장한 상호주의의 주요 내용인 점진주의와 이중권력 사상이 재차 강조되면서 협력적 소비가 일부에서는 이미 자본주의 시장에 대한 강력한 위협으로 인식된다.⁵¹ 윤리적, 생태적 원칙에 기초한 병렬 교환 네트워크의 성장은 기업들이 노동착취를 끝내고 생산비용에 환경비용을 포함하도록 압박한다. 정책적으로 그들을 보호하고 강화한다면 조만간에 시장과 물질문화에 대한 현재의 생각을 크게 바꿀 수 있을 것이며, '새로움'을 추구하는 대량생산 방식의 미학에 이의를 제기하고 차량, 도구, 기기를 공동으로 소유하고 이용하는 방식을 촉진할 수 있을 것이다. 놀랍고 흥미롭게도, 영국 서섹스 주 루이스 시 출신 보수당 의원 마리아 콜필드Maria Caulfield는 최근 체일리 마을에 '수리 카페'가 개장한 것을 축하했다.

체일리의 수리 카페는 폐기물을 줄이는 데 도움을 주는 놀랍고도 새로운 운동입니다. 폐기할 제품을 고치고 수리하여 다시 사용할 수 있습니다. 체일리 무료 수리 카페는 자원하는 전문가들이 무료로 물건을 고쳐주는 세계적 운동의 일환입니다. 누구든지 망가진 제품이나 수선이 필요한 의류를 가져와서 수리할 동안 기다리며 차와 케이크를 즐길 수 있습니다.[52]

하지만 이런 운동을 환영하면서도 우리는 대체품을 만들고 수선하려는 사고방식이 특정 유형의 온정적 보수주의와 항상 상충한다는 점을 인식할 필요가 있다. 상업적 공급과 거래를 심각하게 위협할 정도로 보편적으로 확대된 공유 경제와 협업적 소비는 보수당의 찬성을 쉽게 얻지 못할 것으로 예상된다. 하지만 민간 분야에서 최근 일어나는 새로운 운동('의식 있는 자본주의', '비 코프B Corp', '더 비 팀 The B Team', '정의로운 자본')을 주목하는 것이 의미가 있을 것이다. 이 운동들은 지속 가능하고 이윤을 덜 추구하는 사업 모델을 주장한다.[53]

이 단락의 결론으로 물건 없이 살기를 대안적 쾌락주의의 잠재적 원천으로 고려할 수 있다는 측면에서, 다소 다른 의미를 언급하고자 한다. 그것은 소비문화가 유발한 감각적 경험의 상실이다. '즐거움이 없는 경제'에 관한 논의에서 티보르 스키토프스키Tibor Scitovsky는 대량생산이 '단세포적인' 소비자와 순응적 선택을 유발하는 전체주의로 이어진다고 주장하지만, 엘리트주의적 비판이라는 점에서 문제가 있다. 하지만 현대 기술이 많은 유익함에도 불구하고 표준화와 획일성을 초래하여 창의적이고 특별한 즐거움을 억제한다는 그의 주장은 분명히 설득력이 있다. 소득과 높은 수준의 안락함을 즐거움의 향상과 혼동해서는 안 된다는 그의 주장 역시 그렇다. '즐거움이 없는 경제'가 쾌락주의 경제는 아니다.[54] 기계, 승강기, 에스컬레이터, 무빙워크는 우리의 에너지 사용을 줄이지만 그 대가로 근력 사용 기회와 생동감을 앗아간다. 포만감을 느끼기 위해 과도한 음식을 제공할 경우 막대한 양의 폐기물이 발생한다. 최근 보고에 따르면, 2015년 영국의 평균 가정은 매년 470파운드(아이들이 있는 경우 700파운드)어치의 음식물을 버리는데 이것은 지방세수와 맞먹는다.[55] 중앙식 난방과 공조 기능을 이용하는 사람들은 계속 '안락한' 공간을 보장받지만 그 대신 안락함에 대한 표준화된 개념과 관습에 따라 내부 공간이 지겨울 정도로 동질적이며 계절 변화에 민감도가 떨어진다(영국 가정은 보통 21~22℃로 난방을 하며, 미국의 실내 환경은 종종 겨울보다 여름이 더 서늘하다).[56]

안락함에 의한 무감각에 맞서 예민한 감각을 옹호한다는 것은 즐거움의 다양성과 주관적 차원을 높이 평가한다는 것이다. 하지만 강렬한 욕구(궁극적으로 만족스러운 즐거움에 대한 욕구)는 배고픔, 갈증 또는 신체적 피로와 같이 생리적 욕구에만 적용된다고 할 수 있다. 따라서 스키토프스키의 주장은 새로운 '욕구'를 만들고, 충족되지 못한 욕망을 그에 대한 기대를 통해 계속 자극하는 시장의 탁월한 능력을 간과한다. 콜린 캠벨Colin Campbell은 먹기, 마시기, 성행위와 같은 바 '전통적 쾌락주의'와 '근대적 쾌락주의'를 대조했다. 전통적 쾌락주의에서 만족은 (캠벨의 주장에 따르면) 싫증이 잘 나는 욕구로 쉽게 연결되며, 이는 스키토프스키가 지나친 안락함을 제공한다고 말한 유형의 욕구다. 반면 근대적 쾌락주의는 즐거움을 삶의 목적으로 추구하며 모든 행위에서 잠재적인 즐거움을 찾는다.[57]

　힘들이지 않고 버튼만 누르면 안락함을 얻는 '즐거움 없는 경제'는 우리에게서 감각적 강렬함을 박탈한다. 하지만 우리는 즐거움이 강렬한 육체적 욕구 문제 이상이라는 캠벨의 주장에 내포된 진실을 인정해야 한다. 그럼에도 금욕적인 비판자들에 반대하며 소비주의를 옹호하는 캠벨과 다른 사람들은, 우리의 환상적인 갈망을 덜 자원집약적인 방식으로 추구할 때 느끼는 즐거움을 인정하길 꺼리는 것 같다. 이것은 과도한 소비주의문화의 확산으로 우리가 상실한 것, 또는 앞으로 상실할 것에 대한 날카로운 인식을 요구한다. 그런 의미에서 우리가 이미 '없이 살고 있는 것들', 또는 곧 없이 살게 될 것들에 대해 날카로운 인식이 필요하다.

• 인간이 아닌 것들과의 공존

다른 모든 것들의 상실을 초래할 수 있다는 점에서 단 하나의 가장 심각한 상실은 동식물의 '여섯 번째(Sixth Extinction) 멸종'이다. 2014년 엘리자베스 콜버트Elizabeth Kolbert는 동명의 책에서 모든 생물종의 20~50퍼센트가 21세기 말에 멸종할 것이라고 추정했다.[58] 지구생명지수(Living Planet Index, 런던동물학회가 세계자연기금과 함께 개발한 지수로, 4천 생물종 이상을 대표하는 포유류, 조류, 어류, 파충류, 양서류를 포함하는 16,704개체군에 관한 데이터를 이용한다)는 생물 개체군의 규모가 1970~2014년 사이에 이미 평균 60퍼센트 감소했으며, "야생 생물은 계속 급격히 줄어들고 있다"고 말한다.[59] 이런 상황은 최근 유엔 보고서에서 재차 확인되었다. 이 보고서는 지난 두 차례의 중요한 생물다양성 협약(2002년과 2010년)이 생물다양성의 감소를 막지 못했으며, 이것은 인간의 멸종으로 이어질 수 있다고 주장한다.[60]

이런 상황에 대한 일차적인 책임은 고질적인 소비 습관, 특히 과도하게 육류에 의존하는 식습관에 있다. 목축업은 토지 개간과 시장 중심적 농업방식을 통해 이루어지기 때문이다. 최근 분석은 육류 제품과 낙농제품이 필요한 열량의 18퍼센트, 단백질의 37퍼센트를 제공하지만, 이런 제품을 생산하는 데 대부분의 농지(83퍼센트)가 이용된다. 이것은 야생 생물 멸종의 주요 원인이며 농업 분야 온실가스 배출량의 60퍼센트를 차지한다.[61]

식물 위주 식단은 지구 탄소 배출량을 15퍼센트 이상 줄일 수 있으며 동물들은 기업적 농업에 의한 부정적 경험을 피하고 덜 집약적이고 더 동물친화적인 방식의 농업과 어업을 가능하게 해, 경제적으로 생존 가능한 것은 물론 긍정적인 환경 자산이 될 수 있다. 이제 훨씬 더 많이 일반화된 채식주의는 기업식 농업의 탄소 배출을 줄이는 데 큰 도움이 될 것이다. 하지만 순환 방목 시스템, 영구적인 목초지와 보존 방목지를 이용할 경우 육류 및 낙농제품 생산은 토양과 생물다양성을 회복하고 탄소 배출을 줄이는 데 상당히 기여할 수 있을 것이다.[62] (앞에서 인용한 〈사이언스〉의 분석은 육류 및 낙농제품 생산량 중 가장 유해한 절반이 식물 기반 식품으로 대체된다면 모든 육류 및 낙농제품 생산을 없앨 때 얻을 수 있는 이로움의 약 3분의 2

를 얻을 것이라고 주장한다.) 육류를 덜 먹으면 가금류의 항생제 사용
이 줄어 인간의 질병 치료에 항생제를 사용할 때 긍정적인 효과가
발생할 것이다.

다른 분야도 마찬가지다. 현재 소비 습관을 완화하면 모두에게
이익이 될 것이다. 비인간 동물은 식량 또는 교통수단, 오락을 위해
서 인간에게 늘 필요한 존재였다. 인간에게는 동물을 학대하거나
사랑하는 모순적인 모습이 항상 있었다. 인간 소비에 대한 공급자
로서 동물을 도구로 이용하는 것과 애완동물이나 반려동물로서 친
절하게 대하는 것 사이의 이런 모순은 소비문화 속에서 더 뚜렷해
졌다. 이런 두 측면이 심각하게 상업화되면서 새로운(때로는 매우 기
괴한) 소비문화 형태로 나타난다. 공장식 축산업과 동물 실험은 동
물의 심각한 도구화를 보여주는 두 가지 구체적인 사례일 뿐이다.
동물과 인간의 정서적인 관계는 시장에서 공급되는 애완동물용 고
급 음식에서부터 동물을 위한 스파 치료, 디자이너가 만든 기니피
그용 신부 면사포, 다이아몬드가 장식된 개 목걸이에서 잘 드러난
다. 지구의 다른 생명체에 대한 도구적 관점을 버리고 관계성을 더
고려하면 동물이 화학, 제약, 화장품 산업에서 실험용으로 이용되
지 않도록 노력하게 될 것이다. 또한 동물들이 스포츠나 오락, 엄청
난 부의 과시용으로 오용되는 것을 막는 데 도움이 될 것이다. 아울
러 우리 모두가 여섯 번째 멸종의 공포를 피하는 데 어느 정도 기여
할 수 있을 것이다.

인간과 다른 생물 간의 이런 모순적 관계는 데렉 마혼Derek Mahon
의 최근 시집 《뉴욕 타임》에 실린 '브롱크스 바다새The Bronx Seabird'

에 잘 나타난다.[63]

내부자 거래 보고서가 채권 가격과 연결되네
핵폐기물이 쌓여 있는데도 당장 아무런 해결책이 없네
뉴욕은 추위를 이기기 위해 힘든 것도 참고 있지
현실에 던진 질문은 죽음으로 돌아오고
잠 못 이루는 밤 가브리엘 천사가 날아오네
141
에이티엔티 보잉 크라이슬러 듀폰 디지털 다우존스
엑손 제너럴 모터스 아이비엠 나이넥스 시어스
파라노이아 맥켄 에릭슨 아메리카
해 진 뒤
브롱크스 동물원에서 탈출한 바다새들이 센트럴파크에서 발견되었지…

… 새들은 난간과 모서리에 앉아 있네. 잉카 제비갈매기와 안데스 갈매기는
태풍에 망가진 브롱크스 동물원 우리에서 탈출했지
이제 흥분과 점점 커지는 두려움 속에서 날개를 퍼덕이며
용커스, 뉴로쉘, 그레이트넥, 아스토리아
롱비치, 레드훅, 베이리지 '세 개 주에 걸친 지역' 전체 위로,
영혼들의 환생, 그들은 비정상적인 구름, 눈먼지, 어지러운 유독한 에어로졸, 몸에 스며드는 자동차 배출가스로 두꺼워진 대기를
미친 눈으로 응시하네

또는 멋진 주름 장식으로 정성을 들인 가고일과 석면 지붕 위에

외로이 앉아 있네

매디슨 5번가의 높은 지붕에 앉아 애처롭고 적막한 택시의 경적

소리도 들을 수 없네

데이지의 커나드 나이팅게일처럼 그들은 다른 삶에 속해 있네.

저 아래에서 점심을 먹고 있는 똑똑하지만 취약한 수많은 사람은

새들에게 호기심을 갖다가 당황해 하고 마침내 지루해 하네

새들은 의심의 눈으로 라디오 시티, 브로드웨이, 타임스퀘어의

낯선 낱알을 응시하네

그리곤 다시 구름을 올려다보네. 도대체 그들은 어디로 갈 수 있

을까?

새들은 '쓰레기를 뒤지지 않겠지.' 그렇다면 그들은 어디에서 무

엇을 먹을까?

난간이나 창문턱에 앉은 불안한 새를 본다면

(어두운 푸른색, 밝은 회색, 하얀 머리와 꼬리, 붉은 부리),

맨해튼 조류 재활치료센터-(212) 689-3039-로 연락해 클레어나

질에게 문의해주세요.

하지만 솔직히 그들에게 공정한 기회는 주어지지 않네.

정직하게 말하면 이 희귀한 생물들이 도시 거리에서

도시 갈매기, 까마귀, 다른 강한 새들과의 생존 경쟁에서

이길 가능성은 확신할 수 없네.

여기서 주요 주제는 기업자본주의의 지배이다. 기업들은 24시간

거래명세서를 끝없이 발행하면서 모든 동물과 인간, 그 외 다른 생물들의 생명을 좌우하고, 다양한 방식으로 물질적 환경에 영향을 미친다(도시 건축, 핵 폐기물, 대기오염, 교통 혼잡 등). 하지만 이 시의 중심은 인간이 유발한 기후변화와 관련이 있는 태풍 때문에 동물원에서 '탈출한' 바다새들의 운명이다(마혼은 다른 여러 시에서도 이런 연결 관계를 깊이 숙고하기 때문에 여기서도 인간과 '자연'재해와 관련성을 언급한 의도가 있다고 추정할 수 있다). 새들은 매우 불확실한 자유를 위해 '도망친' 것이라고 말할 수 있으며, 그것은 그들을 새로운 위험에 노출시키는 해방이다. 그들은 한때 자연에서 살았던 생존방식과 그들이 서식했던 자연이 매우 위태로워져 사람에게 잡혀서 우리에 갇힌 상태로만 생존을 기대할 수 있게 되었다. 동물원에서 탈출한 그들은 '도대체' 어디로 가야 살아남을 수 있을까? 바다새들은 동물원에서 특별한 음식을 공급받았기 때문에 쓰레기는 싫어할 것이다. 그들은 무엇을 먹을 수 있을까?

이 시는 '이국적인' 바다새들의 자연적 생존 환경을 파괴한 자본주의가 그들을 동물원과 조류 재활치료센터에서 보호하고, 나중에는 파괴적인 자연의 힘(인간의 행동이 부분적으로 책임이 있는 태풍)을 새롭게 발생시킨다는 이야기를 압축적으로 보여준다. 이 태풍은 동물원을 파괴하고 새들을 흥분한 상태로 뉴욕 스카이라인 위로 치솟아오르게 하지만 결국 다시 그들을 새롭고 낯선 환경으로 몰아넣는다. 이런 환경에서 바다새들이 '도시 갈매기, 까마귀, 다른 강한 새들'과의 경쟁에 직면해 생존할 가능성이 없다고 이 시는 결론을 맺는다.

자본주의적 생산관계 속에서 불가피하게 승자와 패자가 발생하는 생존 투쟁에서 탐욕스럽고 운이 좋아 더 나은 위치를 차지한 사람들이 최고의 성과를 달성할 가능성이 있듯이, 이런 새들 역시 낯선 환경에서 경쟁하면서 더 무차별하고 공격적인 새가 생존할 가능성이 높다. 나는 이것을 인간 사회나 부와 계층의 불평등과 직접적으로 비교하려는 것이 아니다. 인간과 이 새들의 일반적인 생존조건을 자본주의가 형성하며, 그런 경제적 조건이 없다면 양상이 매우 다를 것이라고 말하려는 것뿐이다.

하지만 동물의 고통이 이전의 생산방식보다 자본주의 생산방식에서 훨씬 더 심각하다는 뜻으로 받아들여서는 안 된다. 어떤 이들은 어떤 면에서 지금 그들의 형편이 훨씬 더 낫고, 이전 시대에 견뎌야 했던 엄청난 고통을 당하지 않고 있다고 주장할 것이다(말에게 가해진 일상적인 채찍질, 소 배 곯리기, 닭싸움, 백조를 굴뚝 청소에 이용하는 것 등). 여기서 대차대조표를 따지기는 어렵고, 그렇게 할 생각도 없다. 다만 다양한 사회, 문화, 경제가 동물에게 다양한 방식으로 나쁜 영향을 준다는 점을 지적하려는 것뿐이다. 자본주의는 동물들을 설령 다른 고통에서 구해주었다 해도 새로운 형태의 비참한 상태로 몰아넣었다. 자본주의는 조류 재활치료센터를 제공하지만 먼저 조류의 생존에 필수적인 조건을 완전히 파괴했다.

마혼의 시는 인간-동물 관계를 성찰할 수 있는 흥미로울 정도로 역설적인 장소이다. 교통 혼잡과 대기오염으로 가득한 거리를 내려다보는 새의 시각은 '점점 더 큰 두려움'을 유발하지만 새들은 가고 일과 석면 지붕에 외로이 앉아 있다. 이 시는 키츠Keats의 '나이팅게

일에 부치는 노래'에서 성서의 룻에 관한 구절을 언급하면서, 이 도시의 현실에 대한 낭만주의적 비판을 암시한다. 룻은 이스라엘 땅의 '낯선 보리밭'에 서 있을 때 아마 나이팅게일의 노래를 들었을 것이다. 새들은 "다른 삶에 속해 있고," 뉴욕 사람들에게 새들의 시각적인 삶은 지루하고 미개하며, 내연기관의 소리와 냄새에 압도당한다. 한편 저 아래 레스토랑에서 음식을 먹으며 특권을 누리는 '똑똑한' 사람들은 자신이 놓치고 있는 것을 깨닫지 못하며 환경을 오염시키고 파괴하는 생활방식이 주는 지루함을 알지 못한다.

비인간 생물종의 시각은 인간의 제한되고 보잘것없는 즐거움을 여지없이 보여준다. 아울러 감히 주장하건대, 포스트자본주의와 탈소비주의의 질서에서 인간과 동물들이 함께 즐길 수 있는 '대안적 쾌락주의'를 시사한다.

6장

'번영'이란 무엇인가?

"시장 중심의 산업주의적, 소비주의적 질서에 이의를 제기하는 사람들이
지나간 시대로 돌아가려고 한다고 비난하며, 그들의 입을 막기 위해
사용했던 직선적이고 거침없는 진보에 대해 더 이상 말할 수 없다.
지금 지구와 지구의 모든 생명체의 미래는 위태롭다.
여러 변곡점이 존재하는 이 불확실한 상태는 지난 2세기 동안
자유주의, 사회민주주의, 마르크스주의를 비롯한 이데올로기 신봉자들의
'진보'가 약속한 빛나는 미래와 매우 다르다."

크리스토프 보뇌유Christophe Bonneuil 장-바티스트 프레소즈Jean-Baptiste Fressoz,
《인류세의 충격(The Shock of the Anthropocene)》[1]

이 장에서는 지속 가능한 지구 질서의 거시경제적, 사회적 전제조건에 관한 팀 잭슨Tim Jackson의 선구적인 주장에서 논의의 실마리를 찾고, 아울러 그런 조건을 충족하기 위해 그가 재정의한 '성장 없는 번영'을 살펴본다.[2] 이 장은 진보, 번영, 발전, 좋은 삶의 수정된 개념에 초점을 맞추는데, 이는 더 이상 성장에 의존하지 않는 경제적, 정치적 질서로의 변화와 관련이 있다.

새로운 번영의 정치학은 정의롭고 지속 가능한 세계 질서의 공적인 지지를 북돋우는 데 필요한 문화혁명의 본질적인 내용이다. 이것은 여러 면에서 근대성에 대한 이전의 낭만주의적 반감과 비슷하다(예를 들어, 아일랜드의 전통과 근대성에 관한 논쟁에서 명백하게 드러난 반감). 하지만 근대성과 그 표현에 대한 대안적 쾌락주의의 접근법은 전통주의자들의 저항 문화와 관련된 청교도주의와 사회적 보수주의를 거부한다. 이 접근법은 끝없는 성장을 거부하면서도 문화적 퇴보에 반대한다.

발전과 불평등의 상관관계

진보, 근대화, 발전의 개념은 특히 지난 150년 동안 경제적 확장과 산업화와 관련이 있었다.[3] 이것은 세속화, 사회적·성적 해방, 그리고 다른 진보적 문화운동에 기초를 제공했다. 하지만 이런 진보는 우리가 그 이전의 경제 제도를 가차 없이 비난했던 것과 아주 비슷한 불의에 기반했다. 알프 혼버그는 우리가 말하는 '경제 성장', '발전'이라는 용어가 중립적이거나 찬성의 의미였음에도 이 용어가 만든 세계의 특징은 '터무니없는 불평등의 확대'라고 지적했다.[4]

탈성장 경제로 바뀌어야 할 긴박한 환경적 이유를 고려할 때 진보는 사회적이든 개인적이든 물질적, 금전적 부의 측면에서 번영의 확대와 더 이상 직접적으로 연결할 수 없다. 반대로 성장이 집단적 행복을 제공한다는 주장에 대한 의구심이 제기되고, 또 성장이 소비문화의 지속적인 확장에 계속 의존할 수 없는 상황을 고려할 때, 이제부터 진보는 성장을 비판하는 관점과 연결되어야 한다. 시민들의 소비가 지구의 능력을 심각하게 초과하여 지속 불가능한 환경오염에 직면한 국가들은 이른바 개발도상국들의 소비 모델이 될 수 없다. 오히려 서구화와 산업화가 덜 된 사회를 보다 지속 가능한 실제적인 생활방식과 생산방식으로 볼 수 있으며, 따라서 더 진보적이다.[5]

서구의 발전 개념, 그리고 이 개념의 신제국주의적 전파는 폭넓은 논쟁의 대상이었다.[6] 아마티아 센Amartya Sen과 그의 동료들은 발전의 주요 목표가 경제 성장보다는 인간 능력의 확장이어야 한다고 강하게 주장했다.[7] 데이비드 클락David Clark은 센의 주장을 발전시켜 성장이 발전에 필요하지만 그것으로 충분하지는 않다고 강조했다. 넓은 의미에서 그는 우리가 성장 중심의 발전과 지원 중심의 발전을 구분할 수 있다고 주장한다. 전자는 빠르고 광범위한 경제 성장을 통해 이루어지며, 높은 고용률, 번영, 더 나은 사회적 서비스를 통한 기본 역량의 확대를 촉진한다. 후자의 목적은 특히 보건, 교육, 사회보장을 지원하는 복지 프로그램을 발전시키는 것이다.[8]

하지만 성장 중심 접근법은 지속 가능성에 대해 별로 할 말이 없다. 이것은 일반적으로 성장을 발전의 필수적이고 지속적인 조건으로 제시하고, 발전을 서구 방식의 자기 향상과 정치적, 경제적, 법적 제도의 관점에서 생각한다. 예를 들어 마사 누스바움Martha Nussbaum은 "우리는 생산적 존재가 됨으로서 다른 사람들의 존경을 받을 필요가 없으며 … 사회는 매우 다양한 애착과 관심으로 유지되며 생산성은 그중 하나일 뿐"[9]이라고 주장하면서도 이익과 경제 성장을 위한 교육을 촉진하길 원하고 "경제 번영을 위해 필요한" 기술에 대해서도 언급한다.[10] 로버트 레인Robert Lane은 소득이 일정 수준에 도달하면 경제 성장이 개인의 행복 증진을 보장하지 않는다는 점을 인정하지만, 그럼에도 보건과 교육 분야처럼 집단적 재화에 기여함으로써 행복을 증진시킨다고 주장한다.[11] 하지만 이런 입장은 한 국가 내에서 이런 재화를 평등하게 이용할 수 있다는 전제가 있어야 하고, 또한 무엇보다 국가가 부를 축적할 때 발생하는 지구적 차원의 착취를 무시한다.

지금까지 탈성장이 지속 가능한 삶에 필수적이라고 주장한 이론가와 경제학자들만이 지속적인 경제적 확장과 행복 증진 간의 연결 관계에 진지하게 이의를 제기했다.[12] 세르주 라투슈Serge Latouche는 북반구를 위해 남반구를 희생하고 남반구의 자족 능력을 파괴한 '발전의 민족 중심주의'와 제국주의적 식민지화를 비난하면서 이런 연결 관계를 재고할 것을 강하게 촉구한다.[13] 우리는 또한 알프 혼버그의 주장에 주목할 수 있다. 그는 "'발전'에 대한 근대의 주류적 인식을 사회적 공간에서의 특권적 위치와 역사적 시간에서의 발전적 위치를 혼동하는 문화적 착각으로 볼 수 있으며, 발전 경제학에 대한 전반적인 비판은 세계 시스템 분석과 생태적 불평등 교환에 관한 연구와 관련된다"고 말한다.[14]

발전 개념에 대한 인식 전환에 찬성한다고 해서 생존과 행복이라는 기본적 욕구를 충족하고 최빈국에서 발생하는 억압과 고통을 바로잡는 문제의 중요성을 부인하는 것은 아니다.[15] 다만 성장 그 자체는 빈곤 완화와 부의 더 공정한 분배와 직접 관련이 없다는 점을 인정하는 것이다.[16] 또한 사회 진보와 개인의 성취와 관련한 성장 중심적 사고방식에 이의를 제기하는 것이다.

근대성의 변증법 : 아일랜드 사례

전통적이고 덜 근대적인(이를테면 식민지) 사회를 권력의 중심인 대도시와 제국주의와 비교하여 제시하는 방식을 살펴보면 개념을 재정의하는 문제를 더 잘 조명할 수 있다. 아일랜드의 경우 대표적인 근대 국가에 종속되었다는 이유로 게일 문화(Gaelic culture)는 영국 문화에 비해 구식이거나 전근대적인 것으로 간주되었다. 게일 문화는 이처럼 관찰자의 정치적 입장과 문화적 충성에 따라서 간과되거나 보존되었다.[17] 아일랜드 자유국(Irish Free State)의 초대 대통령 더글러스 하이드Douglas Hyde는 1892년 '아일랜드가 탈영국화할 필요성'이라는 연설에서 영국 문화의 영향을 개탄했다.[18] 이몬 데 발레라Eamon De Valera는 1943년 성 패트릭의 날 연설에서 경제적 또는 사회적 근대성보다는 영성이 남다른 지역이자 '성자와 학자'의 국가인 전통적인 아일랜드에 대해 정통적 평가를 제시했다.

> 우리가 갖기를 원하는 이상적인 아일랜드, 우리가 꿈꾸었던 아일랜드는 물질적 부를 단지 올바른 삶의 토대로써만 중요하게 여기는 사람들의 국가이며, 검소한 위안으로 만족하는 사람들의 국가, 자신들의 여가시간을 영적인 일에 몰두하는 나라이다.…간단히 말해 신이 인간에게 바라는 삶을 사는 사람들의 나라이다.[19]

보다 아리스토텔레스적이고 미학적 측면에서 자신의 신념을 언급했지만 예이츠 역시 아일랜드를 세속적인 근대성의 타락을 피한 곳이며, 영국의 물질주의, 중산층의 대중문화, 정통 기독교라는 불경스러운 세 가지 요소에 영적으로 반대한 지역이라고 말했다.[20] 이렇게 전통적인 경건에 대한 호소가 민족주의적 주장의 중요한 수사적 원천이었지만 20세기 초에도 논쟁의 여지가 없지 않았다. 게

일어를 사용하는 아일랜드를 보존해야 한다는 호소는 제국주의의 정서를 지원하는 데 일조함으로써 영국의 헤게모니를 강화해준다는 비난을 받았다.[21] 제임스 조이스James Joyce, 숀 오파올라인Sean O'Faolain, 존 맥가헌John McGahern을 포함한 작가들은 원주민 보호주의와 전통주의라는 이데올로기에 대해 다양한 이의를 제기했다.

조 클리어리Joe Cleary는 이러한 논쟁적이고 복잡한 문화정치에 대해 다음과 같이 말한다.

> 정치경제 학자들은 지난 2세기 동안 아일랜드가 서구 세계에서 정상 상태로 보는 자본주의적 발전 경로에서 벗어났다고 볼 수 있는 다양한 측면에 대해 지속적으로 언급했다.…그리고 아일랜드가 정치경제를 저버렸는지 아니면 정치경제가 아일랜드를 저버렸는지는 여전히 논란으로 남아 있다.… 근대 아일랜드를 연구한 역사학과 사회학은 종종 아일랜드의 부족한 근대화를 더 폭넓게 살펴보고, 아일랜드가 유럽-미국 근대성의 길목에 위치했음에도 아일랜드 사회가 '전근대' 또는 '비근대'의 이상한 지역으로 남게 된 이유를 근심스럽게 숙고한다.… 하지만 다른 사람들에게 이상해 보이는 이 퇴행은 가치에 대한 재평가이며 아일랜드의 가장 위대한 원천을 재창조하는 것이었다.… 이 나라는 유럽 주류의 숭고한 주변부, 곧 세계 밖에, 세계를 초월한, 세계의 대안으로 이해되었다.[22]

아일랜드를 '세계의 대안'으로 보는 관점은 클리어리가 계속 지적하듯이 독립 이후 수십 년이 지나면서 점차 신뢰성이 떨어졌다. 1960년대부터 아일랜드는 다국적 기업 투자를 유치하고 유럽경제 공동체 회원국이 되려고 노력했다(1973년에 가입했다). 그 결과 문화와 경제적으로 다른 서구 유럽 사회와 전반적으로 비슷해졌다. 하지만 비교적 최근까지 아일랜드는 근대 세계의 복잡함을 피해 편안하게 한숨 돌릴 수 있는 곳으로 제시되었다. "바위투성이 해안, 완만한 초지, 안개 낀 산맥, 늪과 연못에 둘러싸인 땅, 황야 지대로 이루어진, 많은 노래에 등장하는 경관"을 배경으로 역사는 희미해지고, 역설적이지만 "고독과 은둔, 대화와 사교, 밀접한 공동체와 같은 전통적 미덕들의 낭만적 즐거움을 대표하는 곳"이다.[23] 아일랜드의 캐리커처에서 묘사되듯이('러시아워 아일랜드'의 도로에 소와 양이 그려진 우편엽서) 아일랜드의 비교적 여유로운 속도는 영국에서 일어나는 일에 비해 매력적이면서도 '친환경적'으로 보일 수 있다.[24]

그 뒤 극단적인 경제적 탈규제 시대인 '켈틱 호랑이(Celtic Tiger, 1980년대 서유럽 변방의 가난한 농업국에서 2000년대 중반까지 고성장을 거듭한 아일랜드를 부르던 별명-편집자)'의 시기가 도래했다. 자동차 소유와 이용이 급격히 증가했고 악명 높은 자동차 도로가 타라 언덕을 가로질러 생겨났으며, 버티 아헌Bertie Ahern(1997~2008년까지 수상 역임)은 도로 건설에 반대하는 의견을 "숲에서 사는 백조, 달팽이, 사람들"에 집착하는 것으로 일축했다.[25] 아일랜드는 더 지속 가능한 발전을 추구하기는커녕 '근대화' 프로그램, 즉 지구적 자본주의 시장의 경제적, 사회적 기회(그리고 제약)에 적응하려고 노력했다. 사실 얼마 전까지 퇴행적 모습 때문에 조롱을 받았던 아일랜드는 갑자기 다른 무역 중심지와 비교되는, 신자유주의 발전을 위한 전시장이 되었다. 핀탄 오툴Fintan O'Toole이 말했듯이, '아일랜드 발전 모델'에 관한 아헌의 연설이 상당한 관심을 모으면서 단기간 내에 "세계화된 아일랜드 경제 자체가 글로벌 브랜드가 되었다."[26]

물론 이런 시기는 매우 짧았다. 경기 호황은 곧 경기 침체로 이어졌고 '켈틱 호랑이'의 자본주의적 어리석음과 부패가 드러났다.[27] 이 과정의 또 다른 결과로, 다른 지역에서 이미 현저하게 발생했던 것처럼 아일랜드의 부유한 엘리트와 나머지 국민 간의 격차가 훨씬 더 심해졌다. 1995년에서 2006년 사이 상위 1퍼센트의 부는 750억 유로 증가하여 상위 1퍼센트가 아일랜드 전체 부의 20퍼센트를, 상위 5퍼센트는 전체 부의 5분의 2를 각각 차지했다.[28]

이 모든 사실은 이미 잘 알려져 있다. 본질적으로 이것은 경기 호황과 침체를 반복하는 자본주의 특성에 따른 것으로, 장기간 텅 빈 신축 건물과 반쯤 짓다가 버린 건설 공사가 유산으로 남는다. 이런 '쓰레기 공간'은 전 세계에서 나타나며 건축가 렘 쿨하스Rem Koolhaas가 묘사했듯이[29] 알츠하이머 질병처럼 퇴행을 겪는다. 데이비드 하비David Harvey에 따르면, 이것은 "자본주의의 잔재로 특정 시기의 경제 상태에 맞게 물리적 경관을 만들었다가 이후 또 다른 특정 시기, 보통 경제 위기 때 파괴된다."[30]

아일랜드 사례는 내가 주장하는 진보와 근대성의 재개념화에 매우 적절한 경제적, 문화적 발전을 보여준다. 우리가 이런 새로운 개념에 기초한 변화의 시기에 진입한다면 상대적으로 퇴보한 것으로 간주되는 국가(이전에 아일랜드가 그랬듯이)들이 자신의 위치를 다시 설정하기 시작하고, 그들을 주변부 국가와 전근대적인 국가로 여겼던 제국주의 세력이나 대도시 중심지역의 과도한 발전과 비교할 때 스스로를 선두 국가로 인식할 수 있다.[31] 조 클리어리는 1793년 아일랜드인 연맹(United Irishmen)의 역할을 언급하면서 주변부 국가들이 때로 '대안적 계몽운동'의 장소 역할을 할 수 있다고 제안했다. 이곳에서는 근대성의 개념이 지적으로 실험되고, 창의적으로 확장되며, 급진적이고 근본적으로 바뀌어 종국에는 대도시 중심지역에 적용될 수 있다.[32] 이것은 제임스 조이스가 고국이 놓친 기회에 대해 숙고한 내용과 비슷하다. "사람들이 우리에게 강요한, 우리에게 적합하지 않은 가짜 영국 대신 우리 자신의 문명을 발전시킬 기회가 허락되었다면, 우리가 얼마나 독창적이고 흥미로운 문화를 만들어냈을지 생각해보라."[33] (에머 놀란Emer Nolan은 조이스의 《율리시스Ulysses》가 "오래된 것과 새로운 것이 엄청나게 창의적으로 결합할 수 있는 방식을 잘 보여주며, 또한 근대성의 해방하는 힘에 관하여 체계적으로 질문하면서 근대성을 무비판적으로 인정하지 않고 상당한 압박을 가한다"고 말했다.)[34]

더 진지하고 더 영적인 소비

성장 이후의 경제적, 정치적 질서로 바꿀 필요성을 주장할 때, 혹자는 식민지 국가의 전통적인 생활방식을 옹호하는 사람들이 식민주의자들의 물질주의와 상업주의적 가치와 싸우기 위해, 진지한 소비와 영성이라는 이상적인 요소를 다시 부활시키길 바랄 수 있다. 오해를 피하기 위해 내가 여기서 강조하고 싶은 것은 이런 개념의 재정의, 그리고 이와 불가피하게 관련된 일반적인 영성 개념들과 단절해야 한다는 점이다. 특히 이런 변화를 개념화하는 일은 종교적, 신비적 또는 금욕적 함의 없이 영성을 표현하는 어휘가 부족하기 때문에 어려움이 있다. 정반대로, 감각적으로 빈곤한 생활방식을 주장하는 것으로 취급받지 않고도 과도한 물질주의적인 소비에 대해 비판하는 것은 거의 불가능하다.

토마스 아퀴나스Thomas Aquinas가 다른 동물들도 함께 느끼는 즐거움(delectatio)과 인간이 이성의 활동을 통해서만 느끼는 즐거움(gaudium)을 구분한 이래로 기독교는 이 문제에 중요한 영향을 미쳤다. 이런 구분은 특히 기독교적이고 매우 금욕적인 굴절을 겪어 모든 종류의 육체적인 만족, 특히 섹스의 즐거움은 눈살을 찌푸리게 만드는 행위로, 가능한 피해야 할 것으로 간주했다.[35] 그 이후 정신 활동의 즐거움, 특히 철학적 숙고는 육체적 즐거움보다 더 우월하다고 여겼을 뿐만 아니라, 육체적 즐거움은 인간의 정신에 거의 무가치하며 인간이 짐승 수준으로 추락하는 대가로 느끼는 즐거움으로 여겼다. 비록 내가 소비의 경향이 약화되거나 좀 더 정신적, 영적 차원의 욕구로 대체되어야 한다고 주장하지만, 그렇다고 감각적인 즐거움을 희생하고 지적인 즐거움만을 소중하게 여겨야 한다는 뜻은 아니다. 사실 이것은 만족의 속성에 대한 잘못된 분석에 빠진 사고방식이며, 우리에게 여전히 유산으로 남아 있는 계급적, 성

적 엘리트주의를 조장해왔다.[36]

　이런 관점과 '대안적 쾌락주의' 관점의 중요한 차이점은 육체적 즐거움과 정신적 즐거움의 차이가 아니다. 이런 최종적인 구별이 얼마나 어려운지는 이미 어느 정도 밝혔다. '좋은 삶'에 관한 대안적 쾌락주의 입장을 밝히자면 내 입장은 성적이고 생기 넘치는 즐거움을 스스로 가혹하게 부정하는 입장보다는 성직자들의 금욕주의가 틀렸음을 폭로한 니체의 입장에 더 가깝다. 행복에 관한 모든 유토피아 이미지는 비판이론의 전통에 더 적합하며, 비판이론은 감각적 즐거움의 중요성을 강조하며 이른바 '저급한' 만족에 대한 청교도적 부정을 거부한다.[37]

　내가 영성을 언급한다고 해서 적절한 소비욕구가 종교적 신념이나 금욕 행위에 기초해야 한다는 뜻이 아니다. 소비 활동이 물질 축적을 추구하는 것이 아니라 사회적이고 환경적으로 더 깨어 있고 예술, 수공예, 사교적 삶과 더 많이 관련된다는 뜻이다. 내 주장의 요점은 그동안 소홀히 취급된 즐거움과 관대함의 원천을 강조하는 것이지(더 외향적이고 더 관대하고 생기 넘치고, 덜 자기도취적), 근대 물질주의를 거부하는 사람들에게 영향을 미친 종교적 금욕주의 전통에서 나타나는 내향성과 개인적 금욕을 조장하려는 것이 아니다.[38]

　보다 영적인 만족을 상업적 거래를 통해 공급되는 것들보다 더 소중하게 여기는 것은 특별히 이상한 것이 아니다. 무엇보다, 이것들은 흔히 돈으로 살 수 없다는 점 때문에 좋은 것으로 평가된다. 이런 의미에서 소비문화는 더 깊은 차원의 필요나 욕망(또는 대부분의 사람들이 추구하는 것으로 주장되는 것들)을 채워주는 데 적합하지 않아 보이며, 영적 갈망을 다양한 형태의 물질 추구로 전환함으로써 이런 결핍을 부분적이고 불충분한 방식으로 보완한다. 영성에 대한 대안적 쾌락주의로의 전환에 영향을 받은 정책들은 이런 불균형을 바로잡고 소비문화의 상업적 논리에 희생되어 온 직접적인 영적 행복의 원천을 회복하려고 노력한다. (여기에는 여가시간을 더 충분하게 제공하는 것, 시민 농장과 공원용 토지 확보, 교외 지역에 대한 보다 용이한 접근성 확보, 소음이 없는 환경 또는 혼자 머물 수 있는 공간 제공, 음악·문학·미술에 대한 교육, 더 집중적이고 보편적으로 이용할 수 있는 여러 생활 분야 등 매우 다양한 활동이 포함된다.)

하지만 영성의 초점은 특별히 인간 소비의 심미적이고 상징적인 측면을 존중하고 향상하는 것과도 관련이 있다. 심지어 여기에는 일차적으로 감각적이고 물질적인 유형의 필요나 욕구의 만족도 포함된다.[39] 이것이 육체적 필요를 채우는 문제일 경우에도(예를 들어 배고픔을 만족시키는 것), 소비사회는 흔히 의례적인(영적이고 심미적) 차원을 축소하는 경향이 있다.[40] 예를 들어 우리가 흔히 먹는 음식은 패스트푸드인데 뛰어가면서 먹거나, 업무를 보거나 텔레비전을 보면서 혼자 먹는다. 이것은 미셸 우엘베크Michel Houellebecq의 소설에서 묘사된 음울한 포스트모던 방식의 식사이다.[41] 이런 식사가 놓치는 것은 식사 자체가 가치 있는 즐거운 이벤트라는 의식이다. 즉 식사는 하루의 시간을 짜임새 있게 만들고 인간의 교류를 촉진하며 신체적 회복은 물론 사고작용을 위해서도 음식을 공급한다. 대안적 쾌락주의의 접근법은 음식과 같은 기본적인 육체적 필요를 문화적 매개를 통해 가미된 중요성과 형식에 따라 어느 정도 영적으로 받아들일 수 있다.

이런 입장을 고려할 때 더 영적인 소비는 인간의 독특한 번영이 무엇인지에 관해 새로운 생각을 갖게 한다. 이에 대한 종래의 소비주의적 관점은 기본적이거나 일차적인 욕구 만족의 발전이 항상 더 세련되고 고급스러운 수준의 물질적 만족과 관련된다고 가정했다. 달리 말하면, "빵만으로 살지 않는다"는 말은 이를테면 "케이크를 먹는다"는 의미다. 또한 이러한 번영 개념이 없다면 경제는 정체되고 확장이 중단될 것이라고 가정했다.

하지만 기본적 필요에 대한 안정적이고 지속적인 공급이 축소될 경우 발생할 자유경제체제의 불안은 우리가 번영 또는 자본의 필요에 따른 공급 확대에 대한 '물질적 소비주의' 관점을 받아들일 경우에만 존재할 수 있다. 소비문화가 유발한 '생활 수준 개선'이라는 생각과 단절한다면 우리는 더 이상 욕망 또는 비기본적 필요를 기본적 필요 위에 세워진 한층 더 화려하고 풍성한 구조물로 생각하는 것이 아니라, 물질적 부담이 훨씬 더 적은 성취의 원천으로 생각할 것이다.

모든 사람이 품위 있는 생활 수준을 누리려면, 원칙적으로 물질적 재화에 대한 집착을 중단하고 영적인 만족을 더 많이 추구하는 방식으로 욕망(또는 비기본적인 필요)을 충족하는 것으로, 인간 번영의 개념을 확대해야 한다. 아울러 이미 지적했듯이 필수품 제공이라는 보다 지속 가능한 방식으로 축소함으로써 우리는 더 나은 보건, 더 많은 자유 시간, 더 느린 삶의 속도를 누리고, 이로부터 더 직접적인 감각적 즐거움을 얻을 수 있다.

이것은 지구적 차원의 지속 가능한 소비를 촉진하는 일에 중요한 의미를 갖는다. 이것을 해결하기 위해 공통적이고 기본적인 인간적 필요를 보편적으로 공급하는 방식에만 초점을 맞추면, 풍요롭고 '최고의 성과를 내는' 국가들에서 이런 일반적인 필요에 대한 구체적인 충족 행위가 다른 지역에서 결핍을 발생시킨다는 결정적인 사실을 간과할 위험이 있다. 그러므로 지구적 차원에서 보면 필요의 정치학은 기본적 필요를 공유하는 방식뿐만 아니라, 세계적 차원의 특권 집단이 '고급스러운' 욕구를 충족하고 풍요로운 삶을 누리는 고도로 세련되고 호화로운 생활방식과, 미래를 위해 돈을 저축하는 것은 고사하고 한정된 기본적 필요조차 거부당하는 다른 지역의 생활방식 사이의 인과관계를 목표로 삼아야 한다.[42] 따라서 인간의 기본적 필요는 보편적으로 충족되어야 한다는 요구는 신자유주의 시장을 통해 널리 확산된 인간 번영의 개념에 대한 비판과 연결되어야 한다. 또한 이제는 이 개념이 유발한 유해한 결과에 비추어 재고해야 한다. 세계의 부유한 사람들이 사회적으로 정의롭고 지속 가능한 세계 질서를 만들기 위해 그들의 물질적 욕구를 제한해야 한다면, 신중하게 물질을 소비하겠다는 의지를 갖게 하기 위해 즐거움과 기쁨에 대한 변화된 개념을 확산시킬 필요가 있다.[43]

내 이런 주장이 갖는 의미는 시장 사회의 일반적인 특징인 돈과 물질적 소유에 대한 열정이 인간 본성의 본질적인 특징이 아니라, 적어도 어느 정도는 다른 무형적인 재화(사랑, 우정, 존경, 안전, 정의, 신뢰)의 부재 또는 상실에 대한 보상이라는 것이다.[44] 하지만 나는 돈에 집착하는 사회에서 무형적인 재화가 매우 불균등하게 배분되며, 아울러 무형의 재화가 주요한 재화라는 점에 대해 공정한 평가가 이루어지지 않는다는 점을 강조하고 싶다. 이런 불균형이 심각하기 때문에 돈으로 살 수 없는 것에 대한 올바른 평가의 중요성을 말할 필요가 있다. 이를테면 돌봄과 지지를 주는 가족, 교육 기회의 확대, 자기 이해, 신뢰와 같은 것들은 특권 중의 특권이다. 간단히 말해, 돈에 대한 집착은 일부 개인적인 질병 탓일 수 있지만 사회적, 경제적 불평등의 결과이기도 하다. 영성으로 상업적 거래에 맞서거나, 오래된 노동방식에서 새로운 미덕을 발견하려고 시도하는 사람들은 진보와 경제적 확대 사이의 연결고리를 단절하고, 흔히 낙후된 경제에 동반되는 불평등과 사회적 엘리트주의, 종교적 위계질서를 바로잡아야 한다.

경제 성장과 진보의 분리

• 젠더와 섹스

사회적 진보와 해방을 경제 성장과 분리해야 한다는 내 주장에 반대하는 사람들은, 자본주의 시장의 확대가 사회적 발전, 특히 양성평등과 성적 해방을 더 촉진하는 대체 불가능한 도구라고 주장할지도 모른다. 지속 가능성의 관점에서 우리가 바람직하다고 여기는 노동문화와 소비문화는 대체로 젠더 관계와 성 측면에서 진보적이지 않았다(다시 아일랜드의 예가 떠오른다). 근대 페미니즘 운동이 자본주의 사회에서 시작되었다는 것은 사실이다. 마르크스는 자본주의가 오랜 가족 결속을 강제로 해체하여 여성(그리고 아동)을 "가정 경제 영역 밖의" 노동 시장으로 끌어내어 "더 고도화된 형태의 가족과 양성 관계"의 토대가 마련될 것이라고 지적했다.[45] 페미니스트들은 일반적으로 개인의 자율성과 자기실현에 대한 자유시장적 개념에 찬성해왔고, 과학, 특히 의학이 여성 해방 분야에서 수행한 역할을 환영했다. 여성운동가들은 여성 할례와 같은 학대 행위로부터 다른 사회 여성들을 옹호하고, 무지하고 잘못 판단한 의료 행위로부터 그들을 보호할 때 서구의 보건 규범과 기준에 호소했다. 서구의 페미니스트들은 보편적인 휴머니즘에 내재된 고유의 남성성을 비판할 때 여성의 필요와 복지에 대한 다문화적 이해를 내세우며 다른 문화의 억압과 편견을 비판했다.[46]

하지만 이것은 자유시장의 영향이 전체적으로 긍정적이었다거나, 향후 진보의 전제조건이라는 뜻은 아니다. 우리는 서구 과학과 계몽주의 문화가 성 해방의 발전에 기여한 역할을 인정할 수 있지만, 또한 그에 수반된 경제 질서의 부정적인 영향에도 주목해야 한다. 오늘날 신자유주의 사회는 남성과 마찬가지로 여성을 전반적으로 노동문화에 종속시키려고 한다. (최근 사례 중 하나로, 국제통화기금 사무총장 크리스틴 라가르드Christine Lagarde는 2019년 국제 여성의 날 기념 연설에서 더 많은 여성이 경제 성장과 생산성 향상을 위해 노동에 참여할 것을 요청했다.)[47]

여성은 또한 쇼핑몰 문화의 특별한 대상이다. 그들에게 물건 구매는 자기실현의 확실한 방법으로 상정된다. 우리는 앞 장에서 패선산업이 끝없이 다양하고 값싼 의류를 제공하여 많은 사람들이 과도한 소비주의에 빠지게 만들고 옷을 버리는 습관을 갖게 한다는 점을 언급했다. 화장품과 성형수술 역시 엄청나게 성장하는 산업이다. '제3의 물결' 페미니즘과 '여성의 자주권(girl power)'은 스스로 온갖 종류의 소비자 중심 미디어 개입, 브랜드 개발, 광고 선전을 위한 발판을 제공했다.[48] 니나 파워Nina Power가 말했듯이 "거의 모든 것이 '페미니스트화'되고 있다. 쇼핑, 폴 댄싱pole-dancing, 심지어 초콜릿 먹기… 해방의 욕구는 더 많은 물건을 사고 싶은 욕구와 완전히 호환될 수 있는 것처럼 보이기 시작한다."[49]

오늘날의 페미니스트들은 상업주의를 비판할 때 청교도적이거나 성적으로 억압하는 내용이 나타나는 것을 경계한다. 하지만 자기실현, 젠더 수행성(gender performance), 개인적인 권한 부여의 원천으로서 소비문화에 대한 환호는 실제 쇼핑업계의 행태에 대한 순응적 태도를 부추겼다. 지금은 부드럽게 비꼬는 형식이긴 하지만 성에 대한 고정관념은 막대한 이익을 남기는 착취 노동에 의존해 생산되는 상품을 마케팅할 때 이용된다.[50] 이런 의미에서 젠더와 성 이슈에 관한 최근 캠페인은 경제 권력의 지배구조와 제도를 뒤흔들거나, 인간 번영에 관한 더 친환경적이고 공정한 사고방식을 촉진하는 데 거의 아무런 역할을 하지 못한다. 또한 '실제' 노동에 포함되는 것은 공적 영역의 유급 노동뿐이라는 신자유주의적 전제에 그다지 이의를 제기하지 않는다. 이것은 아이, 병약자와 노인을 돌보는 사람들(주로 여성)의 무급 활동이 수행하는 엄청나고 필수적인 사회적 기여를 무시하고, 기존의 노동 윤리와 노동의 성차별을 강화한다.[51] 낸시 프레이저Nancy Fraser는 이렇게 요약한다.

> 페미니스트들은 한때 직업을 통한 출세주의를 권장하는 사회를
> 비판했지만 이제 여성들에게 직업 세계에 '뛰어들라고' 권고한
> 다. 예전에는 사회적 연대를 중시했던 운동이 이제는 여성 기업
> 가들을 칭찬한다. 이전에 '돌봄'과 상호의존을 가치 있게 여겼던
> 관점이 이제 개인의 발전과 능력주의를 권장한다.[52]

니나 파워는 이렇게 말한다.

> 동시대 페니미즘의 정치적 상상력은 침체 상태이다. 자아성취와
> 소비자 해방의 활기차고 낙관적인 메시지는 노동과 문화의 성격
> 에 대한 진지한 변혁에 관한 한 심각하게 무기력하다. 페니미즘
> 의 환호와 흥분에도 불구하고, 무엇보다 개인의 정체성에 찬사를
> 보내는 자기만족적 페니미즘은 일차원적 페니미즘이다.… 만약
> 페미니즘이 현재의 제국주의와 소비주의의 광채를 떨쳐버린다
> 면, 꼭 필요한 정치 변혁을 또다시 중심 의제로 제시하고, 현재의
> 일차원성을 영원히 떨쳐버릴 수 있을 것이다.[53]

• 풍요, 건강, 질병

건강과 관련하여 경제 성장의 혜택에 이의를 제기하는 것은 심술
궂은 것처럼 보일지도 모른다. 하지만 이 문제도 상황이 복잡하다.
국민총생산의 증가는 일반적으로 기대수명 증가와 상관관계가 있

다.[54] 하지만 서구 세계의 풍요는 많은 면에서 풍요로운 사람들에게 역효과를 낳고 있다는 관점도 널리 인정된다. 생활방식과 관련된 스트레스, 운동 부족, 대기오염으로 인한 질병, 증가하는 정신건강 문제, 비만, 당뇨병이 부유한 사회에 만연해 있다. 폐기물 처리와 재활용, 특히 플라스틱과 전자제품 폐기물의 처리와 재활용은 대부분 신흥 산업국가에서 불결한 환경에서 일하는 사람들의 건강에 해로운 영향을 미친다.[55]

이와 관련하여 우리는 두 가지 근거에서 '좋은 삶'에 대한 소비주의적 모델을 전파하는 행위가 적절한지에 대해 이의를 제기할 수 있다. 첫째, 이 모델을 개발도상국으로 확대하는 것은 전통적인 공급방식보다 지속 가능하지 않다. 둘째, 이것은 본질적으로 건강하지 않은 생활방식을 촉진할 수 있다. 서구적인 번영 개념을 채택하면 중국, 인도와 같은 국가에서 자전거 대신 자동차 이용이 엄청나게 증가할 수 있다. 아이러니한 점은 지금 서구사회는 공중 보건에 미치는 부작용 때문에 이런 추세를 되돌리려고 노력하고 있다는 것이다.

중국인들은 '부에 따른 결핍'(금전적으로 더 부유하게 될 경우 발생하는 불리한 측면을 의미)의 예로 1980년대 이후 비만이 엄청나게 증가한 현상을 꼽는다. 중국 보건부는 2012년 총인구 12억 명 중 3억 명이 비만이며 과체중 인구가 미국 다음으로 많다고 추정했다. 당뇨병 역시 증가하고 있는데 지난 25년 동안 당뇨병에 걸린 14세 미만 아동이 3배 증가했다.[56] 근대화의 나쁜 영향으로 아프리카 사하라 이남의 많은 국가에서 비전염성 질병이 뚜렷하게 확산하고 있다. 비전염성 질환이 후천성면역결핍증후군(HIV/AIDS)과 같은 기존의 전염성 질환보다 더 많이 발생하여 호흡기 감염병, 설사병, 폐결핵의 발병률 감소를 상쇄하고 있다.[57] 2010년 세계 질병부담 연구(Global Burden of Disease)는 심장병과 당뇨병이 아프리카 사하라 사막 이남 남부지역의 상위 10대 사망 원인이라고 밝혔다.[58] 흡연 역시 근대화와 관련된 건강 위협 요소이다. 흡연이 건강에 미치는 심각한 결과로 북반구의 대부분 국가는 금연 정책을 시행하며, 담배 산업계는 특히 남반구의 저소득 또는 중위 소득 국가에서 담배 광고 활동을 강화하고 있다.[59] 마이크 제이Mike Jay는 흥미로운 에세이에서 담배의 문화사를 다루면서, 전체적인 패턴으로 볼 때 처음 제의용으로 다소 안전하게 담배를 이용하던 국가들이 유럽의 산업화로 가장 해로운 형태로 담배를 이용하게 되었다고 밝혔다.[60]

경제 발전과 건강의 필연적인 관련성에 관한 주된 인식과 상반된 경향을 보여주는 이런 예를 언급하는 이유는 이런 복잡한 연구에 철저한 설명을 요구하기 위해서가 아니다. 이것들은 건강 개선이 경제적 근대화의 자동적인 결과라는 시각에 이의를 제기하는, 매우 다양한 근거가 존재함을 강력하게 시사한다. 서구 의학이 전 세계의 다양한 분야를 개선했다는 점은 논란의 여지가 없다. 하지만 다른 문화의 규범이나 관습을 무시하면서 서구 의학 모델을 적용하면 기존의 공동체 기반 복지체계에 피해를 주거나 다른 측면에서 부작용을 유발할 수 있다.

내가 주장했듯이 경제적 근대화 자체가 건강의 위험을 유발한다. 소비문화와 발전 모델에 의해 확산된 생활방식은 육체적, 정신적 행복이라는 측면에서 부작용이 없는 축복이 결코 아니다. 시장 자유주의가 이전의 억압된 소비자의 자기실현을 향상시키는 점과 함께 다른 종류의 발전 기회를 왜곡하거나 배제한 현실을 인식한다면, 설령 건강과 행복에 대한 서구 중심의 평가를 옹호한다 해도 대안적 쾌락주의 관점에서 지배적인 근대화 과정의 소비주의를 거부하는 진보 개념이 필요하다.

문화정치학과 대안적 쾌락주의 : '전위적 복고'

번영을 좀 더 변증법적으로 이해하려면 과거와 현재, 전통과 근대의 관계를 새로운 형태로 표현해야 한다. 진보적 역사 개념을 대체하는 사회 정의와 환경자원의 더 공정한 분배를 중시하는 탈성장 개념을 이해하려면 옛것과 새것의 분리에 관한 더 복잡한 이야기, 즉 현재의 무비판적 진보주의와 애수 띤 복고 간의 이분법적 대립을 초월한 이야기가 필요하다. 이것은 잠재적 전위로서의 복고라는 특별한 형태로 나타난다.

내 주장은 제니퍼 라디노Jennifer Ladino가 발전시킨 '진보적' 복고 사상과 공통점이 있으며[61] 아울러 어떤 측면에서는 앨러스테어 보네트Alastair Bonnett의 다음 제안과 비슷하다.

복고의 가장 성가시고 흥미로운 측면 중 하나는 이것이 근대성과 비근대성 간의 차이, '진품'과 '모조품'의 식별을 어렵게 한다는 것이다. 복고는 근대성의 오만을 거부함으로써 과감하게 맞서고 불안정한 근대적 주체의 반성적 비판 능력을 의심하는 데서 비롯된다. 근대적 복고는 '포용과 동시에 배제'이기 때문에 우리가 근대성과 특정한 힘과 형태들이 근대성의 지위를 얻는 방식에 의문을 제기할 가능성을 열어준다.[62]

하지만 나는 최근의 복고문화 이론가들과 달리 복고의 명확한 특징이나, 진품과 모조품 사이의 긴장에 대한 복고의 위상 또는 복고의 학문적인 표현방식에 별 관심이 없다. 내가 명명한 전위적 복고(분명히 도발적인 모순 개념)의 독특한 점은 비판적 내용이다. 이를테면 과거에 대한 회상이나 한탄은 잃어버린 것을 회복하려고 추구하지만 그 형태는 변환되고 수정된다. 달리 말하면, 내가 이런 개념을 언급하는 이유는 돌이킬 수 없는 것들을 기억하고 슬퍼하는 사상의 변화를 포착하기 위한 것일 뿐만 아니라, 기억 과정 자체에서 더 복잡한 정치적 지혜와 힘을 얻기 위한 것이다. 녹색 르네상스 또는 초월이 이런 회상을 통해 상실한 것에 대한 인식을 제고함으로써 힘을 얻지만, 상실한 것이 변화하여 정치적으로 덜 분열적이고 더 영구적인 형태로 회복될 수도 있다. 더 자유로운 미래와 지나간 일들에 대한 꼼꼼한 기억이 부정적인 측면과 긍정적인 측면에서 서로 관련이 있다고 주장하는 이론가들도 여기에 동의한다. 아도르노는 이렇게 썼다.

공리주의가 왜곡한 진보가 지구 표면에 폭력을 가하는 한(모든 반대 증거에도 불구하고) 현재보다 선행하는 것들이 과거로 갈수록 더 낫고 더 인간적이었다는 인식을 반박하는 것은 완전히 불가능할 것이다.··· 만약 과거에 대한 이런 심미적 관계가 이와 관련된 반동적 경향, 즉 과거를 쓰레기로 치부하는 몰역사적인 심미 의식에 중독된다면 아무 쓸모가 없다. 역사적 기억이 없다면 아름다움도 존재하지 않을 것이다.[63]

이것은 '회상적 시각'의 중요성을 강조한다. 이런 시각의 환상적인 차원과 매개체 없이 과거로 회귀할 수 없고 또 바람직하지도 않다는 것을 인정한다 해도 말이다.

아도르노의 동료 연구자이자 프랑크푸르트학파 이론가인 헤르베르트 마르쿠제Herbert Marcuse의 말처럼 "기술 이전의 낭만적인 세계는 비참, 수고, 오물로 가득했고, 아울러 이런 것들은 모든 즐거움과 기쁨의 배경이었다." 하지만 그가 표현하듯이 "지금은 더 이상 존재하지 않는 성 충동 경험의 매개 수단인 '자연경관'이 있었다."[64] 레이먼드 윌리엄스 역시 귀족적(그리고 가부장적인) 형태의 향수가 내포된 '단순한 회상적 시각'과 산업적 진보에 대한 무비판적인 찬사가 내포된 '진보에 대한 단순한 신뢰'에 대해 경고했다.[65] 그의 저작 중 특히 《2000년을 향하여(Towards 2000)》에서 그는, 근대성의 역동 속에서 나온 것으로 여겨지는 사회주의는 진보에 대한 적절한 비판을 제시할 수 없다는 점을 대체로 인정한다. "모든 종류의 급진주의가 현재를 비판할 때 과거와 미래 사이에서 자신의 방향을 선택해야만 하는 때가 온다.[66] 전위적 복고는 행복과 인간 해방에 대한 휴머니즘적 개념들을 강조하고 계속 지지하는 방식으로 과거 경험을 숙고하고, 다른 한편으로 행복 실현을 위한 성장 중심 소비주의 프로그램이 이제 행복과 인간 해방에 걸림돌이 될 수 있다는 점을 드러냄으로써 기여할 수 있다.[67]

문화정치학과 대안적 쾌락주의 : '심미적 변화'

앞에서 간략히 언급한 대안적 쾌락주의의 번영 정치학은 부분적으로 물질적 소비주의 문화에 대한 심미적 반응의 변화에 의존한다. 여기에는 광고의 유혹과 약속에 대한 더 폭넓은 저항과 소비문화의 매력과 충동에 대한 더 일반적인 관점의 변화가 포함된다. 물론 이것이 조만간에 일어나리라는 보장은 없다. 만약 실제로 일어난다면, 문화적 변화의 일반적 패턴을 따라 심미적 변화가 중요한 역할을 할 것이다. 자기 이익에 대한 새로운 의식이 나타나고, 환경에 대한 관심과 지속 가능한 소비에 대한 논의에 크게 영향을 받을 것이다.

무엇보다도 자기 이익은 필요와 욕망을 추구하는 것 이상의 것이 관련되며, 특정 시대의 지배적인 규범과 가치에 순응할 것이다. 자기 이익에 대한 더 완전한 이해는 자신의 시대에 대한 더 반성적이고 다양한 참여와 함께 이루어지고 심미적 반응과 욕구에 대한 근본적 변화가 포함된다. 소비이론은 자기 변화라는 아주 피상적인 개념에 상당한 공을 들인다. 여기서는 '정체성'의 불안과 끝없이 소비를 반복하도록 부추기는 소비문화의 역할이 배타적으로 강조된다. 개인의 필요에 대한 더 성찰적이고 영구적인 이해에는 관심을 기울이지 않는다. 개인의 필요가 소비에 미치는 영향은 소비재와 서비스가 덧없고 일시적인 자아를 표현하는 데 이용된다는 개념을 인정하는 것보다 훨씬 더 복잡하다.

이런 깊은 변화의 가장 두드러진 예는 페미니즘이 불러온 자기 이해의 근본적 변화이다. 페미니즘의 문화적 혁명은 양성 모두의 '의식을 제고하여' 그들의 생활방식에 깊고 영구적인 영향을 미쳤다. 개인의 자아 형성에서 성의 역할에 대한 인식이 높아지고 성의 사회적 구성(그에 따른 변동 가능성)을 이해하게 되면서 그들은 복잡하고 종종 고통스러운 자아 변화 및 '재구성'의 과정을 겪게 되었다. 이런 과정에서 애정과 감정의 반응이 극적으로 바뀔 수 있다. 경험하는 세계의 매력과 혐오가 일종의 형태적 변화를 겪는다. 이전에는 성적으로 유혹적이거나 심미적으로 강렬했던 인간, 대상, 행동 또는 관습이, 이전엔 거의 매력을 갖지 못했던 다른 것으로 대체된다.

여기에는 대안적 쾌락주의의 느낌과 시각을 수용할 때 발생하는 감수성의 발전과 유사한 점이 있다. 페미니즘의 중재를 거친 개인들이 자아와 열망에 대한 개념을 바꾸는 것처럼 대안적 쾌락주의의 감수성은 풍요로운 소비자의 인식을 근본적으로 바꾸고, 향후 수십 년 동안 자기 이익에 대한 인식과 감정적 반응 측면에서 극적인 변화를 유발할 수 있다. 그러한 형태적 변화는 심미적 유예와 재평가에 반드시 필요하며, 한때 아주 매력적이었던 상품과 서비스, 삶의 형태가 지속 불가능한 자원 이용, 소음, 유독성, 또는 그에 따른 재활용할 수 없는 폐기물과 폐기물 수출 탓에 점차 성가시고 추하고 퇴행적으로 보이게 된다.

여기서 말하는 변화는 칸트의 객관적인 의미[68]의 '순수한' 심미적 판단이 아니다. 이것은 녹색 르네상스를 통해 이루어질 좋은 삶과 즐거움에 대한 재검토와 밀접하게 연결되기 때문이다. 대상에 대한 윤리적 관심과 대상에 대한 진실한 신념 간의 필연적인 상관관계가 존재하는 것과 마찬가지로[69] 물질문화에 대한 신념과 물질문화에 대한 심미적 반응 사이에도 상관관계가 있다. 어떤 것이 우리에게 해를 끼친다는 것을 알게 되면 그것에 대한 우리의 인식이 달라질 것이다. 광고주들은 이것을 알기 때문에 진실과 신념에 대한 인식체계의 변화에 맞추어 광고한다. 오늘날 어떤 사람도 1950년대 사용되었던 진딧물 퇴치 스프레이를 광고하지 않을 것이다. 그 당시에는 엄마, 아빠, 아이들이 진딧물이 생긴 장미 넝쿨에 뿌린 자욱한 살충제에 둘러싸인 이미지를 광고로 이용했다.[70] 담배 광고가 전면 금지될 때까지 담배 광고의 이미지가 흡연 행위와 연결되는 경우는 드물었다. 자동차 광고는 흔히 차량을 자연 속의 '고독'이라는 믿기 힘든 이미지로 묘사한다.

폐기물 이미지는 친환경적인 심미적 반응에 중요한 역할을 할 수 있다. 소비주의 사회의 쓰레기 폐기물은 분명히 혐오감을 주기 때문이다. 폴 보노미니Paul Bonomini의 '위 맨Weee Man'은 무게 300톤, 높이 약 7미터의 인간 모습의 로봇으로, 왕립예술협회와 공동으로 제작했다. 이 로봇은 한 사람이 일생 동안 버리는 전기 및 전자기기

폐기물의 평균 무게를 이용해 만들었다. 2005년 봄 런던의 템즈 강 위에 위협적인 모습으로 불쑥 나타난 이 로봇은 반소비주의적 심미적 변화를 촉발하기 위해서 제작되었다.[71] 최근 플라스틱 이미지가 소비자의 행동에 영향을 준 것으로 보인다. 하지만 지금까지 플라스틱의 생산과 수출에 관한 정부 정책에는 거의 변화가 없다.[72]

반소비주의적 윤리와 미학은 생태계 회복을 위해 즐거움과 좋은 삶에 대한 사고의 변화가 필요하다는 점만이 아니라 쾌락주의적 가능성도 고민해야 한다. 다른 매력과는 상관없이 이런 변화는 생태정치적 근거에서도 필요하다. 하지만 나는 소비주의적 시장이 앞으로 계속 유지될 수 있고 전 세계(그 이상으로)로 확장될 수 있다 해도, 그것이 인간의 즐거움이나 행복을 개선하지 못할 것이라고 말하고 싶다. 소비주의적 시장은 물질적 필요를 충족하는 다른 방법, 즐거움과 만족의 다른 원천을 발견하고 발전시킬 기회를 막고 위축시킬 것이다. '다른 즐거움'을 추구하는 것은 정상적인 욕망에서 벗어나는 것이 아니라 그것과 완전히 부합하는 것이다.

7장

녹색 르네상스를
향하여

"나는 여러분이 희망을 갖기를 원치 않는다. 공포에 사로잡히길 원한다.
내가 매일 느끼는 두려움을 여러분이 느끼고 행동하길 원한다."

-청소년 기후변화 운동의 창설자 15세의 그레타 튠베리Greta Thunberg,
2019년 1월 다보스 포럼에 모인 정치지도자와 기업가들에게-

"과학자들은 기후 위기를 반전시킬 시간이 불과 10년밖에 남지 않았다고
말한다. 10년 후에도 나는 30세가 채 되지 않으며, 전 생애가
내 앞에 있을 것이다. 오늘날의 약 20억 명의 아이들의 삶도 마찬가지다."

-뉴사우스 웨일즈 출신의 15세 휴 헌터Hugh Hunter,
2019년 3월 15일 파업 이유를 설명하면서-

"오늘날 태어난 사람들의 탄소 배출 상한선이 이전 세대들보다 훨씬 적다는
사실은 기후 위기를 해결하기 위해 사회적, 경제적 정의 실현을 핵심 내용으로
하는 혁신적 접근법이 필요하다는 점을 잘 보여준다."

-제임스 우디어James Woodier, 영국학생기후네트워크, 2019년 4월[1]-

전 세계의 기후운동가들이 오랫동안 주장해왔고 특히 지난 2년 동안 목소리를 높였듯이 급진적인 행동만이 장기적으로 건강한 생태계를 만들 수 있다. 따라서 더 이상 행동을 미루어서는 안 된다. 이를 위해선 풍요로운 사회에서 사회적, 문화적, 경제적 차원을 포함한 모든 차원의 변혁을 가져올 사고와 행동의 변화가 필요할 것이다. 또한 급진적 행동은 국가와 훨씬 덜 불평등한 사회를 위해서도 더 나은 역할을 해야 할 것이다. 여기에는 재화와 서비스 공급을 위해 끝없이 혁신과 확대를 추구하는 대신 식량, 주거, 의류, 교통, 통신, 여가를 위한 물질적 필요를 보다 지속 가능한 방식으로 충족하는 것도 포함될 것이다.

이 외에도 많은 요소들이 포함될 것이다. 예를 들어 광고용 메시지와 미적 기준이 사라지고 여행에 많이 이용하는 자동차와 비행기가 열차, 버스, 자전거, 보트, 도보로 대체되고, 대부분의 사람들이 자유 시간이 상당히 늘어나는 생활방식을 갖게 되고, 아마도 직장에서 보내는 시간보다 여가 시간이 더 길어지면서 환경적으로 지속 가능하면서도 전례가 없을 정도로 폭넓은 범위의 지적 활동과 여가활동에 참여할 수 있게 될 것이다. 전체론적 차원의 녹색 르네상스는 어느 특정 집단이나 지지층들이 '소유하거나' 추구할 수 없고, 경쟁에서 승리한 특정 정치세력이나 정치적 관점의 업적이 될 수 없다. 녹색 르네상스의 실현은 정파들의 전통적인 논쟁을 넘어서고, 새롭고 지배적인 '상식'을 요구하며 이를 발전시킬 것이다.

그럼에도 전통적인 정치 주체와 정치 과정은 분명히 중심적인 역할을 할 것이다. 정치운동가, 언론인, 학자들은 급진적 변화를 위한 필수적인 경제적, 사회적 전제조건을 자세히 설명할 수 있다. 기후과학자들과 기후운동가들은 황무지 복원, 나무 심기, 에너지 소비 감소, 자동차 없는 도시, 채식 위주 식단으로의 변화 등을 위한 야심 차고 혁신적인 계획을 제안할 수 있다. 하지만 이런 기여는 효과적인 실행에 필요한 권한과 압력 수단이 없다면 이론에 그치고 말 것이다. 따라서 우리는 변혁의 잠재적 주체와 과정에 주의를 기울여야 한다. 이것은 국제적 차원에서 변화를 위한 공식적인 정치 과정에 관한 문제이며, 동시에 국내 정부에 미치는 영향력에 관한 문제다.

결국 이것은 의회 대표성에 관한 문제이며, 정당 정치, 선언, 캠페인, 궁극적으로 어느 정당이 선거에서 승리하여 정부를 장악하느냐의 문제이기도 하다. 하지만 역으로 이것은 유권자 형성에 관한 문제, 유권자에게 미치는 문화적 영향, 이런 영향들이 동기와 행동에 중대한 변화를 일으켜 변화를 위한 새로운 권한을 얻는 방식의 문제로 되돌아온다.

이 장에서 나는 문화정치의 이런 문제들, 특히 영국에서 문화정치의 잠재적 영향과 파급 효과에 대해 살펴본다.

2019년 봄, 멸종저항운동에 관한 〈가디언〉의 기사에서 노바라 미디어Novara Media의 공동 창립자이자 선임편집자 제임스 버틀러 James Butler는 배출가스를 통제할 수 있는 시간이 매우 짧다는 점을 고려할 때 변혁 수단들은 비록 불완전하지만 이미 존재하는 것들이 어야 하며, 여기에는 국가의 입법기관, 국제단체, 정당이 포함될 것이라고 주장했다. 그는 이어서 이렇게 말했다.

멸종저항운동의 칭찬할 만하지만 모호한 세 가지 목표(정부와 언론이 진실을 말할 것, 배출가스를 제로로 만들 것, 민주적인 의회가 이 과정을 감독할 것)는 전형적인 정치 문제를 떠올리게 한다. 이를테면 최종 목적지를 알고 있지만 중간 경로를 모르면 목적지에 도달하는 방법을 알 수 없다. 나는 기후운동 참여를 통해 필요한 규모의 행동이 국가 차원에서만 이루어질 수 있다는 확신을 갖게 되었다. 영국에서 필요한 일정을 고려할 때, 탄화수소 산업에 대항하는 엄격하고 직접적인 조치를 통해 기후변화 문제를 해결할 수 있는 실행력을 갖춘 정치세력(노동당)의 참여가 필요할 것이다. 노동당이 현재의 모호하고 빈약한 기후 관련 활동을 구체화하도록 압박하고 공공조달 분야의 화석연료 투자를 철회할 것을 주장하는 것은 물론, 실업과 빈곤에 대한 두려움에 빠져 환경에 대한 퇴행적 입장을 가진 노동조합에 제시할 명확한 메시지를 개발해야 한다. 노동당의 지부와 선거조직은 기후를 모든 캠페인에 포함시켜 영국의 모든 가정에 전달할 수 있는 도구를 제공해야 한다.

이런 제안은 많은 반대자들에게 탐탁지 않을 것이다. 그들은 기후 문제에 관한 노동당의 과거 활동을 보고 거의 혐오스러울 정도로 회의를 느낀다. 하지만 멸종저항운동이 말하듯이 상황이 너무 긴급해 다른 대안이 없다.[2]

여기서 내가 주장하려는 입장은 버틀러가 말한 내용과 비슷하며 그의 주제 중 일부 내용을 상세히 언급할 것이다. 아울러 노동당이 바라건대 녹색당(다른 정당들도)과 연합한다면 이런 급진적인 계획을 잘 선도할 수 있는 가장 좋은 위치에 있다는 입장을 받아들인다. 하지만 나는 '기후변화에 대처하는' 어떤 정당이나 정당들의 연합은 이런 담론에서 어렴풋한 공포를 제거하고 다른 생활방식과 소비방식의 즐거움에 주목하게 함으로써 호소력을 높이고 넓혀야 한다고 주장한다. 달리 말하면 나는 기후 비상 상황에 대한 정당의 개입과 국가의 행동을 요청하는 것과 아울러, 대안적 쾌락주의의 문화적 상상력과 번영의 정치를 실행할 것을 요구한다.

　이후에 전개되는 내 주장은 세 가지 중요한 질문 또는 우려를 중심으로 제시된다. 첫째, 누가 녹색 문화혁명의 지도자와 지지자가 될 가능성이 가장 높으며, 어떻게 하면 정치적으로 더 효과적일까? 이런 효과적인(결국에는 지배적인) 녹색 정치를 발전시키는 일에 좌파 진영의 특별한 역할은 무엇일까? 특히 이 책에서 제시하는 대안적 쾌락주의의 어떤 내용 또는 주제가 정치적 주장에서 보다 더 중요할까?

문화 혁명을 위한 정치의 역할

첫 번째 질문에 대답해보자. 나는 앞 장에서 새로운 경제적, 사회적 질서에 대한 욕구가 풍요한 서구 소비자들의 새로운 우려와 불만 속에서 이미 구체적으로 나타나 있다고 주장했다. 그들은 기후변화와 그로 인한 홍수, 화재, 대규모 이민, 모든 지역의 미래 세대에 미치는 끔찍한 영향, 토양 침식, 생물의 멸종, 감당하기 힘든 쓰레기와 대기오염에 대해 우려한다. 또한 지루한 노동 형태, 시간 이용, 교통 혼잡, 스트레스와 질병을 초래하는 소비주의적 생활방식에서 깨어나면서 '태도'가 바뀌기 시작하고, 이로 인해 번영과 좋은 삶에 관한 사고를 대안적 쾌락주의 관점으로 바꿀 가능성이 더 커진다.[3] 이런 태도의 변화가 일반화되고 많은 환경운동가와 기후과학자, 다른 다양한 감시기구와 압력 단체들의 분명한 목소리가 추가된다. 재식림사업과 야생 생물 보호사업에 대한 시민들의 지원이 늘어나고, 청소년 기후변화(Youth Climate Change)와 멸종저항운동의 주창자와 활동가들, 최근에는 일반 대중들의 영향력이 커지고 있다.

전 세계의 많은 정치단체들은 오랫동안 기후변화, 대안적인 경제와 지속 가능한 소비를 위한 캠페인을 벌여왔다. 이런 주제는 전 세계의 대중매체와 학문, 영화, 미술 작품, 전시물, 학계의 논쟁과 연구에서 자주 다루는 내용이다(이제는 성장의 종말과 경제 지배구조의 급진적 변화에 대한 목소리가 더 커지고 있다). 또한 영국의 지방정부는 기후변화에 대한 우려를 표명하고 있다(지금까지 지방정부의 절반은 기후변화에 대한 비상 대응책을 발표했다).[4]

이런 활동과 전개 상황에 대해 지나치게 '직접적이고' 또는 '지엽적이며', '감정적'이라고 비난할 수 있다. 달리 말하면, 닉 스르니체크와 알렉스 윌리엄스가 좌파 진영의 실천적이고 상상력 넘치는 과업을 독점하고 있다고 표현했듯이, 일종의 '일반대중을 위한 생활 정치'에 빠져 있다고 비난할 수 있다. 그들에게 이런 '생활 정치(falk politics, 그들은 정치적 지역주의의 슬로 푸드 운동, 윤리적 소비뿐만 아니라 아큐파이Occupy, 스페인의 15M, 사파티스타스Zapatistas와 같은 조직에서 이런 흔적을 찾는다)'는 좌파를 약화시킴으로써 운동의 규모를 키우거나 지속적인 변화를 만들거나, 특정한 이해관계를 넘어서지 못하게 만드는 전략적 전제조건을 조성하는 것으로 보인다. 그들은 좌파운동이 생활 정치의 영향 아래에 있으면 성공할 가능성이 없을 뿐 아니라, 사실상 자본주의를 근본적으로 바꾸지 못한다고 주장한다.[5]

나는 자본주의를 변혁하는 과제의 중요성과 그런 변화를 달성하는 방법에 관한 전략적 사고의 필요성에 동의한다. 하지만 내가 보기에 스르니체크와 윌리엄스는 '생활 정치'가 연상시키는 수준을 지나치게 낮춰 보는 것 같다. 더 큰 차원의 사회체제 문제의 특정한 또는 부분적인 요소에 반대하는 행동에 참여하는 직접성, 열정, 준비태세를 제거하는 것은, 우선 정치적 행동에 필요한 에너지와 동기를 상당 부분 없애는 것이다. 이런 일반인의 삶과 거리가 있는 정제된 형태의 정치운동은 인간의 일상적 경험 속에서 정치 변혁을 추구하는 이유를 보지 못하는 위험이 있으며, 행동하라는 요청으로 작용하기보다는 침묵을 권장할 가능성이 더 큰 것 같다. '생활 정치'운동이 종종 사회체제 비판을 반대하는 것이 아니라, 그것을 보완하는 것으로서 자신의 한계를 스스로 인식하고 있다는 점에서 더 많이 신뢰해도 된다고 본다. 예를 들어 수압파쇄법 반대운동에 참여하는 사람들은 그 운동의 제한적 범위를 잘 인식하며, 그들의 작은 성공을 '실패로 인한 좌절'로 평가하는 것에 반대할 것이다.6

　나는 수압파쇄법 반대운동이나 이와 비슷한 운동이 기여한 것에 대해 투덜대기보다는 환영하고 싶다. 하지만 현 상황이 보여주듯이 내가 언급한 운동들에 대한 지지는 정치적으로 효과적일지 모르지만 여전히 불충분하며, 기업 자본주의의 대항력, 기업을 지지하는 대중매체, 다수 일반인의 무관심이나 적대감에 방해받고 있다. 멸종저항운동, 카본 브리프Carbon Brief, 기후를 위한 등교거부운동, 미래 세대를 위한 부모, 그리고 자녀 출산을 거부하는 밀레니얼 세대가 최근 다양한 방식으로 지적하듯이, 국가나 세계 경제 기구들은 가까운 미래에 필요한 수준의 변화를 받아들일 준비가 아직 되어 있지 않다. 2019년 11월 11,000명 이상의 과학자들이 이 문제에 대해 목소리를 높였다. 그들은 "지구가 기후 위기에 직면해 있으며, 지속 가능한 미래를 위해서 전 세계의 사회와 자연 생태계가 상호작용하는 방식에 중대한 변화가 반드시 필요하다고 분명하고 명확하게" 선언했다. 추가로, 모두를 위한 사회적, 경제적 정의와 함께 이런 근본적인 변화는 "기업이 제공한 것보다 훨씬 더 큰 행복을 우리에게 약속한다"고 발표했다.7

　영국의 녹색당은 오래전부터 지속 가능한 소비와 번영의 정치에 대한 새로운 사고를 캠페인의 핵심 내용으로 삼았다. 아울러 지구온난화에 관한 더 많은 정책을 시행하도록 계속 압박했다.[8] 다른 한편으로 보수당과 노동당은 현재 상황의 긴급성을 인정하는 데 상대적으로 느렸다. 세간의 이목을 끄는 ('생활 정치' 유형의) 운동들에 자극받기 전까지 영국의 두 주요 정당은 기후변화를 특별히 언급하지 않았고, 이에 대한 대응을 우선순위에 두어야 한다고 주장하지도 않았다.[9] 어느 정당도 생산방식과 소비 형태(그리고 이것의 직접적인 영향)를 근본적으로 바꿀 필요성에 대해 대중들에게 별로 언급하지 않았다.

보수당의 활동은 특히 끔찍했다. 2019년 봄 영국 의회는 '기후 긴급 대응'을 선언하기로 합의했음에도 정부 정책은 중대한 변화 없이 여전히 머뭇거리고 모순적이었으며, 생물다양성과 풍력 또는 태양광 발전의 경제적 이익을 인정할 경우에만 환경문제에 관심을 보였다. 집권 기간 내내 보수당은 화석연료 기업에 주는 보조금을 증액하고 수압파쇄법과 공항 확장을 지원했으며 비정부기관인 내추럴 잉글랜드Natural England의 예산을 삭감했다. 아울러 개발업자들이 더 많이 개발하고 소비자들이 더 많이 지출하도록 모든 지원을 했다.[10] 정부의 공식 보고서에 따르면, 영국은 2010년 정부가 서명한 2020년 환경목표의 거의 모든 부분을 달성하지 못한 상태이다.[11] 브렉시트가 보수당의 환경정책에 어떤 영향을 미칠지 지켜봐야겠지만 현재 상황은 전혀 고무적이지 않다.

노동당의 입장은 최근 좀 더 진지하고 일관적이었으며, 현재의 발표에 포함된 정책은 비록 비판의 여지는 있지만[12] 상당히 더 진보적이다. 2019년 4월, 노동당은 멸종저항운동의 항의와 요구를 지지했으며, 그들을 차티스트Charists, 여성선거권, 인종차별반대운 동가들에 비유했다. 제1야당의 그림자 내각 보건부장관 존 애쉬워 스Jon Ashworth는 기후변화를 노동당의 보건복지 정책의 중심 내용 으로 삼겠다고 약속하고, 이 이슈와 관련된 시민단체를 지원하겠다 고 말했다.[13] 2차 학생파업 이후 노동당 그림자 내각 재무장관 클 라이브 루이스Clive Lewis는 캐롤라인 루카스Caroline Lucas와 함께 의 원 입법 법안을 제안했다. 이 법안은 정부가 미국 민주당이 최근 제 안한 그린 뉴딜의 영국판을 도입하도록 강제하는 내용이었다. 그 해 말 노동당 콘퍼런스에서 노동당은 자체적으로 그린 뉴딜을 채 택했다. 이렇게 함으로써 노동당은 알렉산드리아 오카시오-코르테 즈Alexandria Ocasio-Cortez 의원의 진취적인 주장과 빈곤 문제를 해결하 고, 아울러 탄소 배출가스를 2030년까지 제로 수준으로 감축하는 프로그램을 도입하겠다는 버니 샌더스Bernie Sanders의 대통령 선거공 약(이미 다른 많은 국가에서도 공감하고 있다)으로 이미 진행 중인 정 치적 압박의 수위를 높였다. 정책 시행 방안에 관한 합의가 아직 없 어 2030년까지 목표를 달성하겠다는 노동당의 약속이 지켜질지는 확실하지 않다.

　노동당의 지배적인 메시지는 여전히 대체로 성장과 일자리에 관 한 것이다. 번영에 대한 대안적 정치를 선도적으로 제시하는 내용 은 거의 언급하지 않고 있다. 노동당은 주당 근무시간 축소에 관한 정책에서 보수당보다 상당히 앞서 있지만 주당 근무시간 축소에 따 른 개인적, 사회적 이익, 포스트소비주의적 생활방식의 편익에 대 해 별로 언급하지 않았다.[14] 또한 우리가 미래 세대를 위해 지속 가능한 생태계를 확보하려면 향후 수십 년 이내에 자본주의적 성장 경제와 끝없는 GDP 확장의 시대를 종식해야 하는 것의 중요성에 대해 일반인들에게 제대로 말하지 않았다. 이런 점에서 노동당은 지속적인 경제 성장이 필수적이며 유익하다는 일반적인 관점과 싸우기보다 호응하고 있다. 알프 혼버그가 개탄했듯이 "탈성장을 주장할 만큼 우직하거나 정직한 정치인들은 정치계에서 전망이 밝지 않을 것이다. 경제 성장은 여전히 대부분의 사람들의 희망과 열망의 토대가 되고 있다. 계획적인 탈성장은 예측 가능한 미래에 민주주의와 양립할 가능성이 없다."[15] '희망과 열망'은 오로지 성장을 통해 이룰 수 있다는 가정은 대중매체에서도 거의 전적으로 당연시되고 있다. 연구자 저스틴 루이스Justin Lewis와 리처드 토머스Richard Thomas는 2010~2011년 10개월 동안 선진국들의 경제 성장을 명시적으로 언급한 영국과 미국의 591개 신문 기사에 관한 연구에서 단지 7개 기사가 성장이 환경에 미치는 영향을 언급했으며, 단 한 개의 기사(찰스 왕자의 연설을 보도한 기사)만이 성장에 기초한 복지의 실패에 관한 것이었다고 밝혔다.[16]

새로운 좌파운동을 위한 프로젝트

주요 정당들이 정치 연설에서 종전의 틀에서 벗어나길 주저하는 것은 현실 정치적 관점에서 보면 이해할 만하지만 그렇다고 해도 아쉬움이 없지 않다. 그 이유는 현실 정치의 조건이 곧 극적으로 바뀌는 시대로 진입하고 있고, 영국과 유럽에서 대의 민주주의의 공식적인 정치 과정은 변화를 일으킬 수 있는 유일한 수단을 제공하기 때문이다. 이런 주장은 주요한 국제 합의와 국가 개입의 중요성과 잠재적 영향을 부정하는 것이 아니다. 하지만 민주적 정치 과정은 필연적으로 소비의 형태와 수준을 중대하게 변화시킬 것이고, 그럴 경우에만 많은 일반대중이 국제 합의나 국가의 개입을 뒷받침하면서 앞으로 나아갈 것이다. 따라서 지속 가능한 생태계의 이름으로 현 상태와 맞서 싸우고 새로운 번영의 정치를 꿈꾸는 캠페인과 운동은, 자신을 효과적으로 대표하는 정당을 발전시키고 다른 국가의 비슷한 사상을 지닌 정당들과의 연대를 통해 강화할 필요가 있다. 제임스 버틀러가 주장하듯이 노동당이 지금까지 진보와 행복의 일반적인 개념에 이의를 제기하길 주저함에도, 영국에서는 녹색당뿐만 아니라 특히 노동당에 그런 대표성을 기대할 수 있을 것이다.

영국과 유럽의 정당들과 좌파운동은 몇 가지 이유에서 풍요로운 사회에서 정말 효과적인 녹색 경제와 정책을 시작하는 프로젝트를 수행할 수 있을 것이다. 나는 세 가지 이유를 언급하고자 한다. 첫째, 반복해서 말했듯이 생태계 회복은 풍요한 사회에서 거대한 사회경제적 불평등을 줄이고, 최종적으로 없애기 위한 노력을 통해 이룰 수 있다. 더 나은 평등과 사회정의는 유럽 좌파가 항상 공언해온 목표였다(영국 노동당은 현재 이런 프로그램을 새롭게 지지하고 있다). 둘째, 자본주의는 궁극적으로(머지않은 시기에) 지속 가능성과 양립하지 못한다는 것이 명백하다. 신자유주의적인 세계 자본주의를 사회민주주의적 통제 아래 두기 위한 국제 공동 프로젝트는 전 세계(특히 유럽과 미국)에서 기후변화를 바로잡으려는 모든 정당과 운동단체의 시급한 과제가 되어야 한다. 궁극적으로 '성장'에 의존하지 않는 경제 및 금융 질서를 고안하고 시행해야 할 것이다. 또한 경제에 대한 정치적 통제를 시행하기에 가장 잘 준비된 곳이 사회주의 정당이고, 영국의 경우 노동당은 1945년 이후 국유화와 사회민주적 개혁 프로그램을 도입한 선례가 있다. 셋째, (앞의 두 가지 이유의 결과로) 정부(지방, 지역, 국가, 유럽 차원에서)는 이런 변화의 많은 부분을 이끌고 관리해야 할 것이다. 다시 말하면 '강한 정부'는 노동당과 사회주의 프로그램과 어울린다(또한 영국 노동당 내부에서 재차 지지를 얻고 있다).

하지만 친환경적 변혁과 좌파 정당의 연관성에 대해 우려할 만한 내용도 있다. 기후변화, 생물의 멸종, 유독성 폐기물 등에 관한 과학적인 증거가 '정치적'이지 않다는 점을 인정하는 것이 중요하다. 그런 증거의 타당성은 선험적인 정치적 신념과는 별개이기 때문이다. 이것은 진보 진영과 보수 진영의 정치인과 정치사상이 응답해야만 하는 근본적인 도전을 제기한다. 좌파는 다른 정당들이 이 도전을 해결하는 방법의 공정성 또는 효과성에 의문을 제기할 만한 좋은 이유를 갖고 있을지도 모른다. 좌파는 인위적 지구공학을 선호하는 배후에 놓인 신자유주의적 사고, 그리고 이런 대안과 연관된 심각한 위험들뿐만 아니라 식림을 통한 탄소 흡수 또는 전기차 도입과 같은 정책에 의존하는 현재 상태가 불충분하다는 점을 드러낼 필요가 있을 것이다.[17] 또한 국수주의와 극우 포퓰리즘을 이용하는 생태 파시즘적 목소리에 대해 아주 단호하게 반대해야 한다.[18] 하지만 좌파 진영은 다른 정당들이 향후 몇십 년 이내 친환경적 변혁 어젠다를 발전시키게 만들고 때로 그들과 협력할 준비도 해야 한다.

좌파가 전반적인 변혁 달성에 적합한 번영의 녹색정치를 선도할 준비가 되었는지 의구심을 갖게 하는 또 다른 이유는 특정 정파, 계급 또는 이데올로기가 상대를 누르고 '권력을 획득'해야 한다는 예전 좌파운동의 유산 때문이다. 이런 유산의 가장 고질적인 형태는 프롤레타리아 혁명 사상에 계속 몰두하는 것인데, 이 혁명 사상은 지금 좌파 진영 자체에서도 광범위하게 논란이 되고 있다. 하지만 정치적 각성에 대한 신념, 전통적 노동계급의 행동주의 또는 어떤 식으로든 일반적인 사회 변혁을 받아들일 수 있는 유일한 주체로서 노동계급을 강조하는 것은 여전히 폭넓은 지지를 받는다. 이것은 많은 마르크스주의 사회 변화 담론의 기본 전제이며, 유럽 사회주의 운동과 정당들의 노동계급을 향한 연설에 암묵적으로 내포되어 있다. 대부분의 노동계급 유권자들의 경제적 욕구와 국내 전망은 영국에서 현재 노동당의 주요 정책 대상이 된다.[19] 물론 노동계급의 이익은 그들이 핵심적으로 관련된 자본주의의 불평등을 해소하려는 노력 속에서 다루어져야 한다. 하지만 친환경적인 사회경제적 변혁을 위한 근거와 주장은 특정 계급의 이익 측면에서 정직하게, 충분히 제기될 수 없다.

아울러 좌파 진영에서 정치적 가치와 실천에 대해 노동계급을 중시하는 입장은, 자본주의를 반대하는 정치 선전의 중심점으로서 생산에 배타적으로 초점을 맞추는 입장과 결부된다. 레이먼드 윌리엄스Raymond Willians는 소비자운동의 정치적 잠재력을 단순히 중산층 이슈로만 치부하거나 과소평가하는 것에 대해 경고했다.

> 이런 이슈를 이런 방식으로 취급하고 왜곡하는 것은 사회 질서의 영향 때문이다. 이런 이슈를 노동계급의 핵심 이슈와 관련이 없는 것으로 치부하는 것도 역시 어리석다. 모든 현실에서 이런 이슈들은 핵심적 이익에 해당한다. 위험한 산업화 과정과 환경 피해에 가장 많이 노출되는 것은 바로 노동자들이다. 새로운 여성의 권리가 가장 절실히 필요한 사람들은 노동계급의 여성이다.… 어떤 운동이든지 이런 지역적이면서도 결정적인 관련성과 거리를 둔 채 이슈를 다룬다면, 핵심적인 의식화가 일어나는 이런 일상적 접촉점에서 진지하고 세부적인 대안을 제시하지 못한다면, 그 운동이 제대로 성공을 거둘 가능성은 없다. 하지만 역사적으로 이해할 만한 이유들 때문에 모든 대안 정치가 가장 취약한 부분은 바로 이런 점들이다.[20]

하지만 이런 조언은 대부분 주목받지 못하며 소비운동의 중요성을 받아들이는 경우도 드물다. 우리는 생산과 소비의 상호의존성, 한 차원의 특정 요소와 착취 방식이 다른 차원에서 발생하는 현상에 미치는 영향의 크기를 명심해야 한다. 이 내용은 3장에서 주로 논의되었다. 4장에서 보았듯이 소비주의적 생활방식의 확장은 근대 노동문화와 깊은 관련이 있으며 최근 몇십 년 동안의 '노동과 소비 지출' 역학관계의 근본적인 원인이다. 하지만 노동계급을 기존 경제 질서에 대한 유일한 잠재적 반대 주체로 상정하거나, 생태사회주의의 홍보가 효과를 거둘 수 있는 유일한 장소로 생산 현장을 고집하는 것은 타당성이 거의 없다. 설령 그렇다 해도 노동계급은 친환경적 경제에 헌신할 가능성이 상당히 낮다(많은 노동자들이 항공우주, 자동차, 방위산업, 그 밖의 친환경적 산업이 아닌 분야에 종사하기 때문이다). 노동자의 투쟁성과 노동조합 활동은 대체로 풍요로운 문화의 소비주의적 역학을 변혁하는 일보다, 기존의 세계화된 자본구조 안에서 소득과 노동권의 보호에 한정되어 있다.

앞으로 등장할 가능성이 높은 압박의 형태는 물질에 덜 매이고 노동 중심적인 생활방식에 만족하는 형태의 소비를 선택하는 것이다. 이를테면 물건을 사지 않는 것이 아니라 물건 없이 살겠다고 선택하고, 막강한 다국적 기업의 브랜드 제품을 사지 않겠다고 선택하는 것이다. 또 슈퍼마켓, 체인점, 쇼핑몰을 피하고, 윤리적, 친환경 인증이 된 재화와 서비스만 구입하고 투자하는 것으로 나타난다. 이런 '행동'은 더 이상 특정 계급에 국한되지 않으며 훨씬 더 넓은 계층에서 일어난다. 아마도 처음에는 저항하는 소비자의 대다수가 부유한 계층에서 나올 것이다.[21]

이런 상황에서 생산 현장 노동자의 투쟁성을 변화의 열쇠로 보거나 문화적 충성심을 노동계급에만 과도하게 기대하는 좌파운동은, 규제받지 않는 기업 자본주의의 지배에 반대하는 사람들에게 점차 그 타당성을 잃을 것이다. 적어도 우리는 조직된 노동자들의 직접적인 목표와 열망, 특별한 이해관계와 때로 갈등할 수 있는, 더 일반적인 이해관계를 제기함으로써 마르크스주의의 노동자 개념을 '보편적인 계급'으로 볼 필요가 있다.

좌파 중심의 녹색 르네상스는 영국과 같은 국가들의 큰 소득격차가 기후변화에 대한 효과적인 대응에 걸림돌이 된다는 점을 인식해야 할 것이다. 본질적으로 지속 가능성을 확보하려는 모든 과제 역시 불평등을 극복하고 더 나은 경제적 안정을 보장하기 위한 활동이어야 한다(이것은 위에서 언급했듯이 역사적으로 보면 좌파의 과제였다). 오랫동안 세계 자원을 지나치게 많이 향유하면서 탄소 발자국을 가장 많이 남긴 풍요로운 사회들은 분명히 기후변화에 신속하고 근본적으로 대응할 책임이 있다. 하지만 풍요로운 사회에서 매일 생계 유지를 위해 고군분투하는 가난한 사람들은(설령 그렇게 할 여유가 있다 해도) 생태운동이나 친환경적 소비를 높은 우선순위에 둘 가능성이 낮다. 또한 그들은 높은 소득이 환경오염을 더 많이 유발하면서도 공항, 홍수 위험, 폐기물 소각장, 최악의 오염 영향에서 상당히 벗어난 생활방식이 가능한 사회에 사는 중산층이 제기하는 우려에 대해 분개하면서 공감하지 않을 수도 있다.[22]

그래서 유럽이 성장 중심 경제를 종식해야 한다고 주장해온 유럽의회의 좌파 진영 네트워크는 새로운 경제 질서로 바뀌는 과도기에 불평등과 싸우기 위한 정책을 제시하고 있다. 2019년 서명을 받기 위해 회람한 서한에서('유럽에 필요한 지속 가능성과 복지 협약') 그들은 "불평등은 꾸준히 증가하고 있으며 (세금이) 불공정하다는 분위기가 점차 확산되어 사회적 불안과 포퓰리즘을 낳고 있다. 프랑스에서 발생한 노란 조끼 시위는 공정한 조세제도 없이는 환경오염에 대해 세금을 납부할 수 없다는 것을 보여주었다"고 주장했다. 더 나아가 저소득 또는 중간소득 계층에 대한 소득 재분배를 위해 최고 소득세율을 80퍼센트 이상으로 할 것을 요구했다. 또한 항공여행세는 요금이 낮거나 무료인 대중교통을 위해 사용하고, 점진적으로 탄소 및 자원세를 원천과세하여 재분배하고, 재활용 자원의 이용 촉진을 위해 세금 인센티브를 제공해야 한다고 주장했다.[23]

영국의 새로운 좌파-녹색 세력이 경제적 불평등을 줄이기 위한 지속 가능한 정책을 도입하려고 유럽 전역의 압박 활동에 동참할 때, 당면한 환경 위기의 집단적 특성과 상업적인 해결책에 대해 강하게 반대할 필요가 있다. 깨끗한 공기, 비옥한 토양, 오염되지 않은 물, 이상 과열되지 않는 기후와 같은 재화는 생활과 건강의 기본 조건이다. 이런 기본 조건들이 (공상과학의 끔찍한 악몽을 제외한다면) 부자들을 위해서는 보존되고 가난한 사람들을 위해서는 파괴되는 것은 용납할 수 없다. 훼손되지 않은 교외 지역, 사람들이 자동차에 방해받지 않고 돌아다니고 모일 수 있는 도시 공간, 이런 즐거움들은 역시 특정 계층만 누릴 수 없으며 개별 상품의 구매를 통해 충족될 수도 없다.

이런 이유로 사회주의자들은 자유시장제도에 대한 범계급적 투쟁을 조직하기 위해 노력할 필요가 있다. 자유시장제도는 궁극적으로 생태자원의 한계에 봉착하면 모든 사람의 일차적인 필요를 부정하기 시작할 것이다.[24] 기후 위기로 소비문화를 더 평등하게 누릴 수 있는 권리 요구와 함께 소비 자체를 재검토해야 할 상황이 되었다. 이런 상황에서 우리는 빈곤한 생활을 끝내고 공정과 경제적 안정을 중시하겠다는 약속과 함께 물질 생산의 끝없는 확대보다는 재생 가능성에 기초한 경제 시스템을 발전시키겠다고 약속해야 한다.

대안적 쾌락주의, 목표와 수단

노동당이나 좌파연합정당이 이런 정치 프로그램을 채택한다면 영국에서 전례가 없는 문화적 주도권을 추구할 수 있고 또 추구해야 할 것이다.

우선 공적 대화를 시작해야 한다(아마도 경제활동의 궁극적인 목적과 그 지도원칙에 관한 시민회의를 통해 이루어질 것이다).[25] 시민회의의 목적은 '수단 논쟁'을 '목적 논쟁'으로 바꾸고, 영국 정치계의 주요 정당들이 대체로 합의한 목적들(경제 성장, 보편적 고용, 더 많은 임금, 소비문화 측면에서 설정된 생활수준 개선)을 달성하는 최선의 방법을 두고 경쟁하는 시대를 끝내며, 우리 시대에 더 적합한 번영의 정치를 시작하게 될 것이다. 기존의 목적들은 생태계 위기와 소비주의에 대한 불만, 지구적 연대, 복지, 즐거움, 좋은 삶에 대한 새로운 사고의 관점에서 다시 검토해야 할 것이다. 앞서 이 책에서 논의했고 이 장에서 개괄적으로 언급하는 몇 가지 주제는 시민회의에서 중요하게 다루어질 것이다.

• 시민권과 소비

이러한 '목적의 정치'에 관한 대화를 촉진하는 가운데, 영국 정치에서 서서히 퍼져가는 대처주의 유산(Thatcherite legacies) 중 하나, 즉 분석적 차원에서 소비와 시민정신을 분리하여 일반대중을 일차적으로 소비자로 보는 경향(단순히 쇼핑몰의 소비자가 아니라 건강, 복지혜택, 공공 서비스 전반의 소비자)을 없애기 위해 새로운 정당이 나타날 수 있다. 수십 년 동안 보수당 정부와 신노동당 정부에서 사람들은 소비자로서 시민권(상업적 보증 등과 같은 형태)을 행사하고, 아울러 시민으로서 자유와 관심사는 소비자 선택권을 행사함으로써 가장 잘 수용되도록 고안된 일련의 정책 아래에서 살았다.[26] 우리는 시민권 행사를 개인적인 소비 형태라는 축소된 방식으로 표현하는 것에 대해 이의를 제기하고 바꿔야 한다. 개인적 소비자로서의 시민권은 집단적 참여 기회라는 매력을 가진 (예를 들어) 스포츠나 문화 분야의 '소비' 활동의 인기를 설명하지 못한다. 또한 이런 개념은 공공 서비스의 대대적인 민영화를 옹호하는 수사적 보호막을 제공하는데, 민영화의 실제적 효과는 선택권을 축소하고 복지 서비스의 평등한 제공을 약화시킨다.[27]

한편, 특히 환경에 대한 인식이 높아진 상황에서 정당과 정부는 일상의 소비 행위와 비소비 행위에는 정치적 차원이 있으며, 시민들이 소비 선택을 통해 시민으로서 자신의 정체성을 표현한다는 점을 인정해야 한다. 그들은 소비자–시민이 점점 많이 느끼는 풍요로운 소비에 대한 불안과 상반된 감정들, 그리고 이것이 유발하는 소비 행위의 변화를 인식하고 지원해야 한다. 대안적 쾌락주의는 소비자를 성찰적이고 상대적으로 자율적인 주체로서 소비자 개인적 이익이 공동의 이익을 아우를 수 있다고 보며, 이것은 좌파가 경제를 친환경적으로 바꾸려는 과제를 수행할 때 반드시 필요한 관점이다. 이를 통해 소비는 지속 가능한 삶을 위한 공동체적 압박의 장소로 바뀔 것이다. 이런 시각에서 시민권은 필연적으로 권리를 누리고 자격증을 갖는 이상의 것과 관련되며, 미래 세대와 지구의 행복을 포함한 더 넓은 차원의 공동체에 대한 의무와 관심을 포함한다.[28]

• 소비주의 없는 웰빙

우리는 비판하고 저항하는 소비 선택의 중요성, 그리고 현재의 사회적·경제적 질서에 맞서 싸우고 변혁하기 위한 대안적 쾌락주의에 대한 각성을 대안적 정치경제를 위한 노력의 일환으로 권장해야 한다. 성장 중심 소비가 기후변화에 미치는 영향은 물론 매우 중요하지만 대안 경제를 추구하는 유일한 이유는 아니다. 소비주의가 건강과 행복에 미치는 많은 부정적 영향 역시 강조되어야 하며, 소비주의의 편익에 대해서 의문을 제기해야 한다.

　분명한 것은 지구에 가장 심각한 피해를 주는 재화와 서비스의 생산을 억제하는 것이 가장 우선적인 과제라는 점이다(도로, 주차장, 활주로, 교외 지역의 슈퍼마켓, 빠르게 낡은 것으로 취급되어 폐기되는 제품). 생산품과 소비품에 대해 더 다양하고 민주적으로 작동하는 소유권과 통제권이 권장되어야 할 것이다. 친환경적인 좌파 정치세력이 원대한 문화적 과제를 만들고 지원하여, 번영과 좋은 삶에 대한 상업적 광고를 거부하고 물질문화에 대한 다른 미적 관점을 새롭게 제시해야 할 것이다. 이때 검소함뿐만 아니라 즐거움도, 이전의 습관에 대한 불가피한 제한뿐만 아니라 사회적으로 정의롭고 친환경적인 소비에 대한 보상도 강조되어야 한다. 이런 문화정치는 소비를 반대하며 개탄하는 것이 아니라 소비주의 생활방식이 생각보다 건강과 만족감에 그다지 기여하지 못한다는 점을 제시하는 것이다. 이런 주장의 타당성은 (전문가 엘리트 그룹만이 접근할 수 있는) '진정한' 필요에 대한 객관적인 지식이 아니라 사람들이 소비주의 생활방식이 선사하는 편리에 대해 느끼는 상반된 감정에 근거한다.

• 노동의 미래

현재의 노동 시스템을 바꿔야 하는 이유는 비단 그것이 초래하는 환경 재앙과 세계적 불의 탓만은 아니다. 노동 중심 문화가 시간 이용과 그에 따른 사람들의 삶에 영향을 미치기 때문이기도 하다. 4장에서 주장했듯이 노동 관리 분야에서 포스트포드주의 혁신, 그리고 IT혁명과 자동화의 증가는 많은 사람의 노동을 훨씬 더 가변적이고, 지루하며, 스트레스가 많고, 불안하게 만들었다. 직장에서 공식적인 위계 관계는 줄었지만 새로운 형태의 기업주의와 충성에 대한 기대가 증가했다. 고용이 강조되면서 전례 없는 자기 상품화가 나타나고 교육과정은 더욱 직업 맞춤식으로 바뀌었다. 얼마 전부터 노동이 개인의 존엄과 자기실현의 중요한 방법이라는 의식이 약해지고 있다. 비정규직 선호 경제의 본질적인 불안을 피한 사람들도 유급 노동을 자기표현과 개인적 성취를 개선하기보다 좌절시키는 것으로 바라보고 있다.

이런 이유로 미국과 영국에서는 '시간의 풍요'에 대한 관심이 나타나고, 노동시간을 줄이고 지속 가능한 삶을 위해 '다운시프팅

downshifting'을 선택하는 사람들의 캠페인 네트워크가 형성되고 있다. 끝없는 성장을 가로막는 환경적 장애물은 한층 더 극복하기 힘들어 보이고 노동의 미래는 불확실해짐에 따라, 새로운 정치세력은 더 공정한 사회와 더 편안하고 다양하며 만족스러운 삶을 누릴 수 있는 새로운 기회를 강조해야 한다.

우리는 그린 뉴딜을 받아들이고 화석연료 이후의 경제를 발전시키기 위해 스마트 기술의 중요성을 인정할 필요가 있다. 하지만 이와 동시에 나는 좌파 진영의 영향력 있는 많은 주장과 반대로, 우리가 자동화의 한계를 주장하고 덜 기술 중심적인(본질적으로 더 많은 유익을 제공하는) 형태의 노동을 옹호해야 한다고 제안했다. 여기에는 전통적인 방법에 새로운 녹색기술을 보완하는 통합적인 생산 및 업무수행 방식이 포함될 수 있다. 수공예적인 노동방식 역시 노동시간 감축을 통해 이익을 극대화하지 않는 공동체 소유 기업과 협동조합과 양립할 수 있다. 이와 같이 노동의 잠재적 만족을 향한 보다 복합적인 비전은 근대 이전의 사회관계에 매인 '생활 정치'로 치부되지 않고 전위적 생태사회주의의 정치 상상력에 꼭 필요한 요소로 회복되어야 한다.

보편적 기본소득으로 뒷받침되는 노동 이후의 질서는 노동의 성 구분을 철폐하는 데 방해되는 것이 아니라 도움이 될 수 있다. 노동 이후의 질서는 엄청난 소득 불평등과 소비사회의 문화자본적 특징을 조장하기보다는 그것을 없애는 사회경제적 구조와 제도를 촉진할 수 있다.

• 공공 공간의 회복

5장에서 주장했듯이 대안적 쾌락주의 접근방법은 특히 도시에서 항공여행과 자동차를 감축하고 자전거와 걷기를 권장하는 대대적인 변화를 상상한다. 이를 위해선 장거리 여행을 줄이고 지방 도시와 농촌 지역에 더 쉽고 안전하게 접근할 수 있는 생활방식이 필요하다. 이것은 슈퍼마켓과 쇼핑몰을 덜 이용하고 독자적인 지역 생산자를 더 많이 지원한다는 의미이다. 도시와 시골 지역에 저렴하고 지속 가능한 주택을 짓고 사람들이 자급할 수 있는 먹거리를 재배할 수 있는 토지가 필요하다. 이것은 모두 공공 공간의 계획과 개발, 토지 소유와 이용의 통제권에 중요한 의미를 갖는다. 특히 영국의 새로운 정치세력은 이런 통제권에 대해 단호한 조치를 취해야 한다.

피터 헤더링턴Peter Hetherington이 지적했듯이 이것은 최근의 추세를 되돌리는 것을 의미한다. 1970년대 이후 국민보건서비스 부지를 비롯해 2백만 헥타르의 공공 토지가 매각되었고, 재정난에 처한 지방의회의 재원을 조달하려고 농촌과 도시의 비싼 토지를 매각용으로 내놓았다.[29] 이 과정에서 평범한 시민들이 이전에 누리던 혜택이 사라졌고 환경 회복 프로그램에 새로운 걸림돌로 작용하고 있다. 런던과 다른 대도시로 전 세계의 자본이 흘러들어와 도시 공간을 완전히 바꾸고 오래된 지역사회를 완전히 해체하여 최상위 부자들에게 '안전금고용' 자산을 제공하고 있다. 도시 공간에 대한 통제권을 회복하려면 신자유주의적 개발 정책에 전면적으로 반대할 필요가 있다. 도시계획자들이 민간 개발업자들에게 통제권을 양보하라는 경제적 압력을 받게 되면서 발생하는 이른바 '민간 소유의 공공 공간'의 확산을 막기 위해서도 역시 그렇다. 일부 학자들은 이를 두고 17~18세기의 농촌 인클로저(rural enclosure, 영국에서 영주들이 판매용 곡물 또는 가축을 키우기 위해 농지에 울타리를 쳤고, 기존 농부들은 도시 공장의 노동자로 내몰렸다 – 옮긴이)와 비슷한 '도시 인클로저' 시대로 간주한다.30 이런 '유사 공공' 공간에 대한 비판은 대부분 공공 이용 규제의 비밀주의, 사회적 위생 감시 활동 또는 기업적 미학으로 향했다. 하지만 공공용지를 민간이 소유하게 되면서 도시 생활의 녹색 르네상스에 매우 중요한 공간적, 건축학적 전환이 힘들게 되었다. 이런 상황은 비난받아 마땅하며 가능한 곳은 다시 회복되어야 한다. 애나 민턴Anna Minton은 이른바 '도시에 대한 권리(the right to the city)'를 주장하면서 최근 이렇게 썼다.

> 공간 창출을 포함하여 모든 시기의 건축은 해당 시기의 사회경제적 힘을 반영한다. 그런 측면에서 유사 공공 공간의 증가는 신자유주의적 도시를 반영한다.… 이런 유형의 개발은 불가피한 것이 아니다. 이것은 매우 대서양주의적 모델이며 북미와 이곳에서 주로 나타나지만 유럽에서는 많지 않다. 이 모델에서는 지방 정부와 민간 부문이 도시에 대한 민주적 권리를 약화시키는 방식으로 협력한다.31

도시 및 농촌 공간에 대한 통제권을 회복하기 위해 지지 세력을 구축하는 첫 단계로 더 높은 투명성이 요구된다. 기 슈럽솔Guy Shrubsole

이 최근 〈누가 영국을 소유하고 있는가?(Who Owns England?)〉라는 블로그에서 주장하듯이 일반대중은 오랫동안 드러나지 않았던 내용을 알아야 한다. 이를테면, 영국의 토지 소유권은 놀라울 정도로 불평등하다. 전체 토지의 절반을 1퍼센트 미만의 사람들이 소유한다. 단 5퍼센트의 토지만이 주택 소유자의 소유이며, 30퍼센트는 귀족들이, 35퍼센트는 기업, 독점 재벌, 도시 금융가가 소유한다. 영국 시민들이 돌아다닐 수 있는 권리는 영국 토지의 10퍼센트밖에 안 된다. 반면 엄청난 토지가 해외 조세피난처에 있는 페이퍼 컴퍼니와 신탁회사의 소유이며, 이들은 세금으로 지불되는 보조금을 받고 있다.[32]

따라서 새로운 녹색좌파 정당은 이런 토지 소유권 및 통제 형태가, 자전거 도로나 도시와 농촌 공간 이용과 같은 환경적 편익을 제공하는 사업을 제약한다는 것에 대한 정보를 최대한 제공해야 한다. 또한 토지를 되찾아 이용 방법을 결정할 수 있는 새로운 권한을 얻어내려는 풀뿌리 시민운동을 조직하고 지원해야 한다.[33] 경우에 따라서 이것은 오래된 권리를 되살리는 것을 의미할 수도 있다. 이를테면 토지 이용 개혁을 위한 슈럽솔의 10가지 계획은 모든 사람의 '법적 할당 권리(지자체는 장관의 승인 없이 법적으로 할당된 토지를 매각하거나 다른 목적으로 전환할 수 없게 하는 법—옮긴이)'와 같이 묻혀 있는 법률을 되살리라고 권고한다(현재 규정보다 10배 더 많은 토지가 골프장으로 이용된다).[34]

소비자로서 개인의 역할

이 장에서는 정당 정치, 정치인, 국가 주도의 선도적인 계획의 잠재적 역할에 관해 집중적으로 다루었다. 결론으로 나는 환경운동가로서는 물론 일상적인 소비자로서 개인의 역할 역시 이에 못지않게 중요하다는 점을 강조하려고 한다.

2019년 4월 그린피스가 실시한 여론조사에 따르면, 영국인의 63퍼센트가 우리가 기후 위기에 직면해 있다고 생각하며 76퍼센트는 지구를 보호하기 위해 투표할 것이라고 말한다.[35] 이것이 사실이라면 그들은 자신의 의견에 따라 행동하고 생활방식을 재고할 준비가 되어 있어야 한다. 그런데 왜 63퍼센트는 자동차 이용을 최소화하기 위해 행동하지 않을까? 차량 소유자의 절반만이라도 그렇게 한다면 놀라운 결과가 발생할 것이다. 왜 대학들은 미래의 학생들을 유치하려고 여러 층의 주차장 건물을 짓고 있을까? 왜 학생들과 미래의 학생들(그들 중 다수는 멸종저항운동을 지지할 것이다)은 그런 퇴행적 정책을 폭로하기 위해 더 노력하지 않을까? 풍요로운 사회의 사람들은 그들이 주장하는 만큼 기후변화로 곤경을 겪는다면 투표 패턴을 확실히 바꾸고, 개인적인 책임을 받아들이고 무언가를 실천해야 할 것이다.

나는 좌파 진영의 다수가 자동차, 휴대폰, 백색 가전 등과 이것을 이용하는 데 필요한 에너지를 공급하는 영리 기업들의 책임 못지않게 개인의 책임을 인정하길 주저하는 것에 의문을 제기하고 싶다. 풍요에 대한 마르크스주의의 약속을 재검토하고 새로운 형태의 제약과 만족을 요구하는 것보다 기술 유토피아주의와 '사치스러운 공산주의'에 열광하기가 더 쉽다. 그러나 이 책의 여러 부분에서 주장했듯이 프롤레타리아 주체성에 관한 마르크스주의 메시지에 단서조항이 필요하다고 생각하는 좌파 사람들은, 그들의 유토피아적 열망을 수정하고 가속주의 비전의 어리석음을 인정해야 한다. 먼 미래는 말할 것도 없고 향후 100년 또는 200년 동안 지금의 경제 성장 속도와 소비를 계속 유지할 수 있다고 가정하는 사람은 아무도 없을 것이다.

오늘날 우리에게 필요한 번영의 정치는 과도한 소비, 새로운 기계와 기기의 끝없는 축적, 우주 관광 여행 등을 통해 즐거움과 만족을 추구하지 말아야 한다. 그리고 지구적으로 지속할 수 있는 생활방식에 대한 실행 불가능한 가정에 기초한 다른 주장도 거부해야 한다. 이런 맥락에서 생태사회주의자와 마르크스주의자는 좋은 삶에 대한 논의를 강력하게 요구해야 한다. 노동운동이 지속적인 성장에 더 이상 의존하지 않는 노동, 소비, 인간의 만족에 대한 미래 비전과 장기적으로 일치하는 방식으로 그들의 단기적인 경제적 목표와 환경정책을 재조정하도록 요구해야 한다.

마르크스주의 전통 속에 있는 역사가, 정치평론가, 사회운동가들은 자본주의적 착취와 환경 재난에 관한 강력한 분석을 새로운 변화의 방향으로 보완할 필요가 있다. 그들은 대안적 정치경제와 인간과 자연의 관계 질서를 새롭게 조정하는 방법에 관해 더 많은 것을 말해야 한다. 또한 기술 중심의 생활방식이, 기업이 지구와 대부분의 지구 거주자들의 건강과 행복을 희생하고 전 세계에 대한 통제권을 유지하는 가장 중요한 수단이 된다는 것에 대해 더 많이 말해야 한다.

국가 경제가 세계화의 역학이 결정하는 삶의 속도에 통합되면 정치적으로나 물류 측면에서 경제와 그것이 유발하는 생활방식을 억제하거나 되돌리는 데 엄청난 장애가 된다. 하지만 우리는 번영과 그 목적에 관한 새로운 사고방식이 절실하며, 어딘가에서 먼저 시작해야 한다. 풍요로운 사회, 특히 유럽 사회가 새로운 질서를 선도하고 변화를 향한 정치적 의지를 촉발할 수 있는 좋은 지역일 것이다. 그렇게 한다면 경제 성장의 전통과 목적을 더 폭넓게 비판적으로 평가하고, 유럽 북부와 서부 지역 국가들의 과도한 개발이 낳은 최악의 결과를 다시 바로잡을 수 있을 것이다.

지속 가능한 소비로 바꾸려면 과도하고 냉담한 소비자의 '정치적 부당함'에 대해 더욱 용기 있게 도전해야 한다(나는 이것이 매우 모순적으로 들린다는 것을 알고 있다). 사람들의 소비 습관에 따른 환경적 낭비를 비판하기는 매우 어렵고, 그렇게 하면 주변 사람들이 매우 당혹스러워한다. 하지만 제 1세계의 풍요가 기후변화를 통해 지구의 다른 빈곤한 지역과 모든 미래 세대에 미치는 피해를 고려할 때 인종차별주의자, 성차별주의자 또는 노골적인 비민주적 태도와 행동에 대해 비판하듯이, 낭비와 오염을 유발하는 방식의 개인적 소비를 비판하지 않을 이유가 없다.

지속 가능한 경제 질서에 기초한 대안적 번영 정치에 대한 헌신은 인간 해방 과제의 연속으로 간주해야 한다. 세계의 가난한 사람들의 행복에 관심을 둔다면, 그리고 미래 세대의 삶의 질을 우려한다면, 풍요로운 사회의 노동, 소비, 즐거움, 자기실현에 관한 태도 변화를 촉구하는 운동을 펼쳐야 한다. 이런 혁명은 사회변혁과 개인적 통찰 측면에서 최근의 페미니스트 운동, 인종차별 반대운동, 반식민주의 운동을 통해 일어난 변화와 비슷할 것이다. 이 일에 헌신하는 사람들은 자신의 삶과 미래 세대의 삶을 개선하는 데 기여할 것이다.

감사의 글

이 책에서 제시한 생각들은 오래전에 정리된 것이다. 이 생각은 인간의 필요와 복지에 관한 내 초기 철학적 관심과, 또 서섹스대 대학원 시절 나의 지도교수였던 존 매팜과 제프리 노웰 스미스의 격려에서 시작되었다. 소비와 환경, 특히 '대안적 쾌락주의'에 관련된 내 정치사상의 발전은 그 이후 런던 메트로폴리탄 대학의 동료 철학자들, 그리고 Institute for the Study of European Transformations 의 연구자들과의 토론 덕분에 이룬 것이다. 2004~2006년 동안 내가 맡은 '대안적 쾌락주의, 소비의 이론과 정치학'이라는 주제의 프로젝트는 '소비 문화' 프로그램을 통해 ESRC/AHRB로부터 연구비를 지원받았다. 연구비 지원에 감사하며, 또한 이 프로젝트의 공동 연구자로서 미디어 연구에 기여하고, 연구 기간 내내 나에게 지적 지지와 우정을 보내준 린 토머스에게 감사한다. 이 연구 프로그램의 책임자 프랭크 트렌트만에게도 감사한다. 그는 유용한 자료와 조언, 공동 편집작업을 도와주었다.

또한 여러 대학에 초청된 게스트들이 제공한 여러 지적 자극은 나에게 가르침을 주었고, 그 내용은 여러 콘퍼런스에서 논문으로 발표되었다.(Amsterdam, Bilgi Instanbul, Copenhagen, Corvinus

Budapest, Colorado School of Mines, Hamburg, the National University of Ireland at Galway and Cork, Linkoping, Munster, Palacky Olomouc, Oslo, Tallinn, Trinity College(Dublin), Stockholm, Uppsala and Utrecht.)

영국의 여러 종합대학과 단과대학에도 감사한다.(Bath Spa, Birkbeck, Brighton, Goldsmiths, East London, Edinburgh, Essex, Lancaster, Liverpool, Manchester, Newport, Queen Mary, Roehampton, SOAS, Strathclyde and Warwick, and Camberwell College of Arts, Plymouth Art College (at Dartington Hall), the Sustainable Development Commission at DEFRA, the Serpentine Gallery, the Wellcome Institute and the Whitechapel Gallery.)

특별히 안드레아스 말름에게 감사하고 싶다. 그는 내 연구 초기에 관심을 보였고, 2011년에 나를 스웨덴 대학 LUCID 연구센터의 객원 강사로 초청해주었다. 그런 인연으로 룬트 대학, 그리고 특히 Pufendorf Institute for Advanced Studies와 소중한 관계를 맺었다. 나는 이 연구소에서 2014~2015년 동안 '지속 가능한 복지'라는 연구 프로젝트의 객원 연구자로 일했다. 그 당시 연구책임자였던 수네 수네손, 프로젝트 코디네이터인 막스 코크, 옥사나 몬트, 공동 저자였던 마리아 엠멜린, 그리고 모든 연구 관계자들에게 특별히 감사한다. 또한 현재 연구책임자 안-카트린 베클룬드의 지속적인 관심에 감사한다.

버소Verso 출판사의 로지 워렌에게도 감사한다. 그녀는 내가 대안적 쾌락주의에 관한 글을 쓰도록 처음 설득했다. 또한 이 책의 편집자인 존 메릭의 열정과 능숙한 지원에 감사한다. 나의 딸 매디 라일은 몇 가지 훌륭한 조언과 추가 내용을 제공했고, 여섯 살 손자 캐스퍼 로아 라일은 이 책의 출판 필요성에 대해 살짝 빈정댔지만 대체로 관대하게 넘어가주었다.

무엇보다도 특히 감사해야 할 사람은 이 책을 쓰도록 도와준 마틴 라일이다. 탁월한 편집자인 그는 늘 그랬듯이 내 혼란스러운 주장을 지치지 않고 성실하게 정리하고, 지나친 수사적 표현을 다듬고 서툰 표현을 고쳐주었다. 그는 이 책의 내용을 이미 잘 알고 있었는데, 이 책의 중심 주제와 내가 이 책에서 말하는 거의 모든 내용을 수년 동안 함께 논의하고 집필할 수 있었던 것은 정말 굉장한 일이었다.

여는 글

1 (일부 환경운동가들이 권고하는) 인위적인 지구공학과 '수압파쇄법'를 이용한 석유 시추 또는 핵에너지 확장의 위험에 관해서는 다음 자료를 보라. T. Vettese, 'To Freeze the Thames', New Left Review, May~June 2018, pp. 65; 71~6; S. Ribeiro, 'Against Geoengineering', Jacobin, 23 October 2018; cf. 'Explainer: Six ideas to limit global warming with geoengineering' at: www.carbonbrief.org.

2 유엔기상기구는 2018년 11월 지구 기온이 3~5℃ 상승할 것으로 예측했다. 관련 자료는 public.wmo.int에서 확인할 수 있다. 또한 2019년 9월 22일자 보고서를 보라. 'Global Climate in 2015~019: Climate change accelerates'; cf. J. Watts, 'G20 nations still led by fossil fuel industry, climate report finds', Guardian, 14 November 2018 and F. Harvey, 'Decade of "exceptional" heat likely to be hottest on record, experts say', Guardian, 3 December 2019.

3 F. Pearce, 'Climate Change Spells Turbulent Times Ahead For Air Travel', Guardian, 19 February 2018 and 'Climate change "cause of most under-reported humanitarian crises"', Guardian, 21 February 2019.

4 이런 영향에 대한 검토자료를 원한다면 다음 자료를 보라. J. Littler, Radical Consumption: Shopping for Change in Contemporary Culture, Milton Keynes: Open University Press, 2009. 소비문화가 환경과 사회에 미치는 영향은 2장에서 자세히 다룬다.

5 D.L. Meadows, D.H. Meadows, J. Randers and W. Behrens III, The Limits to Growth, New York: Universe Books, 1972, p. 216.

6 참고문헌과 토론 내용을 원한다면 4장을 보라.

7 조사된 대중매체들은 탈성장 경제를 일반적으로 암울하고 침체된 상황으로 제시한다. 연구내용은 다음 자료에서 확인할 수 있다. J. Lewis, Beyond Consumer Capitalism : Media and the Limits to Imagination, Cambridge : Polity Press, 2013, pp. 124~78 (7장의 미주 14에서도 같은 내용이 인용된다).《소비자본주의를 넘어서》, 커뮤니케이션북스.

8 A. Hornborg, Nature, Society and Justice in the Anthropocene : Unravelling the Money-Energy-Technology Complex, Cambridge : Cambridge University Press, 2018, p. 42.

9 Y. Moulier Boutang, Cognitive Capitalism, trans. E. Emery, Cambridge and Malden, MA : Polity Press, pp. 174~5.

1장 생각을 전환하라

1 D. Wallace-Wells, The Uninhabitable Earth : A Story of the Future, London : Allen Lane, 2019.《2050 거주불능 지구》, 추수밭. 요약내용을 원한다면 2017년 7월 17일자 〈뉴욕 매거진〉에 발표한 그의 글을 보라. 또한 J. Hansen, Storms of my Grandchildren : The Truth about the Coming Climate Catastrophe and Our Last Chance to Save Humanity, London : Bloomsbury, 2009를 보라.

2 나는 여기서는 보다 일반적인 차원의 탈성장 경제학자와 탈성장 운동, 그리고 윤리적 소비와 지속 가능한 복지에 관한 최근 매우 광범위한 문헌을 제외할 것이다. 생태 비평가들의 입장도 매우 다양하며 그들 중 모두가 자연과의 만남을 강조하는 것을 좋게 여기지는 않는다. (G. Gerrard, Ecocriticism, London : Routledge, 2004, p. 168f; M. H. Ryle in Green Letters, vol. 10, 2010, pp. 8~18; M. H. Ryle and K. Soper, eds, Green Letters, vol. 20, 2, 2016, pp. 119~26을 보라).

3 D. Wallace-Wells, The Uninhabitable, p. 34. 이와 유사하게 억제되지 않은 소비에 관한 전제는 환경 재앙으로 인한 사회 붕괴가 이제 불가피하기 때문에 곧바로 그것을 대비해야 한다고 주장하는 사람들의 관점에서도 발견된다(자세한 내용과 비

판을 원한다면 S. Pirani, 'Disaster environmentalism 1 : looking the future in the face', 5 December 2019, peopleandnature. wordpress.com을 보라).

4 D. Wallace-Wells는 이것을 기술적으로 제공된 '데우스 엑스 마키나deus ex machina (극이나 소설에서 해결하기 힘든 갈등을 해결하기 위해 동원되는 불가능한 개념이나 신적 인물-옮긴이)'라고 묘사했다.

5 '절반의 지구' 제안은 지구 면적의 50퍼센트를 자연 상태로 되돌려 재앙적인 생물 감소와 멸종을 막는 것이다(E.O. Wilson, Half-Earth : Our Planet's Fight for Life, New York : Liveright, 2016을 보라). 《지구의 절반》, 사이언스북스 ; 취리히 제안은 부유한 국가의 에너지 소비를 줄이고 그와 같은 비율로 가난한 국가의 에너지를 두 세 배 늘려서 1인당 에너지 소비를 2000와트로 만들자는 것이다(E. Jochem, ed., Steps Towards a Sustainable Development : A White Book for R&D of energy-efficient technologies, Zurich : Novatlantis, March 2004을 보라). 이 두 계획은 T. Vettese, 'To Freeze the Planet', New Left Review, May~June 2018에서 검토되었다. 특히 pp. 66~81을 보라.

6 A. Malm, Fossil Capital : The Rise of Steam Power and the Roots of Global Warming, London : Verso, 2016 ; The Progress of this Storm : Nature and Society in a Warming World, London : Verso, 2018 ; A. Hornborg, Global Ecology and Unequal Exchange : Fetishism in a Zero-Sum World, Abingdon : Routledge, 2011 ; Global Magic : Technologies of Appropriation from Ancient Rome to Wall Street, London : Palgrave, 2016 ; Nature, Society and Justice ; J. Moore, Capitalism in the Web of Life, London : Verso 2015.

7 K. Marx, Grundrisse, Penguin : Allen Lane, London, 1973, pp. 85~6.

8 H. Rose and S. Rose를 참조하라. 그들은 인간이 유전적으로 개인주의적이고 경쟁적인 성향을 갖도록 결정되어 있다는 사회생물학과 진화심리학의 주장이 두뇌를 인간 정체성의 근원으로 강조하는 신경과학 때문에 더욱 가속화되었다고 주장한다. Can Neuroscience Change Our Minds? Cambridge : Polity Press, 2016.

9 L. Andueza, 'Value, Struggle and the Production of Nature', paper to the World Ecology Network Conference, Durham, 15~16 July, 2016.

10 C. Bonneuil and J.-B. Fressoz, trans. D. Fernbach, The Shock of the Anthropocene, London : Verso, 2017, p. 68, and see esp. pp. 148~252.

11 Ibid., p. 71 ; pp. 79~84.

12 Ibid., p. 287 ; 또한 pp. 253~87을 보라.

13 하지만 자연과 사회를 분석적 차원에서 명확히 구분하는 것을 부정하면서 자본주의적 관계의 그물 형성(그는 이것을 '오이케이아oikeia'라고 한다) 속에서 인간과 인간 이외의 자연이 '결합'되어 있다는 무어의 주장은 상당히 모호하게 들린다. 내가 다른 곳에서 지적했듯이, 무어는 자연'과 '사회'라는 이항적 개념에 지속적으로 의존함으로써 이 두 개념의 '데카르트적' 오용과 명확하게 거리를 두지 않으면서도, 자연적인 것과 사회적인 것의 지속적인 상호작용, 그리고 그 결과 자본주의적 관계 속에서 환경이 형성되는 역사성에 쉽게 동의하는 사상가들을 잘못된 '데카르트적 이분법'이라며 비난하는 것은 논점을 회피하는 것이다(Radical Philosophy, 197, May?June 2016); 말름은 "자연-사회의 구분에 관한 무미건조한 의미론적 논쟁에는 마르크스주의란 외피 아래 '억제되지 않은 혼종주의가' 교묘하게 숨어 있다"고 거칠게 주장한다. The Progress, p. 181 (cf. pp. 177?83 ; 190~6). 무어에 관한 더 많은 비판 내용을 원한다면 A. Hornborg, Nature, Society and Justice, pp. 203~8을 보라.

14 Hornborg, ibid., p. 191.

15 Ibid., pp. 9~11.

16 Ibid., p. 28.

17 Ibid., p. 30f.

18 Ibid., p. 59.

19 A. Malm, Fossil Capital, p. 13 (이산화탄소 배출량은 1760~1870년 사이 5천 톤에서 6만 톤으로 증가했다. 1850년 영국은 미국, 프랑스, 독일, 벨기에의 배출량을 합친 양의 약 두 배를 배출했다. C. Bonneuil and J.-B. Fressoz, The Shock, p. 116f를 참조하라. 영국 산업과 식민주의가 전체적으로 유발한 파괴에 대한 완전한 보고를 원한다면 pp. 228~41을 보라. J. Moore와 A. Malm을 포함하여 인류세를 비판한 글에 대한 검토 내용을 원한다면 B. Kunkel, 'The Capitalocene', London Review of Books, vol. 39, no. 5, 2 March 2017, pp. 22~8을 보라.

20 M. Lynas, The God Species : Saving the Planet in the Age of Humans, London : National Geographic Society, 2011.

21 저항은 일반적으로 특정 '개발' 사업(예를 들어, 화석연료나 광물 채굴)과 그것

이 토지 권리, 수자원 상실, 오염, 생태적 소멸, 인권, 문화 쇠퇴에 미치는 영향에 반대하는 투쟁 형태를 띤다. 이런 투쟁을 둘러싼 담론은 자연과 분리하고 지배하려는 입장에 반대하여 자연 내의 인간의 위치라는 더 폭넓고 본래적인 '우주적 비전'과 다른 생태 집단들(그리고 다른 인간들)과 조화롭게 살 필요성을 분명히 밝혀준다. E. Galeano, The Open Veins of Latin America: Five Centuries of the Pillage of a Continent, trans. C. Belfrage, New York: Monthly Review Press, 1973 (25th anniversary edition, 1997); E. Gudynas, 'Buen Vivir: Today's Tomorrow', Development, vol. 54, 4, 2011, pp. 441~7; J. Martinez-Alier, The Environmentalism of the Poor: A study of Ecological Conflicts and Valuation, Cheltenham: Edward Elgar, 2003을 보라.

22 B. Franta, 'Shell and Exxon's secret 1980s climate change warnings', Guardian, 19 September 2018.

23 As reported by Global Energy Monitor in O. Milman, 'North American Drilling Boom Threatens Major Blow to Climate Efforts', Guardian, April 2019.

24 J. Watts, 'G20 nations still led by fossil fuel industry, climate report finds', Guardian, 14 November 2018.

25 D. Carrington, 'G20 public finance for fossil fuels "is four times more than renewables"', Guardian, 5 July 2017. (그러나 우리는 재생 에너지 개발에 영향을 미치는 신제국주의적 역학도 경계해야 한다(예를 들어 외국 기업들이 튀니지에 거대한 태양광 발전소를 건설했다. M. Berger, 'Turning On Solar Power in Tunisia', usnews. com, 29 May 2018를 참조하라).

26 K. Soper, What is Nature? Culture, Politics and the Non-Human, Blackwell: Oxford, 1995; 특히 pp. 149~79를 보라.

27 실제 사례와 비판 내용을 원한다면, 내 글 'The Humanism in Posthumanism', Comparative Critical Studies, 9 (3), 2012, pp. 365~78; A. Malm, The Progress, pp. 114~56; A. Hornborg, Nature, Society and Justice, pp. 174~215를 보라.

28 G. Deleuze and F. Guattari, A Thousand Plateaus, trans. B. Massoumi, London: Continuum, 2004; F. Guattari, The Three Ecologies, trans. I. Pindar and P. Sutton, London: Continuum, 2008; see also, R. Braidotti, The Posthuman, Cambridge: Polity Press, 2013.

29 B. Latour, Reassembling the Social: An Introduction to Actor-Network-Theory, Oxford: Oxford University Press, 2005; cf. G. Harman, Bruno Latour: Reassembling the Political, London: Pluto Press, 2014. Latour의 저작과 '신유물론'에 대한 비판적 논의를 원한다면, A. Malm, Fossil Capital, pp. 78~118을 보라.

30 신경과학은 문화 분석으로 확장되었다. 신경 미학자들은 예술을 신경에 의해 매개된 활동으로 보며, 이에 따르면 예술가는 부지중에 자신의 유전 물질 복사를 촉진한다. 신경문학 비평가들 역시 뇌 스캔 영상을 조사하여 문학작품이 우리 뇌의 신경 형성에 얼마나 큰 영향을 미치는지 살펴본다. (R. Tallis, Aping Mankind: Neuromania, Darwinitis and the Misrepresentation of Humanity, London: Acumen, 2010, pp. 61~2; 291~9를 보라). 또한 Rose and Rose, Neuroscience를 보라.

31 Tallis, Aping, pp. 157~61.

32 Tallis는 두뇌를 곧 '인간으로 보는'의인화(이것은 인간을 훨씬 더 쉽게 '두뇌'로 볼 수 있게 만든다)에 관해 지적한다(Aping, p. 187). 명시적으로 신경과학에 기대지 않고 있지만, 혹자는 인간의 예외성에 관한 Tim Morton의 근본적인 이의 제기에 주목할지도 모른다. 그는 "인간의 의식을 비인간 존재에 대한 인간의 우월성을 보여주는 본질적인 특성으로 설정하지 않아야 한다"고 쓴다. 그는 "인간은 던지고 땀을 흘리는 매우 독특한 능력을 갖고 있다. 그리고 그것인 전부다"라고 쓴다. The Ecological Thought, Cambridge, MA: Harvard University Press, 2010, pp. 71~32; Ecology without Nature: Rethinking Environmental Aesthetics, Cambridge, MA: Harvard University Press, 2007을 참조하라.

33 M. Hardt and A. Negri, Empire, Cambridge, MA: Harvard University Press, 2000, pp. 215~16; see also, D. Haraway, Simians, Cyborgs and Women: The Reinvention of Nature, London: Free Association, Routledge, 1991; Modest_Witness@Second_Millennium. Female-Mana_Meets_OncoMouse, London & New York: Routledge, 1997; When Species Meet, Minneapolis: University of Minnesota Press, 2008; C. H. Gray, ed., The Cyborg Handbook, London: Routledge, 1995; C. Wolfe, What is Posthumanism?, Minneapolis: University of Minnesota Press, 2010.

34 N. Srnicek and A. Williams, Inventing the Future: Postcapitalism and a World Without Work, London: Verso, 2016 (revised ed.) especially p. 82f. 포스트휴머니

즘에 대한 반대 내용을 알고 싶다면 J. Cruddas, 'The humanist left must challenge the rise of cyborg socialism', The New Statesman, 23 April 2018. See also here, chapters, 4, 6 and 7을 보라.

35 내 글 'Of oncomice and femalemen: Donna Haraway on cyborg ontology', Women: A Cultural Review, vol. 10, 2, Summer 1999, pp. 167~72를 참조하라.

36 Gillian Rose는 메시아주의가 "실제적인 곤경이 존재하는 현재에 대한 투쟁적 참여를 거부하는 것이며, 근대정신에 따라 법률, 이성, 정치를 종교와 분리하고 계속해서 개혁되는 것으로 이해하길 거부하는 데서 발생한 절망적인 조언"이라고 지적한다. 우리는 이런 분리 안에서 행동하고 자신을 인식한다. 그녀의 Mourning Becomes the Law: Philosophy and Representation, Cambridge: Cambridge University Press, 1996, pp. 15~39를 보라.

37 R. Braidotti, 'Posthuman relational subjectivity and the politics of affirmation' in P. Rawes, ed., Relational Architectural Ecologies: Culture, Nature and Subjectivity, London: Routledge, 2013, pp. 37~8.

38 C. Diamond, The Realistic Spirit: Wittgenstein, Philosophy and the Mind, Cambridge, MA: The MIT Press, 1991, p. 334f를 참조하라.

39 Ibid., p. 333.

40 A. Hornborg, Nature, Society, Justice, pp. 205~6.

41 D. Harvey, 'David Harvey Interview: The importance of postcapitalist imagination', Red Pepper, 21 August 2013, redpepper.org.uk.

42 J. Moore, Capitalism, p. 100f; 126f.

43 C. Bonneuil and J.-B. Fressoz, The Shock, p. 68.

44 A. Malm, 'The Anthropocene Myth', Jacobin, 30 March 2015.

45 이 내용에 관한 더 많은 논의는 7장을 보라.

46 J. O'Connor, 'Political Economy of Ecology of Socialism and Capitalism', Capitalism Nature Socialism, 3, 1989, p. 97.

47 R. Bahro, Socialism and Survival, trans. D. Fernbach, London: Heretic, 1982, p. 27. Andre Gorz는 같은 시기에 비슷한 주장을 했다. Farewell to the Working Class: An Essay on Post-Industrial Socialism, trans. M. Sonenscher, London: Pluto Press, 1982; and Paths to Paradise: On the Liberation from Work, trans. M. Imrie,

London : Pluto Press, 1985. 추가 내용을 원한다면 4장을 보라.

48 Latouche, Farewell to Growth, trans. D. Macey, Cambridge : Polity Press, 2009 : pp. 20~30 ; A. Hornborg, 'Zero-sum world : Challenges in conceptualizing environmental load displacement and ecologically unequal exchange in the world system', International Journal of Comparative Sociology, 50 (3~4), pp. 237~62를 참조하라. 추가 내용을 원한다면 6장을 보라.

49 A. Malm, Fossil Capital, pp. 364~6. 주체의 문제에 관한 추가 내용을 원한다면 3장, 4장, 7장을 보라.

50 P. Mason, PostCapitalism : A Guide to Our Future, London : Allen Lane, 2015, p. 178. 주체와 변화에 관한 Mason의 관점에 대해 추가 내용을 원한다면 5장과 6장을 보라. 《포스트 자본주의 새로운 시작》, 더퀘스트.

2장 왜, 지금 '대안적 쾌락주의인가?'

1 이탈리아의 오성운동, 프랑스의 노란조끼운동, 카탈루냐 국민주의와 같은 유럽 포퓰리즘의 특징은 좌우 스펙트럼에 속하길 거부하는 것이다.

2 아마 신노동당 소속 정치인이 한 말 중 가장 유명한 말일 이 말은 웹에서 쉽게 확인할 수 있다. 예를 들면 G. Parker, 'A Fiscal Focus', Financial Times, 7 December 2009에도 인용되었다.

3 A. Chakrabortty, 'Labour's Just Declared Class War. Has Anybody Noticed?', Guardian, 24 September 2018.

4 P. Butler, 'Welfare spending for UK's poorest shrinks by £37bn', Guardian, 23 September 2018.

5 B. Milanovic, Global Inequality and the Global Inequality Extraction Ratio : The Story of the Past Two Decades, Washington D.C., World Bank, 2009.

6 L. Elliott, 'World's 26 richest people own as much as poorest 50 percent, says Oxfam', Guardian, 21 January 2019. 우리는 또한 전 세계적인 빈곤이 극적으로 감소되어 왔다는 주장(최근 빌 게이츠가 주장했듯이)에 이의를 제기할 수 있다. 빌 게

이츠가 이용한 그래프는 빈곤의 부적절한 금전적 기준(극단적 빈곤을 피하기 위해 최소한 하루에 7달러가 필요한데도 2달러로 설정한다)을 이용할 뿐 아니라, 돈 문제 이전에 근본적인 착취, 그리고 토지와 자원, 생활방식의 상실을 은폐한다. 제이슨 힉켈에 따르면, 빌 게이츠가 사용한 수치는 "대부분의 인류가 돈이 전혀 필요 없는 상황에서 생존하기 위해 극단적으로 적은 돈을 얻으려고 싸우는 상황으로 바뀌었고, 따라서 이 그래프는 빈곤 감소를 보여주는 것 같지만 실제로 진행된 것은 탈취 과정이었음"을 보여준다. 그의 논문 'Bill Gates says poverty is decreasing. He couldn't be more wrong', Guardian, 29 January 2019를 보라. 또한 그의 책 The Divide: A Brief Guide to Global Inequality and its Solutions, London: Penguin, 2017을 보라.

7 G.W. Domhoff, 'Wealth, income, power' at whorulesamerica.ucsc.edu. Last updated February 2013.

8 생태 위기 상황에서의 노동과 '노동의 위기'에 관한 상세한 논의 내용(참고문헌과 함께)을 원한다면, 4장을 보라.

9 D. Frayne, 'Stepping outside the circle: The ecological promise of shorter working hours', Green Letters: Studies in Ecocriticism, vol. 20, 2, 2016, p. 197.

10 'Overconsumption? Our use of the world's natural resources,' Friends of the Earth Europe, 1 September 2009; World Centric report on 'Social and Economic Injustice', 2004; 'The State of Consumption Today', Worldwatch Institute, report of 20 December 2018.

11 A. Hornborg, Nature, Society and Justice, p. 88~9.

12 S. L. Lewis and M. A. Maslin, The Human Planet, New York: Pelican, 2018 (cf. 'Universal basic income and rewilding can meet Anthropocene demands', Guardian, 12 June 2018). 《사피엔스가 장악한 행성》, 세종서적.

13 J. Watts on Global Resources Outlook report, 'Resource Extraction Responsible for Half World's Carbon Emissions', Guardian, 12 March 2019.

14 A. Simms, 'It's the economy that needs to be integrated into the environment—not the other way around', Guardian, June 14, 2016.

15 D. Rushkoff, 'How tech's richest plan to save themselves after the apocalypse', Guardian, 18 July 2018, cit. in G. Monbiot, 'As the fracking protesters show,

a people's rebellion is the only way to fight climate breakdown', Guardian, 11 October 2018.

16 클라인은 미국 거대 군수기업 레이시온Raytheon이 기후 변화로 인한 가뭄, 홍수, 태풍 발생에 대응하기 위해 군수품과 보안 서비스에 대한 수요가 증가할 것으로 예상한다고 말한다. 그녀는 이렇게 덧붙인다. "이런 위기의 긴급성에 대해 의구심이 들 때마다 이것을 꼭 기억할 필요가 있다. 민병대가 이미 동원되고 있다." This Changes Everything : Capitalism vs. the Climate, New York : Simon and Schuster, 2014, p. 7. 《이것이 모든 것을 바꾼다》, 열린책들.

17 예를 들어 O. Morton, The Planet Remade : How Geoengineering Could Change the World, London : Granta, 2015 ; 더 비판적인 평가를 알고 싶다면, M. Hulme, Can Science Fix Climate Change? A Case Against Climate Engineering, Cambridge : Polity Press, 2014를 보라.

18 J. Hickel, 'Why growth can't be green' in Foreign Policy at foreignpolicy. com. 12 September 2018 ; Cf. G. Monbiot, 'The Earth is in a death spiral. It will take radical action to save us', Guardian, 14 November, 2018 ; H. Schandl et al., Global material flows and resource productivity : Assessment Report for the UNEP International Resource Panel, Paris : United Nations Environment Programme, 2016. 또한 P. Frase, Four Futures : Life After Capitalism, London and New York : Verso, 2016, pp. 1~34를 보라.

19 T. Jackson, Prosperity without Growth : The Transition to a Sustainable Economy, London : Sustainable Development Commission, 2009. 《성장 없는 번영》, 착한책가게 P. Victor, Managing without Growth : Slower by Design, not Disaster London : Edward Elgar, 2008 ; M. Koch, Capitalism and Climate Change, Basingstoke : Palgrave, 2012 ; 'The Folly of Growth,' New Scientist, no. 2678, 18 October 2008. G. Kallis 'In Defence of Degrowth', Ecological Economics, 70, 2011, pp.873~880 ; G. Kallis, G. D'Alisa and F. Demaria, Degrowth : A Vocabulary for a New Era, London : Routledge, 2015 ; K. Raworth, Doughnut Economics : seven ways to think like a 21st century economist, London : Penguin/Random House, 2017. 《도넛 경제학》, 학고재 ; G. Kallis, Degrowth, Newcastle-upon-Tyne :Agenda Publishing, 2018 ; S. Barca, E. Chertkovskaya, A. Paulsson eds, Towards a Political

Economy of Degrowth, London and New York: Rowman and Littlefield, 2019를 보라.

20 J. Schor, Plenitude: The New Economics of True Wealth, London: Penguin Books, 2010, p. 89.《제3의 경제학》, 위즈덤하우스.

21 'EU reports lowest greenhouse gas emissions on record', European Environment Agency, 27 May, 2014; '2050 low-carbon strategy', European Commission, 6 February 2017.

22 D. Wallace-Wells, The Uninhabitable, p. 187.

23 W. Streeck, How Will Capitalism End? London: Verso, 2016, p. 45.《조종이 울린다》, 여문책.

24 K. Soper, 'Towards a Sustainable Flourishing: Ethical Consumption and the Politics of Prosperity' and L. Copeland and L. Atkinson, 'Political Consumption', both in D. Shaw, A. Chatzidakis and M. Carrington, eds, Ethics and Morality in Consumption, London: Routledge, 2016, pp. 11~27과 pp.171~88을 참조하라. 시민-소비자의 관계에 대한 더 많은 내용을 원한다면, pp. 65~6, 그리고 176~7을 보라.

25 ibid.를 보라; M. Micheletti, Political Virtue and Shopping, New York: Palgrave, 2003; C. Barnett, P. Cloke, N. Clark and A. Malpass, 'Consuming Ethics: Articulating the Subjects and Spaces of Ethical Consumption', Antipode, 37 (1) 2005, pp. 23~45; R. Harrison, T. Newholm and D. Shaw, eds, The Ethical Consumer, London: Sage, 2005; J. Littler, Radical Consumption, esp. pp. 6~22; 92~115.

26 D. Miller, ed., Acknowledging Consumption, London: Routledge,1995, p. 31; cf. 40~1.

27 Ibid., p. 47; cf. 'The Poverty of Morality', Journal of Consumer Culture, 1 (2) 2001, pp. 225~43.

28 M. Micheletti, Political Virtue, p. 2.

29 K. Soper, M. H. Ryle and L. Thomas, eds, The Politics and Pleasures of Consuming Differently, Basingstoke: Palgrave Macmillan, 2009; R. Levett, A Better Choice of Choice, London: Fabian Society, 2003; M. Bunting, Willing Slaves: How the

Overwork Culture is Ruling Our Lives, London: Harper Collins, 2004; C. Honore, Challenging the Cult of Speed, New York: Harper One, 2005; J. Tomlinson, The Culture of Speed: The Coming of Immediacy, London: Sage, 2007; N. Osbaldiston, Culture of the Slow: Social Deceleration in an Accelerated World, Basingstoke: Palgrave, 2013; H. Shah, 'The Politics of Well-being', Soundings, 30, 2005, pp. 33~44; L. Thomas, 'Alternative Realities: Downshifting narratives in contemporary lifestyle television', Cultural Studies, 22, (5~6) 2008, pp. 680~99.

30 New Economic Foundation, 'Happy Planet Index'; Cf. Centre for the Understanding of Sustainable Prosperity publications (at cusp.ac.uk); K. Pickett and R.Wilkinson, The Spirit Level, London: Bloomsbury, 2011, (originally published by Allen Lane in 2009), on the links between equality and well-being; K. Soper, 'A New Hedonism: A Post-Consumerism Vision', Next System Project, 22 November, 2017, pp. 26~7.

31 Sustainable Development Commission report 27 May, 2006; 또한 graphs in R. Wilkinson and K. Pickett, Spirit Level, pp. 7 and 9를 보라.

32 예를 들어, editorial in 'Measuring Economies' series, 'Grossly Distorted Picture. It's high time our economists looked at more than just GDP', The Economist, 9 February, 2006; D. Pilling, 'Why it is time to change the way we measure the wealth of nations', Financial Times, 5 January 2018; S. Thomson, 'GDP a poor measure of progress, say Davos economists', World Economic Forum, 23 January 2016을 보라.

33 지구촌행복지수((happyplanetindex.org)는 2006년 신경제재단이 처음 도입했다. 2016년 순위는 140국 중 미국은 108위, 영국은 34위였다.

34 P. Mason, Postcapitalism, p. 247. 메이슨은 기후변화 부인론자들이 기후과학이 그들의 권위, 힘과 경제를 파괴한다는 것을 알기 때문에 그들의 입장에는 일정 수준의 합리성이 있다고 말한다.(하지만 트럼프 대통령과 다른 사람들은 '부인' 5단계에 도달했다: 이 단계의 부인은 '알게 뭐야'라는 식의 반응을 보인다.)

35 J. Ashley, 'The brands have turned us into a nation of addicts', Guardian, 10 December 2006. See also J. Schor, Born to Buy: The Commercialized Child and the

New Consumer Culture, New York: Simon and Schuster, 2004.

36 J. Lewis, Beyond Consumer Capitalism: Media and the Limits to Imagination, Cambridge: Polity Press, 2013, p. 90; see also my chapters 4 and 5.

37 E. P.Thompson, William Morris: Romantic to Revolutionary, London: Merlin Press, 1976 《윌리엄 모리스. 2》, 한길사; S. Rowbotham, Edward Carpenter: A Life of Liberty and Love, London: Verso 2008을 보라. 최근의 개요를 원한다면 L. Segal, Radical Happiness: Moments of Collective Joy, London: Verso, 2017, pp. 157~86을 보라.

38 P. Mason, PostCapitalism; J. Rifkin, The Zero Marginal Cost Society: The Internet of Things, The Collaborative Commons, and the Eclipse of Capitalism, New York: Palgrave Macmillan, 2014. 추가 논의 내용을 원한다면, 4장을 보라. 《한계비용 제로 사회》, 민음사.

39 N. Srnicek and A. Williams, Inventing the Future, p. 183.

40 P. Mason, PostCapitalism; W. Streeck, How Will Capitalism End?(슈트렉은 이 문제에 관한 주요 경제학자들을 검토한 뒤 이것은 자본주의의 존속 가능성의 문제가 아니라 자본주의가 어떻게, 언제 끝날 것인지의 문제라고 말한다.)

3장 끝없는 소비의 불안한 즐거움

1 A. Bonnett, The Geography of Nostalgia: Global and Local Perspectives on Modernity and Loss, London: Routledge, 2016, pp. 21~44. 또한 L. Boltanski and E. Chiapello, The New Spirit of Capitalism, London, Verso, 2007을 보라.

2 M. Farrar, 'Amnesia, nostalgia and the politics of place memory', Political Research Quarterly, 64, 4, 2011, pp. 723~35, p. 728 (cit. Bonnett, p. 23).

3 R. Bartoletti, 'Memory tourism and commodification of nostalgia', in P. Burns, C. Palmer and J.-A. Lester, eds, Tourism and Visual Culture: Volume 1: Theories and Concepts, Wallingford, CABI, 2010, pp. 23~42, pp. 24~5, (cit. Bonnett, p. 28).

4 J. Lewis, Beyond Consumer Capitalism: Media and the Limits to Imagination,

Cambridge: Polity Press, 2013, p. 53.

5 Z. Bauman, Freedom, Milton Keynes: Open University Press, 1988, pp. 57~61; 95~8; cf. The Individualized Society, Cambridge: Polity Press, 2001; Community: Seeking Safety in an Insecure World, Cambridge: Polity Press, 2001; D. B. Clarke, The Consumer Society and the Postmodern City, London and New York: Routledge, 2003, p. 150.

6 C. Campbell, 'I Shop therefore I Know that I am: The Metaphysical Basis of Modern Consumerism' in M.K. Ekstrom and H. Brembeck, eds, Elusive Consumption, London and New York: Berg, 2004, pp.42~3.

7 D. Miller, 'Consumption as the Vanguard of History' in his ed.Acknowledging Consumption, London and New York: Routledge, 1995, pp. 1~57.

8 D. Miller, The New Spirit of Capitalism, London and Chicago: University of Chicago Press, 2001, p. 188.

9 소비 욕망의 독특한 특징에 관해서는 C. Campbell, The Romantic Ethic and the Spirit of Modern Consumerism, Oxford: Blackwell, 1987.《낭만주의 윤리와 근대 소비주의 정신》, 나남; Z. Bauman, Freedom, pp. 58~63; A. Giddens, Modernity and Self-Identity: Self and Society in the Late Modern Age, Cambridge: Polity Press, 1991, pp. 196~208.《현대성과 자아정체성》, 새물결; D. Slater, Consumer Culture and Modernity, Cambridge: Polity Press, 1997, pp. 28~9; p. 76을 보라.《소비문화와 현대성》, 문예출판사.

10 이 점에 관해서 나는 폴 메이슨이 적절한 대체재가 현재 소비의 복잡성을 반영해야 한다는 주장에 동의한다. Post-Capitalism, p. 234f.

11 내 입장은 아마르티아 센의 주장과 비슷한 점이 있다. 그는 중요한 것은 사람들이 이용할 수 있는 상품이 아니라 그들이 할 수 있는 것(그들의 '능력')이라고 주장한다. 특히 개인들이 자신의 필요를 규정할 때 개인의 주체적 참여를 보장하는 그의 접근방식과 내 입장이 유사하다. 하지만 내 관심사는 '기본적인' 필요나 능력, 필요의 객관성이 아니라 기본적 필요의 필수적인 공급 이상의 '번영', 그리고 누가 이에 대한 결정권을 소유할 수 있는지에 있다. 나는 다음 논문에서 대안적 쾌락주의에 관한 주장을 필요에 관한 연구 문헌과 논의 내용과 비교, 검토한다. 'Conceptualizing Needs in the Context of Consumer Politics', Journal of Consumer

Policy, vol. 29, (4), 2006, pp. 355~72.

12 예를 들어, M. Ramsay, Human Needs and the Market, Aldershot: Avebury, 1992 를 보라.

13 K. Soper, 'Counter-Consumerism in a New Age of War', Radical Philosophy, 135, Jan~Feb, 2006, pp. 2~8을 참조하라.

14 Campbell, 'I Shop', pp. 36~9; Romantic Ethic, pp. 60~86.

15 Slater, Consumer Culture, pp. 33~62.

16 7장에서 이런 특징을 다시 다룬다.

17 T. Adorno, The Culture Industry: Selected Essays on Mass Culture, ed. J.M. Bernstein, London and New York: Routledge, 1991; cf. H. Marcuse, One-Dimensional Man: Studies in the Ideology of Advanced Industrial Society, Boston: Beacon Press, 1964. W. Leiss, The Limits to Satisfaction: On Needs and Commodities, London: Marion Boyars, 1978; W.F. Haug, Critique of Commodity Aesthetics, Cambridge: Polity Press, 1986; C. Lodziak, Manipulating Needs: Capitalism and Culture, London: Pluto Press, 1995.

18 T. Adorno, Negative Dialectics, (1966) trans. E.B. Ashton, New York: Seabury Press, 1973, pp. 263~4.

19 M. Foucault, 'Afterword, the Subject and Power', in H. Dreyfus, and M. Rabinow, eds, Beyond Structuralism and Hermeneutics, Brighton: Harvester Press, 1982, pp. 208~26; Power/Knowledge, Selected Interviews and Other Writings 1972~1977, ed. C. Gordon, trans. C. Gordon, L. Marshall, J. Mepham and K. Soper, New York: Pantheon Books, 1980, pp. 55~62; 146~82.

20 M. Foucault, Power/Knowledge, p. 57.

21 M. Featherstone, Consumer Culture and Postmodernism, London: Sage, 1991; A. Tomlinson, Consumption, Identity and Style, London: Routledge, 1990; J. Baudrillard, The System of Objects, London: Verso, 1996; The Consumer Society: Myths and Structures, London: Sage, 1998; Z. Bauman, Consuming Life, Cambridge: Polity Press, 2007 ;G. Ritzer, Enchanting a Disenchanted World: Continuity and Change in the Cathedrals of Consumption, London: Sage, 2010.

22 Z. Bauman, Freedom, p. 88.

23 C. Lilly, 'Debt statistics: How much debt is the UK in?' at www.finder.com, 19 February 2020; 'U.S. household debt at record, nearing $14 trillion ? NY Fed', www.cnbc.com, 13 November 2019.

24 A. Warde, Consumption, Food and Taste, London: Sage, 1997; 'Practice and Field: Revising Bourdieusian Concepts', ESRC, CRICPublication, April, 2004; cf. T. Schatzki, Social Practices: A Wittgensteinian Approach to Human Activity and the Social, Oxford: Oxford University Press, 1996; T. Schatzki, K. Knorr Cetina and E. von Savigny, eds, The Practice Turn in Contemporary Theory, London, Routledge 2001; E. Shove, F. Trentmann and R. Wilks, Time, Consumption and Everyday Life: Practice, Materiality and Culture, Oxford: Berg, 2009.

25 A. Warde, Consumption, p. 194; pp. 201~3.

26 K. Soper, 'Re-thinking the "good life": The citizenship dimension of consumer disaffection with consumerism', in Journal of Consumer Culture, no. 7, 2, July 2007, pp. 205~29; 'Alternative Hedonism and the Citizen-Consumer' in K. Soper and F. Trentmann, eds, Citizenship and Consumption, Basingstoke: Palgrave, 2008, pp. 191~205; 'Introduction' to K. Soper, M. H. Ryle and L. Thomas, The Politics and Pleasures, pp. 1~21을 참조하라.

27 O'Neill, 'Sustainability, Well-Being and Consumption: The Limits of Hedonic Approaches' in K. Soper and F. Trentmann, eds, Citizenship, pp. 172~90.

28 I. Bluhdorn, 'The sustainability of democracy: On limits to growth, the post-democratic turn and reactionary democrats', Eurozine, 11 July 2011, pp. 6~7. D. Shearman and J. W. Smith, The Climate Change Challenge and the Failure of Democracy, Westport, CT: Praeger, 2007 and A. Giddens, The Politics of Climate Change, Cambridge: Polity Press, 2009, pp. 56, 198~9 and 91~128. 그가 언급한 위 두 사람은 그와 마찬가지로 참여민주주의가 친환경적 정치에 효과적이지 않다고 보며, 자유민주주의는 환경문제의 해결책이라기보다 당면한 문제의 일부라고 말했다.

29 I. Bluhdorn, 'The governance of unsustainability: ecology and democracy after the post-democratic turn', Environmental Politics, 22 (1), 2013, pp. 16~36.

30 S. Baker, 'Climate Change, the Common Good and the Promotion of Sustainable

Development' in J. Meadowcroft, O. Langhelle and A. Ruud, eds, Governance, Democracy and Sustainable Development: Moving Beyond the Impasse, Cheltenham: Edward Elgar, 2012, pp. 266~68.

31 O.P. Hauser, D.G. Rand, A. Peysakhovivh and M.A. Nowak, 'Cooperating with the future', Nature, 511 (7508), 2014, pp. 220~3; World Development Report on 'Mind, Society, Behaviour', Washington, DC: World Bank, 2015, p. 167.

32 P. Victor, Managing Without Growth, pp. 221~2.

33 예를 들어, 1장의 주 5에서 언급한 '절반의 지구' 프로젝트가 있다. 영국 환경복원 프로젝트에 관해서는 D. Carrington, 'Rewild a quarter of UK to fight climate crisis, campaigners urge', Guardian, 21 May 2019; cf. G. Monbiot, 'The natural world can help save us from climate catastrophe', Guardian, 3 April 2019; and rewildingbritain.org.uk를 보라.

34 트로이 베티스는 현재 수준의 에너지 생산을 유지하려면 영국 전 국토가 풍력발전 터빈, 태양광 패널, 바이오연료 작물로 뒤덮일 것이라고 말한다. 'To Freeze the Thames: Natural Geo-Engineering and Biodiversity', New Left Review, 111, May~June, 2018, p. 66.

35 M. Koch, Capitalism and Climate Change: Theoretical Discussion, Historical Development and Policy Responses, Basingstoke: Palgrave Macmillan, 2012, pp. 68~75.

36 J. Schor, 'From Fast Fashion to Connected Consumption: Slowing Down the Spending Treadmill' in N. Osbaldiston, ed., Culture of the Slow, pp. 34~51.

37 K. Soper, 'Rethinking the "Good Life"', pp. 220~2를 보라. 에든버러에서 교통혼잡세 정책을 시행하기 전에 투표에 부쳤으나 통과되지 못했다.

38 이와 관련한 기사를 원한다면 J. Jowit, Observer, 15 February 2004; A. Clark, Guardian, 16 and 18 February 2004; J. Ashley, Guardian, 19 February 2004를 보라.

39 '감정 구조'는 문화비평가 레이먼드 윌리엄스가 처음 사용한 개념으로, 새로운 반응 또는 질적 변화가 은연중에 이루어지고 있지만 아직 이에 대한 '개념 정의나 합리적 설명이 없는 상태'를 말한다. 시간이 흐른 후 이런 반응 또는 변화는 구체적인 압력으로 작용해 사람들의 경험과 행동을 실제적으로 제한한다.

40 J. Clarke, 'A consuming public?', lecture in the ESRC/AHRB Cultures of Consumption Series, Royal Society, London, 21 June 2004, included in Research Papers (phase 1 projects); 'New Labour's citizens: activated, empowered, responsibilised or abandoned?', Critical Social Policy, 25(4), 2005, pp. 447~63.

41 K. Soper, 'Rethinking the "Good Life"', p. 219.

4장 노동의 종말, 그 이후

1 A. Gorz, Farewell to the Working Class, pp. 3~4.

2 J. Rifkin, The Zero Marginal Cost Society; P. Mason, PostCapitalism; N. Srnicek and A. Williams, Inventing the Future, (2016 edition).

3 S. Barca, '"An Alternative Worth Fighting For": Degrowth and the Liberation of Work', in S. Barca, E. Chertkovskaya and A. Paulsson, eds, Towards a Political Economy of Degrowth, London and New York: Rowman and Littlefield, 2019를 참조하라.

4 리처드 세넷은 특히 금융과 기술 변화의 선두에 선 기업에서 이런 경향(이른바 '사회적 자본주의'의 소멸)이 이미 나타나고 있다고 언급했다. Richard Sennett, The Culture of the New Capitalism, New Haven and London: Yale University Press, 2006. 《뉴캐피털리즘》, 위즈덤하우스.

5 A. Gorz, Reclaiming Work: Beyond the Wage-Based Society, trans. C. Turner, Cambridge: Polity Press, 1999; A. Hochschild, The Time Bind, New York: Metropolitan Books, 1997; R. Fevre, The New Sociology of Economic Behaviour, London: Sage, 2003; J. de Graaf, ed., Take Back Your Time: Fighting Overwork and Time Poverty in America, San Francisco: Berret-Koehler, 2003; M. Bunting, Willing Slaves: How the Overwork Culture is Ruling Our Lives, London: Harper Collins, 2004; A. Hayden, Sharing the Work, Sparing the Planet: Work-Time, Consumption and Ecology, London: Zed Books, 2013; K. Weeks, The Problem With Work, Durham, NC: Duke University Press, 2011; D. Frayne, The Refusal of Work, London: Zed Books, 2016 and 'Stepping outside the circle: the ecological promise of shorter working hours', Green Letters: Studies in Ecocriticism, vol. 20, 2, 2016, pp. 197~212.

6 P. Mason, PostCapitalism, p. 209.

7 존 해리스는 2018년 1월 16일자 〈가디언〉에 'What Happens When the Jobs Dry Up in the New World? The Left must have an answer'를 발표했다. 해리스는 노동과 휴식 간의 경계 약화, 의미 있는 가정 개념의 약화는 첨단기술 산업의 모든 부분에서 나타난다고 말한다. 이것은 "첨단기술 대기업이 고유하게 강조하는, 우리는 '항상 접속 중'이라는 메시지 속에 반영되어 있다. 우리는 자료를 확인하고, 이메일을 보내고, 직장동료들에게 메시지를 보낸다. 점점 증가하는 네트워크 재택 근무자들(번역가, 이력서 작성 대행자, IT 용역계약자, 자료입력자)에게서 이런 경향을 더 분명하게 확인할 수 있다. 그들의 삶은 종종 유연성과 일상적인 불안이 현대적으로 혼합된 형태를 보인다." P. Mason, PostCapitalism, pp. 209f.; J. Crary, 24/7: Late Capitalism and the Ends of Sleep, London: Verso, 2014, pp. 70~1을 참조하라.

8 내가 2019년 11월에서 썼듯이 파산의 위기에 직면해 있다.

9 널리 홍보된 열대섬 축제에 많은 사람이 수천 달러를 내고 참석했지만 그곳은 텅 비어 있었고 파티도 없었다. I. Kaminska, 'The entire economy is Fyre Festival', Financial Times, 21 February 2019, ft.com을 참조하라.

10 D. Graeber, 'On the Phenomenon of Bullshit Jobs: A Work Rant', Strike! magazine, 3 August 2013.

11 디 베르나르도는 이렇게 썼다. "불안한 상태는 사실, 일종의 '새로운' 노동조건도 아니고, 노동과 생산에 대한 유례없는 포스트포드주의적 혁신의 결과도 아니다. 오히려 포드주의 이전, 그리고 복지국가 이전의 노동조건으로 되돌아가는 징후에 가깝다. … 불안은 자본주의 사회에서 사는 노동계급의 조건일 뿐이다. 이런 상태는 항상 존재했고 앞으로도 항상 그럴 것이다." 'The Impossibility of Precarity', Radical Philosophy 198, July~Aug 2016, pp. 7~14.

12 R. Sennett, Culture of the New Capitalism, 49. 니나 파워는 이런 불안 상태를 포스트포드주의 시대에 일반화된 '노동의 여성화'를 보여주는 대표적인 예라고 본다. One Dimensional Woman, Winchester: Zero Books, pp. 20~2.

13 G. Standing, The Precariat: The New Dangerous Class, London, Bloomsbury, 2016

(4th edition)을 보라. 이 인용문은 Standing의 연구 결과와 그가 Great Transition Initiative에 발표한 주장에서 발췌한 것이다. (Guy Standing, 'The Precariat: Today's Transformative Class?', greattransition.org; accessed 19 October 2018).

14 유사 자영업에 관해서, 그리고 2012년 설립된 영국의 신생 노동조합(The Independent Workers Union of Great Britain, IWGB)이 이런 상황에 놓인 노동자를 보호하기 위해 벌인 탁월한 활동에 관해서는 Y. Roberts, 'The Tiny Union Beating the Gig Economy Giants', Observer, 1 July 2018을 보라.

15 관련 서류를 포함한 보고서는 'Working practices at Sports Direct inquiry', Report published on Friday, 22 July 2016; www.parliament.uk; accessed 14 November 2018에서 볼 수 있다.

16 The CNN report by M. McFarland, 'Amazon only needs a minute of human labor to ship your next package', 6 October 2016; www.money.cnn.com; accessed 15 November 2018을 보라.

17 The article by S. Butler, 'Amazon Accused of Treating UK Warehouse Staff Like Robots', Guardian, 16 May 2018을 보라.

18 옥스팜 전무이사 위니 바뉘마는 2019년 다보스 포럼에서 노동자의 존엄에 관한 연설에서 이런 사실을 언급했다. (M. Farrer in the Guardian, 30 January 2019를 보라).

19 이전에 이에 대해 논의한 자료는 다음과 같다. C. Offe, Disorganised Capitalism, Cambridge: Polity Press, 1985, but see also Z. Bauman, Liquid Modernity, Cambridge: Polity Press, 2000 and U. Beck, The Brave New World of Work, Malden, MA: Polity Press, 2000; Standing, The Precariat.

20 P. Mason, PostCapitalism, pp. 207~13를 참조하라.

21 P. Myerscough, 'Short Cuts', London Review of Books, 3 January 2013을 보라.

22 J. Stone, 'Unite union vote to keep Trident at Labour's Party Conference', Independent, 27 September 2015; and R. Mason and A.Vaughan, 'Labour's pledge to ban fracking in the UK is "madness", says GMB', Guardian, 26 September 2016을 보라. 노동당은 2019년 노동당 콘퍼런스에서 이에 대한 입장을 바꿀 수 있다는 점을 시사했다.

23 'Unite calls for fracking to be halted as further tremors strike Lancashire', 30

October 2018; www.unitetheunion.org; accessed 14 November 2018.

24 'Agreement between Royal Mail Fleet and CWU on implementation of the first hour of the Shorter Working Week', 8 August, 2019, www.cwu.org; 또한 K. Bell, 'A four-day week with decent pay for all? It's the future', 30 July 2019, www.tuc. org.uk를 보라.

25 The Shorter Working Week: A Radical and Pragmatic Proposal, Autonomy: Cranbourne, Hampshire, 2019. 권리, 국제, 사회경제부 책임자 케이트 벨은 노동조합 총회에서 이 보고서를 특별히 언급하며 '이것을 성취하기 위한 노동조합의 중요한 역할'에 대해 말했다. 이 문제에 대한 더 학문적인 연구 결과를 원한다면 S. Barca, 'On working-class environmentalism: a historical and transnational overview', Interface, vol. 4, 2, 2012, pp. 61~80을 보라.

26 파트 타임 노동자를 별도로 분리할 수 없기 때문에 평균 노동시간 통계를 해석하기는 쉽지 않다. 최근(2017년) OECD 보고서는 영국 노동시간이 일부 EU국가보다 더 길지만 미국, 러시아, 아일랜드보다 짧다는 것을 보여주었다. (O. Smith, 'Which nationalities work the longest hours?', Daily Telegraph, 7 February 2018을 보라). 노동이 삶의 즐거움을 손상시킬 정도로 고역이 되었다는 인식은 위에서 인용한 책에서 나타난다.

27 영국에서 여성의 노동시장 참여가 본격화되었지만 정규 노동시간이 감소하지 않았기 때문에 가정에 대한 시간 압박이 심화되었고 그로 인해 모든 노동자의 스트레스가 증가했다. 'Work-related stress, anxiety or depression statistics', at: www. hse.gov.ukSMS 2018/9년 602,000건의 환자(노동자 10만 명당 1800명)가 발생했음을 보여준다. 현재 통계는 직장 관련 질병의 37퍼센트가 스트레스, 우울, 불안 탓이며, 결근 일수의 45퍼센트가 건강 악화 탓임을 보여준다. W. Stronge and D. Guizzo Archela, 'Exploring our latent potential', IPPR Progressive Review, vol. 25, 2, Autumn 2018, p. 226을 보라.

28 위의 주 7에서 인용한 〈가디언〉 보도 기사를 보라.

29 K. Weeks, The Problem with Work.《우리는 왜 이렇게 오래, 열심히 일하는가?》, 동녘; V. Bryson, 'Time, Care and Gender Inequalities', in A. Coote and J. Franklin, eds, Time on Our Side: Why We All Need a Shorter Working Week, London: New Economics Foundation, 2013을 보라.

30 케인스의 1930년 논문 'Economic Possibilities for our Grandchildren'에서 자주 인용되는 이 구절은 D. Frayne, The Refusal of Work, p. 200. 《일하지 않을 권리》, 동녘; and by P. Frase, Four Futures, p. 43 에서도 인용된다. 《시작된 미래》, 우리교육.

31 J. Schor, The Overworked American: The Unexpected Decline of Leisure, New York: Basic Books, 1991, p. 2.

32 J. Schor, Plenitude, p. 38. 일부는 창고시설이 작은 탓이긴 하지만, 이것은 1995년 이후 창고 이용이 65퍼센트 증가했음을 보여준다.

33 나는 특히 위에서 인용한 P. Mason, J. Rifkin, and N. Srnicek and A. Williams의 글들을 염두에 두고 있다.

34 A. Gorz, Farewell: Reclaiming Work: Critique of Economic Reason, London: Verso, 1989. Gorz의 최근 핵심 주장을 알고 싶다면, F. Gollain, trans. M. H. Ryle, 'Andre Gorz: wage labour, free time and ecological reconstruction', Green Letters: Studies in Ecocriticism, vol. 20, 2, June 2016, pp. 127~39; also, F. Bowring, Andre Gorz and the Sartrean Legacy, Basingstoke: Macmillan, 2000 을 보라.

35 N. Srnicek and A. Williams, Inventing the Future, p. 113; and see pp. 110~13.

36 P. Frase, Four Futures, p. 47.

37 A. Gorz, The Immaterial: Knowledge, Value and Capital, trans. Chris Turner, London: Seagull, 2010, pp. 130~1을 참조하라.

38 D. Frayne, Refusal of Work.

39 Ibid., p.161.

40 Ibid., p.188.

41 K. Marx, Grundrisse, London: Verso, 1971, p. 226.

42 W. Blake, Songs of Innocence (1789) and Songs of Experience (1794), notably the two poems entitled 'Nurse's Song'; W. Wordsworth, 'Ode: Intimations of Immortality from Recollections of Early Childhood' (1807)을 보라; 한가한 시간과 조각 그림 맞추기, 체스, 글자 수수께끼, 문학적 수수께끼 활동을 중요하게 여기는 Georges Perec, Life a User's Manual, (1978) trans. D. Bellos, London: Vintage, 2003; and W, or The Memory of Childhood, trans. D. Bellos, London: Harvill,

1988; and Kazuo Ishiguro의 어린이의 세상에 대한 예리하고 감동적인 표현이 담긴 The Unconsoled, London: Faber, 1995, When We Were Orphans, London: Faber, 2000, and Never Let Me Go, London: Faber, 2005를 보라.

43 D. Frayne, Refusal of Work, p. 201. 그의 박사학위 논문 제목이다. 프레인은 또 다른 인터뷰 내용을 인용한다. "나는 많은 사람이 하고 싶은 것을 내가 해냈다는 흥분을 느낍니다. 극심한 생존 경쟁 경험에서 벗어나 다른 것을 향해 가는 것이죠. 처음으로 내가 의식적으로 선택한 일을 하고 있기 때문에 어른이 되었다는 느낌이 듭니다." 《일하지 않을 권리》, 동녘.

44 J. Rifkin, The Zero Marginal Cost Society, p. 11. 《한계비용 제로 사회》, 민음사.

45 N. Srnicek and A. Williams, Inventing the Future, p. 109.

46 A. Gorz, Immaterial, p.14, cf. F. Gollain, art.cit., p. 136~7.

47 P. Mason, PostCapitalism, p. 112; 그는 'the American economist Paul Romer', 'US journalist David Kelly' and 'Yochai Benkler, (formerly) a law professor at Yale'이 발표한 연구 결과를 인용한다.

48 P. Mason, PostCapitalism, pp. 117~18.

49 Ibid., p. 139.

50 Ibid., p.124.

51 Ibid., p. 115, cf. p.xvii.

52 Y. Moulier Boutang, Cognitive Capitalism, p. 163. Moulier Boutang은 이런 생산 노동이 '오늘날 가치의 핵심'이라고 주장한다. 그는 책 전반에 걸쳐서 '일반적인 지식'이 가장 중요한 생산력이라는 관점을 철저하게 설명한다.

53 J. Rifkin이 Zero Marginal Cost Society 7장에서 제시하는 온라인 학습의 교육적 잠재력에 관한 매우 순진한 주장을 보라.

54 the BBC report of 3 June 2014 by Judith Burns, '"Crazy funding puts music education at risk"', 3 June 2014. www.bbc.co.uk; accessed 23 November 2018을 보라.

55 BBC report of 27 March 2015 by Jane Wakefield, 'Children spend six hours or more per day on screens'. www.bbc.co.uk; accessed 19 November 2018을 보라.

56 N. Srnicek and A. Williams, Inventing the Future, p. 82f. 이런 내용을 주장할 때 그들은 포스트휴머니즘(더 정확히 말하면 트랜스휴머니즘transhumanism)을 받아들

인다. 그들을 비판하는 존 크루더스는 이것을 '새로운 우생학'이며 '좌파의 역사에 나타났던 혐오스러운 선전'의 반복이라고 비난한다. 'The humanist left must challenge the rise of cyborg socialism', New Statesman, 23 April 2018을 보라. (포스트휴머니스트들은 인간중심적 이론을 없애고 인간과 다른 동물, 유기체, 비유기체 간의 명확한 개념적 차별 철폐를 주장한다. 하지만 그들은 트랜스휴머니스트들이 지지하는 디지털 기술, 바이오기술, 유전공학을 이용한 인간의 개조를 반드시 지지하지는 않는다. 또한 인간의 필연적 죽음을 극복하기 위한 과학 프로젝트를 지지하지도 않는다.

57 N. Srnicek and A. Williams, Inventing the Future, p. 113.

58 A. Gorz, Critique, p. 158.

59 D. Frayne, 'Stepping outside', p. 209.

60 C. Gardner, 'We Are the 25%: Looking at Street Area Percentages and Surface Parking', Old Urbanist, 12 December 2011.

61 N. Srnicek and A. Williams, Inventing the Future, p. 183. Ian Lowrie는 그들의 책을 검토한 뒤 이렇게 썼다. "Srnicek와 Williams가 노동 이후의 미래가 생태적으로 건강할 것이라고 반복적으로 주장하지만, 그들은 야만스럽게 착취하는 생산체제 위에 마이크로 전자공학을 쌓아 올리는 것 또는 비인간 세계와 인간의 관계에 대한 매우 확실히 오래되고 교조적인 마르크스주의적 이해에 관해서 자기 성찰이 거의 없음을 분명히 보여준다. 인류세의 미래가 어떤 의미인지에 관한 질문도 거의 검토하지 않는다. 적어도 그들은 고학력 대중이 기계 지능에 의해 계획된 경제를 통제하는 데 필요한 민주화와 전문지식의 확산에 대해 극단적일 정도로 낙관적이다." Los Angeles Review of Books, 8 January 2016.

62 '"Tsunami of Data" could consume one fifth of global electricity by 2025', Guardian, 11 December 2017.

63 O. Milman, '"Moment of reckoning": US cities burn recyclables after China bans imports', Guardian, 21 February 2019.

64 A. Beckett, 'Post-Work: the radical idea of a world without jobs', Guardian, 19 January 2018.

65 New Economic Foundation reports '21 Hours, The Case for a Shorter Working Week', 13 February 2010 and A. Coote, '10 Reasons for a Shorter Working Week',

29 July 2014 both at www.new economics.org; accessed 6 October 2016. Cf. H. Hester, 'Demand the Future – Beyond Capitalism, Beyond Work', at Demand the Impossible, April, 2017, www.demandtheimpossible.org.uk; accessed 13 November 2018; M.H. Ryle and K. Soper, eds, Introduction to special issue on 'The Ecology of Labour', Green Letters, vol. 20, No. 2, June 2016, pp. 119~26을 보라.

66 P. Walker, 'Never mind GDP-make free time the measure of UK wellbeing, say Greens', 4 October 2018. 자유 시간지수는 사람들이 즐길 수 있는 자유 시간을 얼마나 많이 갖고 있는지 보여준다. 녹색당은 여가가 경제적 부보다 더 나은 행복의 척도라는 근거 하에 GDP의 대체 지표로 자유 시간지수를 지지한다.

67 'McDonnell commits Labour to shorter working week and expanded free public services as part of Labour's vision for a new society', 23 September 2019, labour. org.uk and L. Elliott, 'John McDonnell pledges shorter working week and no loss of pay', Guardian, 23 September 2019.

68 C. Hughes, 'Four day week could transform our lives', Independent, 14 March 2018.

69 최근 보편적 기본소득 캠페인과 시범 사업에 관한 지속적인 갱신 자료를 원한다면 BIEN (Basic Income Earth Network) at basicincome.org를 보라. 또한 the Autonomy Institute at autonomyinstitute.org를 보라. 흥미 있는 고찰 내용을 원한다면 Y. Moulier Boutang, Cognitive Capitalism, pp. 152~66; R. Skidelsky and E. Skidelsky, How Much is Enough?, London: Allen Lane, 2012, pp. 197~202을 보라. 이 계획에 대한 초기 옹호 내용을 원한다면 A. Gorz, Reclaiming Work, p. 100f.; D. Purdy, 'Citizens' Income: Sowing the Seeds of Change', Soundings 35, 2007: 54~65를 보라.

70 www.autonomyinstitute.org에서 UBI와 관련하여 Jamie Woodcock과 David Fraynet과의 인터뷰 내용을 보라.

71 A. Gorz, Immaterial, pp. 26~7.

72 A. Gorz, Immaterial, pp. 130~1; cf. P. Mason, PostCapitalism, pp. 284~6.

73 Y. Moulier Boutang, Cognitive Capitalism, p. 157.

74 Ibid., pp. 156~66. 하지만 Anna Coote가 'Universal basic income doesn't work. Let's boost the public realm instead', Guardian, 6 May 2019에서 최근 제기한 의구

심을 살펴보라. UBI의 영향에 관한 최근 연구에 비추어 그녀와 다른 사람들은 그 대안으로 '보편적 기본 서비스'를 강하게 요구한다. 완전한 보고서는 University College London의 Institute of Global Prosperity에서 이용할 수 있다.

75 어떤 사람들은 수공예가 새로운(지식적, 또는 개념적) 기술을 도입하여 활용하고 있음에도 수공예가의 지위와 자율성의 보호를 통해 특별히 예술의 영역으로 남 아 있다고 주장한다. J. Roberts, The Intangibilities of Form: Skill and Deskilling in Art After the Readymade, London: Verso, 2004. S. Edwards' review (Radical Philosophy, 56, pp. 56~8), and J. Roberts, 'On Autonomy and the Avant-garde', Radical Philosophy, 103, Sept~Oct 2003, p.18을 보라.

76 J. Roberts, The Intangibilities of Form, p. 84.

77 Ibid., p. 206.

78 K. Marx, Grundrisse, trans. M. Nicolaus, Harmondsworth: Penguin, 1973, pp. 452~6; 또한 pp. 471~515, where Marx, in the section on 'Pre-Capitalist Economic Modes of Production' elaborates on this account of 'personality'를 보라.

79 Ibid., pp. 409~10; cf. p. 325.

80 Ibid., p. 488.

81 T. Adorno, 'Functionalism Today', Oppositions, 17, 1979, pp. 30~41.

82 이에 대해 더 많은 내용을 원한다면 6장을 보라.

83 T. Kasser, The High Price of Materialism, Cambridge, MA: MIT Press, 2007; J. Schor, The Overspent American: Why We Want What We Don't Need, New York: Harper Perennial, 1999; C. Honore, In Praise of Slowness: Challenging the Cult of Speed, New York: Harper One, 2005; N. Osbaldiston ed., Culture of the Slow; cf. The Voluntary Simplicity Movement, www.simpleliving.net and Center for the New American Dream at www.newdream.org.

84 미래 노동에 관한 비슷한 숙고 내용을 원한다면 Alyssa Battistoni, 'Living, Not Just Surviving', Jacobin, 15 August 2017을 보라.

85 www.craftivism.com. Cf. B. Greer ed., Craftivism: The Art of Craft and Activism, Vancouver: Arsenal Pulp Press, 2014; R. Parker, The Subversive Stitch: Embroidery and the Making of the Feminine, London: I.B. Taurus, 2010을 보라. 뜨개질은 크래프티스트 활동의 대표적인 사례이며, 다음과 같은 관련 단체들의

역설적인 명칭은 그들의 반문화주의를 나타낸다. 'Revolutionary Knitting Circle', the 'Radical Cross Stitch network', the 'Global Justice Knitters', the 'Counterfeit Crochet Project' and the 'Anarchist Knitting Mob'.

86 J. Schor, Plenitude, p. 127.

5장 대안적 쾌락주의의 상상력, '다른 즐거움'

1 예를 들면, 영국 재무부의 한 관리가 2007년 서리 대학에 열린 '번영 개념의 재정의' 프로젝트를 시작하는 자리에서 Tim Jackson 교수를 비난했다(T. Jackson, 'The dilemma of growth: prosperity v economic expansion,' Guardian, 22 September 2014를 보라).

2 E. Worrall, 'Climate Fury: "They don't need the ravings of some pure, enlightened and woke capital city greenies"', Watts Up With That?, 12 November 2019, wattsupwiththat.com.

3 K. Rawlinson, 'Extinction Rebellion: Johnson calls climate crisis activists "uncooperative crusties"', Guardian, 8 October 2019.

4 R. Williams, Towards 2000, London: Chatto & Windus, 1983, p. 13.

5 J. Eastoe, Britain by Bike: A Two-Wheeled Odyssey Around Britain, London: Batsford, 2010, p. 27.

6 M. H. Ryle and K. Soper, 'Alternative Hedonism: The World by Bicycle', in N. Osbaldiston ed., Culture of the Slow, p. 104.

7 다음 단락의 논의 내용을 보라.

8 Ivan Illich가 Energy and Equity (London: Harper and Row, 1973)에서 밝힌 속도 숭배에 대한 고찰은 여전히 타당성이 매우 높다. 《행복은 자전거를 타고 온다》, 사월의책. 산업혁명에서 현재에 이르는 기간에 관한 신중하고 비판적인 학문적 설명을 원한다면 J. Tomlinson, Culture of Speed: The Coming of Immediacy, London: Sage, 2007을 보라.

9 이런 두 배의 성능 개선은 이른바 '무어의 법칙'에 따른 것이다(인텔 설립자 Gordon

Moore의 이름을 따랐다). 무어의 법칙은 무한히 계속 유효할 수 없음에도 불구하고. 전문가들은 기존 소프트웨어를 더 효율적으로 이용할 수 있는 새로운 알고리즘을 통해 컴퓨터 능력이 예측 가능한 미래에 계속 더 빨라질 것이라고 예상한다. L. Dormehl, 'Computers can't keep shrinking, but they'll keep getting better. Here's how', Digital Trends, 17 March 2018. digitaltrends.com을 보라.

10 S. Kemp, 'Digital in 2018: World's Internet Users Pass the 4 Billion Mark', Special Report at We Are Social, 30 January 2018, wearesocial.com; accessed 15 November 2018을 보라.

11 'A decade of digital dependency', Ofcom, 2 August 2018, ofcom.org.uk; accessed 15 November 2018.

12 M. Bunting, Willing Slaves: How the Overwork Culture is Ruling Our Lives, London: Harper Collins, pp. 42~5.

13 C. Dickens, The Pickwick Papers, London: Everyman, (undated), pp.125~6.

14 M.H. Ryle on 'Velorutionary perspectives' in K. Soper and M. H. Ryle, 'Alternative Hedonism: The World by Bicycle', p. 102. 또한 M.H. Ryle, 'Velorutionary?', Radical Philosophy, July~August 2011, pp. 2~5를 보라.

15 2018년 11월 철도 요금이 3.1퍼센트 인상되었을 때 철도 이용자들이 분노한 것은 지난 12개월 동안 기차가 지연되거나 취소되는 비율이 10년만에 최고 수준을 보였기 때문이었다. 2018년 11월 30일자 〈가디언〉 기사 'UK rail fares to rise 3.1% in new year'를 보라. 2017년 1월 Action for Rail은 영국 통근자들이 유럽의 8개 국가의 통근자들보다 소득 대비 교통비 비율이 더 높다는 보고서를 발표했다(포르투갈 통근자들만 영국 통근자들보다 철도교통비가 더 비쌌다). 2017년 1월 6일자 〈가디언〉 기사, 'Tracking the cost: UK and European rail commuter fares compared'를 보라.

16 R. Hallam, 'Wake up, Britain. We've been betrayed over Heathrow', Guardian, 27 June 2018.

17 O. Jones, 'Brexit Britain's dash for growth will be a disaster for the environment', Guardian, 28 June 2018.

18 Ibid. 영국 인구의 절반은 특정 연도에 한 번도 항공 여행을 하지 않는다. 따라서 항공 여행을 자주 이용하는 사람들은 더 많은 가스를 배출한다. 런던에서 뉴욕 또

는 샌프란시스코 노선을 항공기로 1회 왕복할 경우 이코노미석 여객 1인당 2톤 이상의 이산화탄소가 배출되어 온난화가 발생한다. 이것은 핀란드 일반인의 연간 총배출량의 20퍼센트 이상이며, 인도의 평균적인 사람들이 배출하는 연간 총배출량보다 더 많은 양이다. 이 통계는 2015년 10월 15일에 학자들의 항공 여행 마일을 줄이는 활동을 벌이는 www.flyingless.org에 실린 내용이다. 2016년 7월 13일자 접속.

19 The Man in Seat Sixty-One에 관한 더 자세한 내용은 www.seat61.com에서 확인할 수 있으며, 추가 자료는 www.eurostar.com and www.ecopassenger.com을 보라. 2018년 11월 15일자 접속.

20 M. H. Ryle and K. Soper, Culture of the Slow, p. 98.

21 A. Neslen, 'EU must end petrol and diesel car sales by 2030 to meet climate targets', Guardian, 20 September 2018.

22 D. Carrington and M. Taylor, 'Air pollution is the "new tobacco" warns WHO head', Guardian, 27 October 2018. 최근 연구는 대기오염이 신체의 모든 세포에 영향을 줄 수 있음을 시사한다(N. Davis, 'Impact of air pollution on health may be far worse than thought', Guardian, 27 November 2018).

23 자동차와 항공기는 50퍼센트가 플라스틱으로 이루어져 있다. S. Buranyi 'Plastic Backlash: What's Behind our Sudden Rage? And will it make a Difference?', Guardian, 13 November 2018.

24 N. Bomey, 'U.S. vehicle deaths topped 40,000 in 2017, National Safety Council estimates', USA Today, 15 February 2018. usatoday.com; accessed 22 November 2018. 'National Statistics ?Reported road casualties Great Britain, annual report: 2017' can be found at www. gov.uk; accessed 22 November 2018.

25 R. Aldred, 'Road injuries in the National Travel Survey: under-reporting and inequalities in injury risk', University of Westminster project report, 2018; accessed 4 December 2018, pages 3 and 5를 보라.

26 livingplanetindex.org; accessed 29 October 2018; D. Carrington, 'Humanity has wiped out 60% of animals since 1970, report finds', Guardian, 30 October 2018.

27 A. Wilson, The Making of the North American Landscape: From Disney to the Exxon Valdez, Oxford: Blackwell, 1991, p. 37f. K. Soper, What is Nature?, p.

242~3을 참조하라.

28 G. Fuller, 'What Would a Smog-Free City Look Like?', Guardian, 18 November 2018.

29 J. Hart and G. Parkhurst, 'Driven to excess: Impacts of motor vehicles on the quality of life of residents of three streets in Bristol UK', found at eprints.uwe. ac.uk; accessed 25 November 2018.

30 P. Barkham interview, '"We're doomed": Mayer Hillman on the climate reality no one else will dare mention', Guardian, 16 April 2018.

31 이것은 2005년 Living Streets 캠페인 웹사이트에 등록된 Manifesto에 기초한 것이다. 현재 캠페인은 www.livingstreets.co.uk에서 볼 수 있다. 2016년 7월 13일자 접속.

32 G. Fuller, 'What Would a Smog-Free City Look Like?'.

33 'Goodbye cars, hello colour, the great reinvention of city intersections', Walking the City series, Guardian, 20 September 2018.

34 J. Harris, 'Amazon v the high street-how Doncaster is fighting back',Guardian, 11 October 2018.

35 학생에게 판매되는 여행 상품을 보려면 schoolsworldwide.co.uk를 보라. 또한 J. Eclair, 'This is why we need to stop sending our children on fancy school trips', Independent, 26 March 2018을 보라.

36 T. Mann, Buddenbrooks, trans. H.T. Lowe-Porter, London: Secker & Warburg, 1930 (1902), p. 235. 《부덴브로크 가의 사람들》, 민음사.

37 J. Clifford, The Predicament of Culture, Cambridge, MA: Harvard University Press, 1988, p. 14. M. Houellebecq's novel, Atomized (London: Vintage, 2001)은 오늘날 도피적인 휴가에 관해 통찰력 있고 충격적인 내용을 제시한다.

38 J. Schor, 'From Fast Fashion to Connected Consumption', in N. Osbaldiston ed., Culture of the Slow, p. 37f.; 또한 I. Skoggard, 'Transnational Commodity Flows and the Global Phenomenon of the Brand' in A. Brydon and S. Niessen, eds, Consuming Fashion: Adorning the Transnational Body, Oxford and New York: Berg, 1998을 보라.

39 P. Cocozza, '"Don't feed the monster!" The people who have stopped buying new clothes', Guardian, 19 February 2018.

40 L. Siegle, 'Influencers can combat fast fashion's toxic trend', Guardian, 7 October 2018.

41 몇 가지 증거를 알고 싶다면 R. Layard, Happiness: Lessons from a New Science, London: Allen Lane, 2004; T. Kasser, The High Price of Materialism, Cambridge: MIT Press, 2002; and 'Values and Prosperity'(paper to the UK Sustainable Development Commission seminar on 'Visions of Prosperity', 26 November 2008)를 보라.

42 O. Wilde, 'The Philosophy of Dress', New York Tribune, 19 April 1885, p. 9.

43 S. Conlon, 'Trawling for trash: the brands that are now turning plastic pollution into fashion', Guardian, 23 November 2018, cf. aquafil.com; accessed 27 November 2018.

44 S. Dooley, 'Fashion's Dirty Secrets', bbc.co.uk; accessed 25 November 2018, cf. P. Cocozza and L. Siegle, cit. above.

45 L. Siegle, art. cit.

46 S. O'Connor's report on illegal practices in Leicester garment factories, 'Dark factories: labour exploitation in Britain's garment industry', Financial Times, 17 May 2018을 보라.

47 B. Ehrenreich and D. English, 'The Manufacture of Housework' in Socialist Revolution, October~December, 1975; A. Oakley, Woman's Work: The Housewife Past and Present, New York: Vintage Books, 1976; J. Schor, The Overworked American, New York: Basic Books, 1991, pp. 83~105; U. Huws, The Making of a Cybertariat: Virtual Work in a Real World, London: Merlin Press, 2003, p. 37.

48 사례와 논의 내용을 원한다면 J. Schor, 'From Fast Fashion to Connected Consumption', in N. Osbaldiston ed., Culture of the Slow, pp.42~50; Plenitude, pp. 100~70; X. de Lecaros Aquise, 'The rise of collaborative consumption and the experience economy', Guardian, 3 January 2014; J. Williams, '10 collaborative consumption websites', The Earthbound Report, 3 October 2012를 보라.

49 J. Schor, 'From Fast Fashion to Connected Consumption', pp. 34~51.

50 Ibid. pp. 43~6; 또한 C. J. Martin, 'The sharing economy: A pathway to

sustainability or a nightmarish form of neoliberal capitalism?' Ecological Economics, 121 (2016), pp. 149~59를 보라.

51 L. Cox, 'The Sharing Economy', Disruption Hub, 24 January 2017, disruptionhub. com; accessed 27 November 2018.

52 Maria Caulfield의 2018년 12월 1일자 정기 이메일에서 인용.

53 consciouscapitalism.org; bcorporation.net; bteam.org; justcapital. com. Cf. O. Balch, 'Good company: the capitalists putting purpose ahead of profit', Guardian, 24 November 2019; cf. J. Henley, 'How millions of French shoppers are rejecting cut-price capitalism', Guardian, 4 December 2019.

54 T. Scitovsky, The Joyless Economy, Oxford: Oxford University Press, pp. 8~11, 62, 72f.

55 BBC Science & Environment, 'Household food waste level "unacceptable"', BBC Science & Environment, 'Household food waste level "unacceptable"', 30 April 2017, bbc.co.uk; accessed 28 November 2018.

56 H. Chappell and E. Shove, 'Debating the future of comfort, environmental sustainability, energy consumption and the indoor environment', Building Research and Information, 33 (1) January~February, 2005, pp. 32~40; cf. E. Shove, Comfort, Cleanliness and Convenience, Oxford: Berg, 2003.

57 C. Campbell, The Romantic Ethic and the Spirit of Modern Consumerism, Oxford: Blackwell, 1987, pp. 58~70.

58 E. Kolbert, The Sixth Extinction: An Unnatural History, New York and London: Henry Holt and Company, 2014. 《여섯 번째 대멸종》, 처음북스.

59 'Living Planet Report' for 2018 at wwf.org.uk; D. Carrington, 'Humanity has wiped out 60 per cent of animal populations since 1970, report finds', Guardian 30 October 2018.

60 J. Watts, 'Stop biodiversity loss or we could face extinction, warns UN', Guardian, 3 November 2018.

61 J. Poore and T. Nemecek, 'Reducing food's environmental impacts through producers and consumers', Science, vol. 360, issue 6392, 1 June 2018, sciencemag. org. 또한 Food and Agriculture Organization of the United Nations, 'Key facts and

findings', fao.org을 보라; accessed 15 November 2018. D. Carrington, 'Avoiding meat and dairy is "single biggest way" to reduce your impact on Earth', Guardian, 31 May 2018을 참조하라.

62 모든 육류 생산을 악마화하는 것에 반대하는 이유를 보라. 'If you want to save the world, veganism isn't the answer', Guardian, 25 August 2018, and her report on the impact of using such methods at the Knepp estate in West Sussex, in Wilding: The Return of Nature to a British Farm, London: Picador, 2018.

63 D. Mahon, New Selected Poems, Loughcrew, Oldcastle, Ireland: Gallery Press, 2016.

6장 '번영'이란 무엇인가?

1 C. Bonneuil and J.-B. Fressoz, The Shock, p. 21.

2 T. Jackson, 'Chasing Progress: Beyond Measuring Economic Growth', London: New Economics Foundation, 2004; Prosperity Without Growth, London: Sustainable Development Commission, 2009.

3 P. Victor, Managing Without Growth, pp. 8~26.

4 A. Hornborg, Nature, Society and Justice, p. 22; p. 18.

5 J. Hickel, 'Forget "developing" poor countries, it's time to "de-develop" rich countries', Guardian, 23 September 2015를 참조하라.

6 D.A. Crocker, 'Towards development ethics', World Development (19) 5, 1991, pp. 457~83; W. Sachs ed., The Development Dictionary, London: Zed Books, 1992; D. Gasper and A.L. St Clair, eds, Development Ethics, London: Ashgate, 2010.

7 A. Sen, Development as Freedom, Oxford: Oxford University Press, 1999, pp. 35~53. 《자유로서의 발전》, 갈라파고스.

8 D.A. Clark ed., 'Capability Approach', in D. A. Clark ed., The Elgar Companion to Development Studies, Cheltenham: Edward Elgar, 2006, pp. 32~44.

9 M. Nussbaum, Frontiers of Justice, Cambridge, MA: Harvard University Press,

2006, p. 160.

10 M. Nussbaum, Not For Profit, Princeton, NJ: Princeton University Press, 2010, p. 10. 《공부를 넘어 교육으로》, 궁리.

11 R. Lane, The Loss of Happiness in Market Democracies, New Haven, CT and London: Yale University Press, 2000, p. 63.

12 R. Goodland and H. Daly는 근래 들어 시장 중심의 생산량 증가와 질적 개선 측면의 '발전'의 차이를 언급한 경제학자 중 아마 가장 영향력이 클 것이다. 'Environmental sustainability: Universal and Non-negotiable', Ecological Applications, 6 (4), 1996, pp. 1002~17; see also. G. Kallis, 'In Defence of Degrowth', pp. 873~8; G. Kallis, G. D'Alisa and F. Demaria, eds, Degrowth: A Vocabulary; M. Buchs and M. Koch, Postgrowth and Wellbeing: Challenges to Sustainable Welfare, London: Palgrave, 2017, esp. pp. 57~88.

13 S. Latouche, Farewell to Growth, pp. 20~30, 61; 또한 D. Belpomme, Avant qu'il ne soit trop tard, Paris: Fayard, 2007 and Entropia, a French journal of degrowth studies founded in 2008 at www.entropia-la-revue.org를 보라.

14 A. Hornborg, 'Zero-sum world', p. 239. 생태적으로 불평등한 교환에 관한 최근 문헌 연구를 원한다면 J. B. Foster and H. Holleman, 'The theory of unequal ecological exchange: a Marx-Odum dialectic', Journal of Peasant Studies, vol. 41 (2), 2014, pp. 199~233을 보라.

15 M. Koch and M. Fritz, 'Building the Eco-Social State: Do Welfare Regimes Matter?', Journal of Social Policy, 43 (4), 2014, pp. 679~703; I. Gough, 'Climate Change and Sustainable Welfare: the Centrality of Human Needs', Cambridge Journal of Economics, 39 (5), 2015, pp.1191~1214; M. Koch and H. Buch-Hansen, 'Human needs, steady state and sustainable welfare' in M. Koch and O. Mont, eds, Sustainability and the Political Economy of Welfare, London: Routledge, 2016, pp. 29~43.

16 1장 주 13을 보라. B. Milanovic, Global Inequality and the Global Inequality Extraction Ration: The Story of the Past Two Decades, Washington D.C., World Bank, 2009; 'Statement by World Bank Group President Jim Yong Kim at Spring Meetings 2014 Opening Press Conference', World Bank Group press release, 10

April 2014. worldbank.org.

17 J. Cleary, 'Ireland and Modernity' (pp. 1~4) in J. Cleary and C. Connolly, eds, Cambridge Companion to Modern Irish Culture, Cambridge: Cambridge University Press, 2005, p. 3.

18 D. Hyde, 'The Necessity for De-Anglicising Ireland', delivered before the Irish National Literary Society in Dublin, 25 November 1892: thefuture.ie.

19 Éamon De Valera의 1943년 연설은 처음 방송한 RTÉ아키브 'The Ireland That We Dreamed Of' at rte.ie에서 볼 수 있다.

20 E. Nolan, 'Modernisation and the Irish Revival' (pp. 157~72) in J. Cleary and C. Connolly, eds, Modern Irish, p. 158을 보라.

21 D. Kiberd, Ulysses and Us: The Art of Everyday Living, London: Faber and Faber, 2009, pp. 45~8.

22 J. Cleary and C. Connolly, eds, Modern Irish, pp. 9~10.

23 Ibid., p. xiiv.

24 역설적이게도, 2008년 경제 붕괴 이후 활용된 것은 '느린' 아일랜드의 상업적 잠재력이었다. 2012년 아일랜드 관광위원회 웹사이트는 유행에 따라 복고적인 양떼로 정체를 빚는 시골 도로를 크게 소개하면서("실제 상황입니다. 우리는 우리만의 교통 문제가 있습니다…") 런던올림픽 방문자들에게 대도시의 '광란'을 피하라고 권유했다. "사람으로 혼잡한 플랫폼에서 기다릴 필요가 없습니다. 뱀처럼 긴 대기줄을 설 필요가 없습니다. 냉정함을 잃을 필요도 없습니다. 텅 빈 해변과 푸른 초원의 세계로 피할 수 있습니다. 조용하고 구불구불한 시골길과 다정한 얼굴이 있는 세계로 오십시오. 자동차 매연을 포기하고 신선한 공기를 만끽하고 러시아워를 행복한 시간으로 바꾸세요." (T. Eagleton 'Irishness is for other people', London Review of Books, 19 July 2012, pp. 27~8을 참조하라).

25 F. O'Toole, Ship of Fools: How Stupidity and Corruption Sank the Celtic Tiger, London: Faber and Faber, 2009, p. 187.

26 Ibid., p. 8; Eileen Roche이 수행한 사례연구('Riding the "Celtic Tiger"', Harvard Business Review, vol. 83, 11, pp. 39~52, 2005)를 경영진 교육에 이용했다고 한다.

27 K. Allen, The Corporate Takeover of Ireland, Dublin: Irish Academic Press, 2007; Ireland's Economic Crash: A Radical Agenda for Change, Dublin: The Liffey Press,

2007 ; F. O'Toole, Ship of Fools.

28 F. O'Toole, Ship of Fools, pp. 102~5.

29 Cit. in F. Jameson, 'Future City: Review of Rem Koolhaas, Project in the City and Guide to Shopping', New Left Review 21 (May~June), 2003.

30 D. Harvey, 'The Urban Process under Capitalism: A Framework for Analysis' in The Urban Experience, Oxford: Blackwell, 1989, p. 93.

31 J. Cleary and C. Connolly, eds, Modern Irish, p. 6.

32 Ibid., p. 6.

33 Cited in D. Kiberd, Ulysses and Us, p. 33.

34 E. Nolan in J. Cleary and C. Connolly, eds, Modern Irish, p. 165. 혹자는 John McGahern의 소설에서 농촌-도시, 과거-현재의 분리가 변증법적 방식으로 많이 다루어지고 있다는 점에 유의할 것이다. (M. H. Ryle, 'John McGahern: Memory, Autobiography, Fiction, History', New Formations (67), pp. 35~45를 보라).

35 T. Aquinas, Summa Theologica, Volume 20, Pleasure: 1a2ae. 31-9, Latin text, English translation, Introduction, Notes and Glossary, E. D'Arcy, Cambridge: Cambridge University Press, 2006. 《신학대전》, 두란노아카데미.

36 M. H. Ryle and K. Soper, To Relish the Sublime? Culture and Self-realization in Postmodern Times, London: Verso, 2002, pp. 9~16; 23~9를 참조하라.

37 다음을 참조하라. T. Adorno, Prisms, trans. S. Weber, Cambridge MA: MIT Press, 1967 (1955), pp. 95~117; Minima Moralia: Reflections on a Damaged Life, trans. E. F. N. Jephcott, London: New Left Books, 1974 (1951), pp. 155~57.《미니마 모랄리아》(길); F. Jameson, Late Marxism: Adorno, or, the Persistence of the Dialectic, London: Verso, 1990, pp. 101?2; 115~16. 《후기마르크스주의》, 한길사.

38 C. Berry, The Idea of Luxury: A Conceptual and Historical Investigation, Cambridge: Cambridge University Press, 1994, Part II, esp. pp. 87~98; cf. P. Brown, 'Asceticism: Pagan and Christian', in A. Cameron and P. Garnsey, eds, Cambridge Ancient History, vol. 13: The Late Empire, A.D. 337~425, Cambridge: Cambridge University Press, 1998, pp. 601~31.

39 K. Soper, What is Nature?, pp. 164~5를 참조하라.

40 식품 소비에 대해서는 M. Douglas and B. Isherwood, The World of Goods:

Towards an Anthropology of Consumption, London: Routledge, 1996; P. Corrigan, The Sociology of Consumption, London: Sage, 1997, p. 18; A. Warde, Consumption, 1997; A. Warde and L. Martens, 'Eating Out: Social Differentiation, Consumption and Pleasure', Journal of Consumer Policy, vol. 25 (3~4), 2002, pp. 457~60을 보라.

41 M. Houellebecq, Atomised, London: Vintage, 2001; Platform, London: Vintage, 2003.

42 J. Martinez-Alier, 'Political ecology, distributional conflicts, and economic incommensurability', New Left Review 9 (3), 1995, pp. 295~323; M. Redclift, Wasted: Counting the Costs of Global Consumption, London: Earthscan, 1996; 'Sustainable Development (1987~005): An oxymoron comes of age', Sustainable Development, 2005, 13, pp. 212~27; A. Dobson, Justice and the Environment, Oxford: Oxford University Press, 1998; ed. Fairness and Futurity: Essays on Sustainability and Justice, Oxford: Oxford University Press, 1998; D. Miller, 'Social Justice and Environmental Goods', ibid., pp. 151~2.

43 K. Soper, 'A Theory of Human Needs', New Left Review, 197, January~February, 1993, pp. 113~28.

44 나는 이 관점에 더 가치 있고 영적으로 더 나은 만족을 인식하고 추구하지 못하는 도덕적 실패라고 이의를 제기하고 싶다. 아울러 이 시각은 근본적이고 제거할 수 없는 정신분석적 원인을 명확하게 추적할 수 없다고 생각한다. 하지만 '돈에 대한 광기'에 관한 흥미로운 논의를 원한다면 A. Phillips, Going Sane, London: Hamish Hamilton, 2005, pp. 187~214를 보라.

45 K. Marx, Capital, vol. 1, London: Lawrence & Wishart, 1974, p. 460. Cf. N. Power, One Dimensional Woman, Winchester: Zero Books, 2009, pp. 17~22. 《자본론: 경제학비판》, 노사과연.

46 S. Alkire, 'Needs and Capabilities', in S. Reader ed., The Philosophy of Need, Cambridge: Cambridge University Press, 2005, pp.242~9.

47 L. Elliott, 'More women in the workplace could boost economy by 35%, says Christine Lagarde', Guardian, 1 March 2019.

48 '제3의 물결'은 1980년 이후 페미니즘을 가리키는 용어로 사용되고 있으며, 1960

년대와 70년대의 '제2의 물결'과 구분하기 위한 것이다(제2의 물결은 19세기 말과 20세기 초의 '제1의 물결' 페미니즘과 구분된다). 우리는 지금 인도와 아프리카에서 나타나는 성적 폭력과 억압에 대한 저항 속에서 '제4의 물결'의 등장을 보고 있는지도 모른다.

49 N. Power, One Dimensional, pp. 27~8; cf. pp. 29~43.《도둑맞은 페미니즘》, 에디투스.

50 V. de Grazie and E. Furlough, eds, The Sex of Things: Gender and Consumption in Historical Perspective, Berkeley: University of California Press, 1996; M. Nava, Changing Cultures: Feminism, Youth and Consumerism, London: Sage, 1992; H. Radner, Shopping Around: Feminine Culture and the Pursuit of Pleasures, New York: Routledge, 1995. For more critical perspectives see J. Littler, 'Gendering Anti-Consumerism: Alternative Genealogies, Consumer Whores and the Role of Ressentiment' in K. Soper, M. H. Ryle and L. Thomas, eds, The Politics and Pleasures, pp. 171~87; Radical Consumption; A. McRobbie, 'Young Women and Consumer Culture: An intervention', Cultural Studies, vol. 22, 5, 2008, pp. 531~50.

51 최근 영국에서 유급 고용자에게만 국가 연금을 지급하려는 움직임이 이런 징후를 보여준다(사실상, 이것은 아동 양육을 인생을 바친 사람들의 연금 수급 자격을 박탈하는 것이다).

52 N. Fraser, 'How feminism became capitalism's handmaiden?and how to reclaim it', Guardian, 14 October 2013. 그리고 Fraser, Fortunes of Feminism: From State-Managed Capitalism to Neoliberal Crisis, London: Verso, 2013을 보라.《전진하는 페미니즘》, 돌베개.

53 N. Power, One Dimensional, p. 69.

54 C. J. Ruhm, 'Are Recessions Good for Your Health?', The Quarterly Journal of Economics, vol. 115, 2, 2000, pp. 617~50; J. Guo, 'The relationship between GDP and life expectancy isn't as simple as you might think', report for World Economic Forum, 18 October 2016.

55 A. Doron and R. Jeffrey, Waste of a Nation: Garbage and Growth in India, Cambridge, MA: Harvard University Press, 2018; 'Where does all the e-waste

go?', Greenpeace East Asia, 22 February 2008.

56 P. French, 'Fat China: How are policymakers tackling rising obesity?', Guardian, 12 February 2015.

57 S. Dalal et al., 'Non-communicable diseases in sub-Saharan Africa: What we know now', International Journal of Epidemiology, 40 (4), 2011, pp. 885~901: R. Lozano et al., 'Global and regional mortality from 235 causes of death for 20 age groups in 1990 and 2010: A systematic analysis for the Global Burden of Disease Study', Lancet, 380 (9859), 2012, pp. 2095~2128.

58 Ibid.

59 E. Sebrie and S. A. Glantz, 'The tobacco industry in developing countries', British Medical Journal, 332 (7537), 2006, pp. 313~14: cf. Golam Mohiuddin Faruque, 'How big tobacco keeps cancer rates high in countries like mine', Guardian, 25 February 2019.

60 M. Jay, 'Shaman's Revenge? The birth, death and afterlife of our romance with tobacco', mikejay.net.

61 J. Ladino, Reclaiming Nostalgia: Longing for Nature in American Literature, Charlottesville and London: University of Virginia Press, 2012, pp. 11~12.

62 A. Bonnett, The Geography of Nostalgia, p. 6. See also S. Boym, The Future of Nostalgia, New York: Basic Books, esp. pp. 3~32.

63 T. Adorno, Aesthetic Theory, trans. and ed., R. Hullot-Kentor, London: Athlone, 1997 (1970), pp. 64~5.

64 . H. Marcuse, One-Dimension al Man: Studies in the Ideoiogy of Advensed Industrial Society, Oxford: Ark Paperbacks, 1986(1964), p. 73.

65 R. Williams, The Country and the City, London: Hogarth, 1993 (1973), p. 184: 36~7: cf. M. H. Ryle, 'The Past, the Future and the Golden Age' in K. Soper, M.H. Ryle and L. Thomas, eds, The Politics and Pleasures, pp. 43~58. Cf. K. Soper, 'Neither the "Simple Backward Look" nor the 'Simple Progressive Thrust": Eco-criticism and the Politics of Prosperity', in H. Zapf, ed., Handbook of Ecocriticism and Cultural Ecology, Berlin and Boston: De Gruyter, 2016, pp. 157~73.

66 R. Williams, Towards 2000, London: Chatto & Windus, 1985, p. 36.

67 많은 신흥 아시아 경제 국가에서 지난 20년 동안 복고가 강력한 경제적, 문화적 힘으로 등장한 방식에 대한 Bonnett의 논의 내용이 어느 정도 관련이 있다. Geography, p. 11, and see pp. 73~96.

68 칸트가 미에 대한 판단을 '객관적인' 것으로 간주한 것은 미가 효용이나 고유한 목적에 대한 관심에 영향을 받지 않는다고 생각했기 때문이었다. 따라서 미에 대한 판단은 기분을 좋게 해주는 것(예를 들어 음식, 의복 등)에 대한 판단(여기에는 개인적 취향에 따른 다툼이 존재하지 않는다)과 구분하는 방식으로 보편적인 동의(비록 적극적으로 밝히지 않았다 해도)를 주장할 수 있었다. Critique of Judgement, ed., W.S. Pluhar, London: Hackett, 1987 (1790), pp. 44~64를 보라.

69 J. O'Neill, 'Humanism and Nature', Radical Philosophy, 66, 1994, p. 27을 참조하라.

70 이 이미지를 원한다면 A. Wilson, The Making of the North American Landscape: From Disney to the Exxon Valdez, Oxford: Blackwell, 1990, p. 99를 보라.

71 A. Akbar, 'A 300-ton solution to the problem of electronic waste', the Independent, 30 April 2005, p. 3. 이 조각상은 콘월의 이든 프로젝트에 영구 전시되어 있다.

72 G. Monbiot, 'Britain's dirty secret: the burning tyres choking India', Guardian, 30 January 2019; S. Buranyi, 'Plastic Backlash: What's Behind our Sudden Rage? And will it make a Difference?', Guardian, 13 November 2018을 참조하라.

7장 녹색 르네상스를 향하여

1 D. Carrington, 'Climate crisis: today's children face lives with tiny carbon footprints', Guardian, 10 April 2019을 보라.

2 J. Butler, 'The Climate Crisis demands more than blocking roads, Extinction Rebellion', Guardian, 16 April 2019.

3 R. Williams, Marxism and Literature, Harmondsworth: Penguin, 1977, p. 132. '감정 구조'의 정의를 알고 싶다면 3장 주 37을 보라. 《마르크스주의와 문학》, 지식을

만드는지식.

4 진행 중인 프로세스에 관한 선언문과 실행 일정 목록은 climateemergency.uk.에 실린 'Declare a Climate Emergency'를 통해 확인할 수 있다.

5 N. Srnicek and A. Williams, Inventing the Future, (2015 edition), pp. 10~12.

6 그들은 말한다. "예를 들자면, 특별한 경우에는 영국 전역의 거주자들이 모여서 지역 병원의 폐쇄를 막는 데 성공했다. 하지만 이런 실질적인 성공은 국립보건서비스를 없애고 민영화하는 더 큰 계획에 의해 무의미해졌다. 이와 유사하게, 최근의 수압파쇄법 반대운동은 여러 지역에서 시험 드릴링 공사를 막을 수 있었다. 하지만 정부는 셰일가스를 계속 찾아서 기업들이 동일한 작업을 계속할 수 있도록 지원한다." Ibid., p. 16. 가속주의적 '기술주의'에 반대하는 탈성장 정치를 옹호하는 흥미 있고 비판적인 논의를 알고 싶다면 A. Vansintjan, 'Accelerationism … and Degrowth? The Left's Strange Bedfellows', Undisciplined Environments, 12 October 2016, undisciplinedenvironments.org를 보라.

7 'World Scientists' Warning of a Climate Emergency', Journal of Bioscience, 5 November 2019.

8 하원의원 Caroline Lucas와 상원의원 Jenny Jones는 2019년 봄 정부가 기후 위기를 인정할 것을 주장했다(주10을 보라).

9 노동당의 리더 Jeremy Corbyn이 지구 온난화의 중요성에 대해 한두 차례 연설을 했으나 보도되지 않았다. 2019년 4월 23일, 그는 등교 거부 파업을 하는 학생들에 대해 말했다. "학생들은 보수당 장관들로부터 비난을 받았습니다. 장관들이 온난화 문제를 연구하고 대책을 내놓아야 했지만 아무것도 하지 않았다고 학생들이 말했기 때문입니다. … 나는 학생들에게 '그날 우리 모두를 가르쳐줘서 고맙다'는 말밖에 할 말이 없습니다."

10 Caroline Lucas's rebuke to Philip Hammond: 'Wake up Philip Hammond. The climate crisis needs action not lip service', Guardian, 14 March 2019를 참조하라. 수압파쇄법을 전면 금지하기로 약속한 노동당의 분석에 따르면 보수당 정부의 계획이 진행될 경우 대기에 방출되는 이산화탄소는 차량 2억8천6백만 대(또는 새로운 29개의 석탄화력발전소)의 배출량과 동일하다(Matthew Taylor, 'Fracking plan "will release same C02 as 300m new cars"', Observer, 24 March 2019를 보라).

11 D. Carrington and P. Wintour, 'UK will miss almost all its 2020 nature targets,

says official report', Guardian, 22 March 2019.

12 노동당의 환경 자문에 대한 Red Green Study Group의 조언 내용을 알고 싶다면, 'Social justice and ecological disaster: Red Green Study Group comments', 28 June 2018 at People and Nature, peopleandnature.wordpress.com을 보라.

13 M.Taylor, P. Walker, D. Gayle and M. Blackall, 'Labour endorses Extinction Rebellion after a week of protest', Guardian, 23 April 2019.

14 K. Mathieson, 'Labour scrambles to develop a British Green New Deal', Guardian, 14 February 2019.

15 A. Hornborg, Nature, Society and Justice, p. 72.

16 연구자들은 연구 결과를 이렇게 요약한다. "정치, 금융, 기업 부문의 사람들이 거의 대부분 동의하는 가운데 유일하게 비판적인 한 사람은 영국 왕실 사람이었다. 여러 면에서 이것은 기이한 일이긴 하지만 성장의 장점에 대해 매우 다른 관점을 제시할 수 있는 사람들(특히 비판적인 경제학자, 환경과학자, 사회과학자들)이 없다는 점을 잘 보여준다. 예를 들어, 성장 모델에 대한 예리한 비판을 제공하는 연구를 수행해 온 신경제재단의 인사들은 전무했다. J. Lewis, Beyond Consumer Capitalism: Media and the Limits to Imagination, Cambridge: Polity Press, 2013, pp. 126~7.

17 낮은 탄소 가격 때문에 지금까지 탄소 포집과 제거가 거의 효과적이지 못했다는 주장이 있다. ExxonMobil은 지구 온도 상승을 1.6℃로 제한하려면 탄소 톤당 가격이 2천 달러가 되어야 한다고 추정한다. 현재 탄소 가격은 약 10달러다. T. Vettese, 'To Freeze the Thames', New Left Review, no. 111, May~June 2018, pp. 69~70; 또한 J. Burke, R. Byrnes and S. Frankhauser, 'How to price carbon to reach net-zero emissions in the UK', LSE, Grantham Institute Policy Report, May 2019를 보라. 과도한 공간을 차지하고, 전기차와 배터리를 제조할 때 많은 탄소가 배출되며, 이 과정에 필요한 코발트를 얻기 위해 해저자원 개발이 필요하다. 그럴 경우 해양생물을 심각하게 해칠 것으로 예상된다. BBC report, D. Shukam, 'Electric car future may depend on deep sea mining', 19 November 2019를 보라; 인위적인 지구공학의 위험에 관해서는 (에어로졸을 하늘로 쏘아서 태양빛을 우주로 반사하는 것 등) C. Hamilton, Earthmasters: The Dawn of the Age of Climate Engineering, New Haven, CT: Yale University Press, 2013, pp. 74~84; P.

Mirowski, Never Let a Serious Crisis Go to Waste, London and New York: Verso, pp. 325~58 (cit. T. Vettese, p. 64)을 보라; A. Malm, The Progress, pp. 170~1; 205~6을 참고하라.

18 J. Wilson, 'Eco-fascism is undergoing a revival in the fetid culture of the extreme right', Guardian, 20 March 2019를 참조하라.

19 현재 노동당이 국제사회주의 문제를 상대적으로 외면하고 '일자리 우선 브렉시트'라는 경제적 사고방식을 표방하는 것에 대한 비판을 알고 싶다면 J. Stafford and F. Sutcliffe-Braithwaite, 'Editorial-Work, Autonomy and Community', Renewal, 27, 1, 2018을 보라.

20 R. Williams, Towards 2000, London: Chatto & Windus, 1983, p. 255.

21 Ulrich Beck과 다른 사람들 역시 기본적인 물질적 필요를 공급하는 문제를 중심으로 조직된 계급 정치에서 현대 소비자들의 두려움을 중심으로 한 조직된 '위험'의 대중 정치로 바뀌는 현상을 이론화해왔다(하지만 Ulrich Beck은 우리가 산업계의 오염 발생에 미친 영향보다는 오염에 의한 우리의 집단적 피해를 강조하는 경향이 있다. 내가 보기에 그것은 잘못된 것이다). U. Beck, Risk Society: Towards a New Modernity, trans. Mark Ritter, London: Sage, 1992을 보라; A. Giddens, Modernity and Self-Identity, Cambridge: Polity Press, 1991: 109~143을 참조하라.

22 Jeremy Corbyn은 2019년 3월 연설에서 이런 측면을 강조했다. "최악의 오염과 최악의 공기질 때문에 고통을 겪는 사람은 노동계급입니다. 자원이 고갈되면 노동계급은 일자리를 잃을 것입니다. 부자들은 해수면이 상승할 때 피할 수 있지만 노동계급은 뒤에 남겨질 것입니다."

23 유럽연합 의회에서 성장 이후와 관련된 주제로 콘퍼런스가 열렸을 때, 이 집단은 성장 의존성을 종식하기 위해 238명의 학자가 서명한 서한을 유럽연합 회원국과 여러 기관에 보냈다(그리고 유럽 언론을 통해 널리 알려졌다). 그 이후 지속 가능성과 웰빙을 위한 계획이 수립되었다('The EU needs a stability and wellbeing pact, not more growth: 238 academics call on the European Union and its member states to plan for a post-growth future in which human and ecological wellbeing is prioritised over GDP', Guardian, 16 September 2018을 보라).

24 K. Soper, Troubled Pleasures, London: Verso, 1990, pp. 64~5를 참조하라.

25 시민회의는 특정 이슈나 복합적인 문제에 대해 배우고 숙고하고 정책을 권고하기

위해 전체 국민 중에서 무작위로 뽑은 시민들의 대의 집단이다. 현재 아일랜드에서만 활동하고 있으며, 유사한 회의가 캐나다 일부 지역에서도 운영되고 있다. 더 많은 정보를 원한다면 citizensassembly.co.uk를 보라.

26 N. Fairclough, 'Conversationalisation of public discourse and the authority of the consumer', and K. Walsh, 'Citizens, Charters and Contracts', both in R. Keat, N. Whiteley and N. Abercrombie, eds, The Authority of the Consumer, London and New York: Routledge, 1994, pp. 253~68 and 189~206.

27 J. Clarke, 'A Consuming Public?', Lecture in the ESRC/AHRB Cultures of Consumption Series, Royal Society, 22 April 2004, included in Research Papers (phase 1 projects), 21 June 2004; 또한 L. Segal's reflections in Radical Happiness, pp. 89~95를 보라.

28 J. O'Neill, in F. Trentmann and K. Soper, eds, Citizenship, pp. 185~90을 참조하라.

29 P. Hetherington, 'So 1% of the people own half of England. Inheritance tax could fix that', Guardian, 18 April 2019.

30 이것은 지방 정부의 일반적인 조례가 아니라 토지 소유주가 만든 제한이나 민간 보안회사의 강제 집행을 통해 이루어진다. The Guardian Cities Investigation by J. Shenker, 'Revealed: the insidious creep of pseudo-public space in London', Guardian, 24 July 2017을 보라.

31 A. Minton, Big Capital: Who is London For?, London: Allen Lane, 2017, chapter 6. 또한 Ground Control, Fear and Happiness in the Twenty-First Century City, London: Allen Lane, 2009, reissued with new material, 2012를 보라.

32 G. Shrubsole, Who Owns England? How We Lost Our Green and Pleasant Land and How to Take It Back, London: Williams Collins, 2019. Cf. R. Evans' review of Shrubsole, Guardian, 17 April 2019.

33 야당의 그림자 내각 장관은 이 연구 결과의 중요한 의미를 언급하면서 이 이슈에 대해 본격적인 논의를 요청했다. 그는 이렇게 덧붙였다. "토지소유권의 심각한 집중은 영국이 다수가 아니라 소수를 위한 국가라는 것을 분명하게 일깨워줍니다." J. Shenker, 'Corbyn joins calls to reclaim pseudo-public space from corporate owners', Guardian, 25 July 2017을 참조하라.

34 T. Adams' review of Who Owns England?, Observer, 27 April 2019.

35 Link to Greenpeace's climate manifesto at greenpeace.org.uk. M. Taylor, 'Two-thirds of Britons agree planet is in a climate emergency', Guardian, 30 April 2019를 참조하라.

성장 이후의 삶

초판 1쇄 인쇄 2021년(단기 4354년) 11월 10일
초판 1쇄 발행 2021년(단기 4354년) 11월 19일

지은이 | 케이트 소퍼
옮긴이 | 안종희
펴낸이 | 심남숙
펴낸곳 | ㈜ 한문화멀티미디어
등록 | 1990. 11. 28 제21-209호
주소 | 서울시 광진구 능동로 43길 3-5 동인빌딩 3층 (04915)
전화 | 영업부 2016-3500 · 편집부 2016-3507
홈페이지 | http://www.hanmunhwa.com

편집 | 이미향 강정화 최연실
기획 · 홍보 | 진정근
디자인 제작 | 이정희
영업 | 이광우
경영 | 강윤정 조동희
회계 | 김옥희

만든 사람들
책임 편집 | 김경실 디자인 | room 501
인쇄 | 천일문화사

ISBN 978-89-5699-421-5 03300